南無の紀行

——播隆上人覚書

黒野こうき 著

人間社

播隆上人画像（岐阜県可児市）

山上で御来迎（ブロッケン現象）を拝する
（穂高・北穂付近にて）

播隆名号碑
（岐阜県御嵩町）

播隆名号碑
（岐阜県八百津町）

播隆名号碑
（岐阜県岐阜市）

播隆念仏講

（岐阜県関市）

（長野県松本市）

（岐阜県各務原市）

播隆念仏行事

（岐阜県可児市）

（愛知県犬山市）

（愛知県半田市）

播隆墨跡
「梵字風の播隆名号軸」
（岐阜県美濃市）

播隆墨跡
「花文字風の播隆名号軸」
（槍ヶ岳念仏講）」
（長野県松本市）

播隆墨跡
「槍ヶ岳寿命神」
（長野県松本市）

播隆墨跡
「後の世もこの世もともに
南無阿弥陀
佛
まかせの身こそ安けれ」
（愛知県江南市）

播隆上人修行場跡
「杓子の岩屋」
（岐阜県高山市）

播隆上人修行場跡「播隆窟」
（槍ヶ岳）

播隆上人　修行場跡「目醒の滝」（伊吹山）

播隆上人　修行場跡「伊木山」（各務原市）

伊吹山
（滋賀県米原市）

伊吹山
（各務原市）

笠ヶ岳
(穂高岳より眺望)

槍ヶ岳
（笠ヶ岳より眺望）

笠ヶ岳
（杓子平より眺望）

槍ヶ岳
（弓折岳より眺望）

槍ヶ岳
（穂高岳より眺望）

南無の紀行

——播隆上人覚書

目次

南無の紀行——播隆上人覚書——

播隆研究補遺

資料編

凡例

・本書収録の「南無の紀行」は、個人誌「風たより」に連載（一九八九〜九七年）した播隆探訪録に加筆修正したもの。「播隆研究補遺」は、「ばんりゅう」（「ネットワーク播隆」通信）誌上で二〇一三〜一七年にかけて発表したものに一部加筆修正し、未発表の原稿を加えたものである。

・本書巻末、資料編の「播隆年譜」は、「播隆研究」（「ネットワーク播隆」会誌）第一四号（二〇一二年発行）掲載の年譜に加筆修正したもの。「播隆名号碑分布略図」は新たに作成した。

・人名、自治体名、団体名などは基本的に連載時のままとし、適宜（ ）内に現在の名称などを補った。また、人物の年齢は連載時のものである。

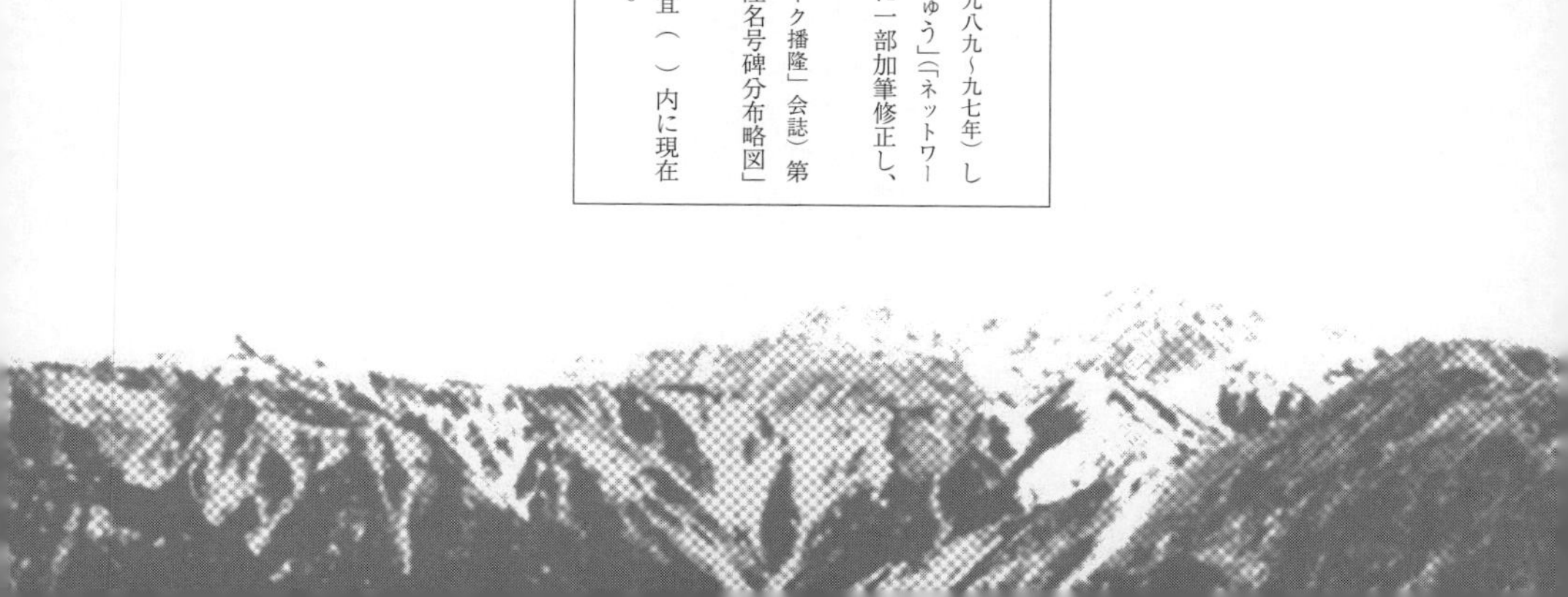

南無の紀行

——播隆上人覚書

はじめに

出会いとは妙なものである。その時はそれほど心に残るようなものとは思わず、ごく当たり前のように物事が進んでいく。後から振り返ってみたとき、偶然が重なり、たまたま誰々さんとお会いできた、ということがままある。

宮沢賢治を調べていたときである。ようやく訪ねることができた賢治のふるさと岩手県花巻市、旅先の感傷と期待感に胸をわくわくさせて花巻の町をうろついた。駅前の食堂で見かけた「岩手日報」、ああこれが賢治の死を報道した地元の新聞だなあと妙に感動したり、道を尋ねた事務所で、地図を書きながら説明してくれたメモ用紙に「宮沢商店」の文字、えっと思って尋ねてみると、賢治の母親方の関係の会社だという。またまた妙にひとりで感じいり、宮沢商店と印刷されたメモ用紙を握りしめ、八月の炎天下、足取りも軽く花巻の町を歩いた。

昼食のパンと缶ジュースを買って乗り込んだ普通列車。乗り合わせた父子、女の子が私の手元をちらちらと見る。すこし無理して缶ジュースを差し出す。それがきっかけとなって大工だというお父さんと話をした。はじめは標準語であったが次第に方言となり、人生の先輩として人生訓を語ってくれた。

……若いころは札幌のススキノでよく遊んだ。仕事もしたが遊んでばかりいた…女は結婚すれば誰でも同じ……子どもが心臓の病気で恐山へも行った……女房は看護婦、いま二人目の出産で実家に帰っている。高齢出産で心配だ。あんた、子どもはもってみないと良さがわからん……今は飲むだけ、女も賭事もやらん……、といいながらワンカップ大関をうまそうに飲む。……あんた若そうだが学生さんか……何、宮沢賢治だと……こんなお盆の最中にいい気なもんだ……、生の方言で語ってくれた。顔のわりにはそのお父さん、三十九歳とまだ若かった。花巻温泉に住んでいるという。賢治の設計した日時計の修理をしたことがあるといい、私は嬉しくなった。

よくよく思案してみれば、私たちの人生はたまたまの出会いの積み重ねで成りたっているようなもの。ほかの道、ほかの誰かの可能性も充分にあったはずなのに、この道、この人との限られた世界で生きている。人生とは多くの可能性の中からたった一つを選ぶことなのかもしれない。

宗教ではそのことを因縁と呼ぶのだろう。神さま仏さまの目から見れば、この世は成るように成っている必然の世界ばかりなのだろうが、一期一会の世界に生きている私たちには、たまたまの偶然の連続なのである。私は思う。たまたまの、ほんの偶然と感じるほうが楽しいなと。

私が播隆と出会ったのは円空探訪で出かけた岐阜県美濃市の片知であった。長良川の支流、片知川をさかのぼっていくと美しい片知渓谷があった。円空探訪の旅はいつも山水探訪の旅であったが、片知もまた自然豊かな里であった。片知山の山中にある岩屋観音堂へは予想していたよりも険しい山道であった。たどりついたお堂には鍵がかかっており、円空仏は拝観できず外から礼拝。それでも円空さんと同じ道を歩いたのだという思いで満足であった。

一息いれて下山。道を尋ねた登り口の民家に声をかけた。「あんた、お茶でも飲んでゆきなさい」、厚意に甘えてコーヒーをごちそうになる。「私の家には代々家宝のように大切にしている円空さんからもらった托鉢椀がある。山の岩屋に篭っていた円空さんが下りてきて、風呂のお礼に置いていったもの」、思わぬご婦人の話に私はときめいた。これは新発見か……、木箱にしまってある椀を見せていただく。「円空さんからもらったお椀として代々この家に伝えられてきたが、ほんとうは播隆上人のものだそうです」。なるほどお椀の底には播隆と記されていた。私が播隆の名前を知ったのはそのときである。そんな訳でたまたま播隆の名前を知ったのだが、まさか数年後にこんどは播隆の調査でその家を再訪するとは夢にも思わなかった。それ以後、私の中に播隆の名前が刻みこまれた。

播隆が亡くなった林家は私が住む町（岐阜県坂祝町）の隣の美濃加茂市。高校時代の三年間、その中山道太田宿の脇本陣・林家の前を自転車で通学していた。当時の林家は熱心な播隆さんの帰依者で、林家の後妻に入った人は私の町の人。その連れ子におさとという娘がいた。おさとは後に播隆の弟子として得度し、尼となった。新田次郎『槍ヶ岳開山』に登場する柏巌尼はおさとをモデルにしているようである。この長編の小説は一気に読ませるおもしろい時代小説である（史実に即した歴史小説ではない）。小説を書くために現地調査を行い、史実にロマンスをからみあわせた展開ぶりに、播隆研究のためということを忘れて読了した。それまで新田氏の本を読んだことがなかったが、その後、五、六冊たて続けに読ませてもらった。

播隆探訪の道中、気になることがあった。研究者が新田氏の作品を小説としてではなく、研究書として論じていることがあった。あるいは、ゆかりの関係者が播隆のイメージを傷つけられたと憤慨しておられたこと。あくまでもこの小説は新田氏の創作による時代小説なのである（ただし登場人物の多くは実名が使われているが）。小説によって播隆さんが有名になったからいいではないか、その功績を評価すべきだと言う人がいるが論外である。

その気になって調べ始めると、播隆の足跡が身近に感じられ、探訪先での思わぬ発見がますます私を播隆探訪、調査へとかりたてていった。

前回は円空さん、そして今回は播隆さんの調査で再び美濃市片知の藤田武夫さん宅を訪ねたのは、雨のぱらつく七月も末のことであった。藤田夫人は私を覚えていて、まずはコーヒーをごちそうになった。あらためて例の托鉢椀を見せてもらった。直径一六センチ、高さ九センチの木製黒塗りの椀の底には朱で播隆の銘、花押があった（花押とは判のかわりに書く図案化した一種のサイン）。花押は不明確な形をしており、高台には文政七年八月とあった。播隆は文政六年に笠ヶ岳を再興、同七年八月五日には六十六人という多人数で四回目の笠ヶ岳登山を行っている。托鉢椀の文政七年八月が何を意味するのかわからないが、八月前後は飛驒に滞在していたと思われる。念のため仏壇を調べさせてもらったが、播隆に関するものは何もなかった。

何か話が聞けるかもしれないと夫人から藤田修一郎さんを紹介してもらう。修一郎さん宅には円空の墨跡、円空仏がある。運よく在宅であった。この里では播隆さんのことは聞かん。円空さんの話ばかりだ。あの椀は円空研究家の土屋常義、谷口順三両氏が来たとき、円空さんのではなく播隆さんのものだと判明したとのこと。

藤田家に伝わる托鉢椀が何を物語るのか。片知山の岩屋で修行した円空、その後、播隆も修行場として片知山に巡錫したのであろうか。播隆の探訪、調査をとおして未確認の遺品、史料の散逸が気にかかり、私はあわい使命感のようなものを感じながら播隆研究の道を歩み始めたのであった。

美濃市片知・藤田家の托鉢椀

仏教の儀式の一つに結縁灌頂《けちえんかんじょう》というものがある。キリスト教にも洗礼というよく似た入信儀式があるが、結縁とは仏と縁を結ぶことで、灌頂とは伝法、授戒、結縁などのときに受者の頭に水を注ぐこと、すなわち仏教との出会いをより確かなものとするための儀式といえよう。頭に水を注ぐ行為を想像したとき、私は墓参りで縁者が墓石に水を注ぐ光景を思い浮かべた。結縁灌頂に墓参りのそんな光景が重なり、墓石に水を注ぐことで生者と死者がひととき結ばれるのかと想像した。

結縁灌頂には投花という儀式がある。多くの仏や菩薩たちが描かれた曼荼羅《まんだら》に受者が花を投げ、それが当たった仏を宿縁ある仏として生涯の念持仏とする。受者には曼荼羅が見えないのでどこに落ちるのかわからない。

密教を日本にもたらした空海が中国で行った投花の話がある。曼荼羅の中央に描かれているのは密教における真理、宇宙の盟主たる大日如来であるが、空海の投げた花は中央の大日如来の上に落ちた。それも一度ならず二度までも。

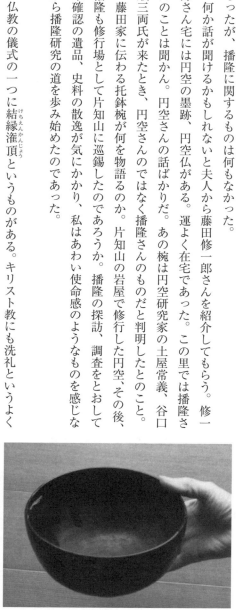

こうして空海は大日如来を意味する遍照金剛という最高の号を与えられて帰国するのである。この話を知ったとき、さすが空海はすごいなと感心したものだが、ひたすら念仏、南無阿弥陀仏に生涯をかけた播隆が投花を行えば、花は阿弥陀如来の上に落ちるのであろうか。美濃加茂市の祐泉寺に遺る播隆の護持仏は阿弥陀三尊である。

播隆は浄土宗の僧であったが、富山県大山町河内（現・富山市河内）の生家は、浄土真宗の道場《どうじゃ》（簡易な寺院）をしていた。推測であるが、幼いころから信心篤く、家を出てからは各宗派の寺院に学んだようで、生家に送った文書の中に「諸宗皆祖念仏正義論」というものがあり、各宗派を批判しながら念仏の意義、正当性を強く主張している。播隆の宗旨は浄土宗鎮西派ということになるが、その足跡からいえば山学山修の山岳仏教、修験道の、庶民とともに生きた念仏行者といえよう。南無阿弥陀仏の南無とは帰依することで、南無のあとにくるものを信じ、それにすがって生きること。すなわち南無阿弥陀仏とは、阿弥陀仏を信じ、阿弥陀仏にすがってその教えのままに生きることである。俗っぽく言えば、南無○○様といえば、○○様のためなら火のなか水のなか何をいわれようとも○○様のおっしゃるとおりにいたしますと誓うことである。南無妙法蓮華経は法華経の題目、宮沢賢治は法華経の熱烈な信奉者であった。十代のときに法華経に触れた賢治は、上京して当時所属していた日蓮宗の国柱会の活動に参加し、友人にあてた手紙のなかで、国柱会の田中智学先生の命令とあらばシベリアでも中国でもどこへでもいく、あるいは国柱会館の下足番で一生を終わっても悔いはないと決意を述べている。

その臨終にさいしては高々と題目を唱え、私の一生の仕事

播隆使用の錫杖

はこのお経をあなたに届けることだと書きそえた法華経の本を千部作り、それを配ってくれというのが賢治の遺言であった。そして、オキシフルをつけた消毒綿で自らの身体をふき清めて死去。あの有名な「雨ニモマケズ……」を記した手帳には、南無妙法蓮華経の題目が数多く書きつけてある。

播隆の探訪先で出会うのは町の辻、村の辻、街道筋などに建てられた、播隆独自の書体で「南無阿弥陀仏」の六字名号が刻まれている播隆名号碑、あるいは播隆直筆の名号軸、墨跡などであった。

人は何かを胸に秘め、何かを信じ、何かを見つめて生きている。それは大なり小なり南無と念ずる心につながっている。

林家文書による生年の確定

ここでいう林家文書とは、中山道太田宿の脇本陣・林家（岐阜県美濃加茂市）に遺る古文書のことである。

この林家文書の存在を知ったのは、まったくの偶然ともいえる。注意深く調査をすすめておればもっと早く知ることができたのだが。現地調査を開始するにあたり、ゆかりの県史、町史、村史をまず調べてみた。私が想像していたよりも関係市町村における播隆の記述は少なく、史料として参考になるものは少なかった。そんな先入観があったせいか、『美濃加茂市史・通史編』に目をとおしたさいに新しい情報は得られなかったが、つい『史料編』を確認することを怠ってしまった。ほかの用件で岐阜県図書館を訪ねたとき、差し出された『美文会報』（発行・美濃文化財研究会）のなかに、偶然林家文書を見つけたのである。

それは昭和五十一年五月の『美文会報No.５』、神保朔郎氏による「播隆と林市左衛門」の一文であった。そのなかに岐阜県兼山町（現可児市兼山）の浄音寺から林家にあてた書状があり、なんと、播隆の履歴書にあたる「播隆聖人由緒書」が同封されていたという。神保氏は美濃加茂市史編纂にたずさわり、県の史料調査員も勤められていた郷土史家で、昭和五十年の秋に林家文書を調査したさい、播隆の名前が出てくる史料を三件見つけ出された。

中山道太田宿の脇本陣・林家

一件は「播隆聖人由緒書」が同封してあった書状、あとの二件は浄音寺から兼山の商家・山形屋をとおして林家に送られたと思われる金一両、および新茶の証文である。この金一両と新茶は林家から播隆に渡ったものと思われる。

問題となる書状の包紙には天保九年（一八三八）三月二十二日の日付がある。由緒書には「生所は越中国上新川郡川内村」「宗門浄土宗鎮西派」「師匠寺御城下南寺町尋盛寺性誉上人弟子」「世寿五拾三才」「学臘三拾五年」「法臘廿五年」「但江都本所霊山寺十八檀林貞典大和尚より宗門伝戒伝法仕候」とあり、「右之通無《ママ》相違無御座候、以上」と結ばれている。

生所、宗門についてはすでに判明しているので問題はないが、問題となるのは師匠寺、世寿、学臘、法臘、但の項目である。それらは播隆研究の上で貴重な史料である。本項では世寿のみを取り上げ、ほかについては別項で言及したい。

浄音寺と林家は播隆にとって密接な関係のあるところで、播隆在世当時の当事者による書状なので、この由緒書は、そのまま採用してもよいと思われる史料である。

この林家文書は林家の蔵の中にあるのだが、昭和五十八年に美濃加茂市周辺を襲った大水害「九・二八災害」によって泥水に浸り、流失はまぬがれたが、その後の整理がされておらず、現物を確認したいと思って林家を訪ねてみたが、文書を実見することはできなかった（林家文書は昭和五十二年三月発行の『美濃加茂市史・史料編』に収録されている）。

由緒書を報告された神保氏は、その同じ文中で播隆の行年を五十九歳と書いている。また、美濃加茂市史においても生年天明二年（一七八二）、行年五十九歳となっており、後述する由緒書の意味に気づいておられなかったと思われる。

「播隆聖人由緒書」の包紙の日付が天保九年三月二十二日とあるので、「世寿五拾三才」ならば当時播隆は五十三歳であり、二年後の天保十一年十月二十一日に林家で死去した時は五十五歳ということになる。行年五十五歳。

没年の天保十一年十月二十一日は確かである。岐阜県揖斐川町の一心寺、岐阜市の正道院、美濃加茂市の祐泉寺に遺こる過去帳、位牌、墓碑の年月日はすべて一致している。が、それらのどれにも行年何歳とは記されていない。生年を記した確かな史料は今のところ発見されておらず、定説化しつつある生年の天明二年（一七八二）は、没年から行年を五十九歳として逆算したもの。しかし、行年を五十五歳として逆算すると、生年は天明六年（一七八六）ということになる。

それでは行年五十九歳の出典はどこにあるのか。結論を先にいえば、すくなくとも今までに発掘された史料の中にはどこにもないのである。行年五十九歳が最初に現れたのは、おそらく昭和三十四年五月発行の熊原政男氏の『登山の夜明け』ではないかと思われる。それによれば、昭和二十二年四月に播隆終焉の地である美濃加茂市を訪ねたさい、祐泉寺十三世の無庵師から聞いた話として、「五十九を一期として没した」とある。その言葉の裏付けとなるものがわからない。

昭和三十五年には前田英雄氏が、行年五十九歳をどこから採用されたのかわからないが、やはり生年を天明二年として『郷土の先賢槍が嶽開山播隆上人』を発表された。

この天明二年説のほかには、中島正文氏が昭和二十五年七月の『山と渓谷』誌に「播隆上人の生涯と槍が岳開山」を発表し、生年は天明五年、没年を天保十三年十月二十一日、行年五十七歳としておられる。

また、細野要斎が幕末から明治にかけて書いた『葎の滴、諸家雑談』の中に年五十三というのもある。

過去の播隆研究の総まとめとして昭和三十八年十月に穂苅三寿雄『槍岳開祖播隆』が発表されたのだが、穂苅氏は前田氏と同様に天明二年説を採用された。そして、その後に発掘された史料を加えて昭和五十七年九月に穂苅三寿雄・貞雄父子二代による『槍ヶ岳開山播隆』いわゆる穂苅本の初版が刊行された。その年譜には「推定である」との註つきで天明二年説が採用されている。この穂苅本が出たあとは、播隆研究に穂苅本がしばしば引用されたようで、以後天明二年説が定説化してしまったようである。私の手元にある関係市町村史などのすべてが生年を天明二年(一七八二)としている。ちなみに、近年建てられた富山市の生家跡の顕彰碑、長野県松本市の駅前にある播隆像の説明板、ともに天明二年説である。

そのような状況の中でただ一つ、昭和五十七年に中日新聞・松本ホームサービスに連載された小林俊樹氏の「槍ヶ岳開山播隆」は、行年を五十五ないし五十六歳とし、生年を天明五年としている。それによれば、先の熊原氏も晩年はこの説にかたむいておられたということである(逆算の仕方が違うのか、行年を五十六とするせいか、あるいは中島氏の天明五年説を尊重されたせいか、なぜか天明六年ではなく天明五年としておられる)。その根拠となったものは、播隆の生家に遺る中村家文書、播隆が生家にあてた書状にある歌である。

私も由緒書を知る前から、天保六年二月の書状に詠まれている「らくらくと五十年にこへる山坂もとなえ居るこそ六字なりけれ」という歌が気になっていた。この歌を額面通りに受けとり、天保六年に五十歳となったときの歌だとして逆算すれば、生年は天明六年ということになる。

今までこの歌が重要視されなかったのは、歌ということでいまひとつ史料的説得力に欠けると判断されていたせいであろうか。しかしながら、歌が記されている書状は播隆によるものである。播隆が死去してすでに百数十年、播隆を直接知る人は誰もなく、わずかに古老らの口碑が伝わっているだけである。

参考になる伝記類としては、明治二十六年八月発行の『開山暁幡隆大和上行状略記』(以下、行状記)、明治三十九年九月発行の『槍が嶽乃美観』の二冊がある。行状記は播隆の伝記としては一番まとまったものであるが、年月日の記述がほとんどない。『槍が嶽乃美観』は、その第六編に「槍が嶽の開祖播隆大和尚略記」があり、槍ヶ岳登山に関しての年月日の記述はあるが生没年の記述はない。

そのほかに参考となるものは長野県三郷村（現安曇野市）の「務台家文書」、一心寺の版木、「念仏法語取雑録」、「迦多賀嶽再興記」、当時配布された「信州槍嶽畧縁起」、播隆作「念仏起請文」などがあるが、いずれにも生年を知る手がかりはない。また、年譜をうめる史料として岐阜県春日村（現揖斐川町）の「川合区有文書」、岐阜県関ケ原町の「奥田家文書」、岐阜県兼山町（現可児市兼山）の「浄音寺文書」などが新たに発掘されたことを記しておく。

林家文書の「播隆聖人由緒書」、そして中村家の歌、ともに生年を天明六年とする史料である（それを否定する史料は今のところない）。定説化しつつあった天明二年説については先に述べたとおりであり、生家の当主・中村俊隆さんは「私は五十五か五十六と聞いている」と私に語られた。穂苅本の年譜に付記されていた推定という註がいつのまにか忘れられ、天明二年説が流布してしまった。推測、推定で語られていたことが、人から人へ、あるいは引用を何度も繰返しているうちに通説化し、いつのまにか定説化してしまうことはよくあることである。

以上、林家文書「播隆聖人由緒書」によって播隆の生年は天明六年（一七八六）、行年五十五歳が確定されたと考える。

播隆が死去したと伝わる林家「上段の間」

寝仏の里

山の形は眺める場所によってその姿をかえるが、富士山はどこから眺めても同じ山容を見せるという。「二つとない山」だから不二の山ということだ。岐阜県各務原市鵜沼大伊木町にある標高一七三メートルの小高い丘といった感じの伊木山は、国道二一号線の北、あるいは木曽川の流れる南側から眺めると、ちょうど仰向けになり天に向かって合掌した寝仏のような姿を見せる。地元ではゴリラが寝ているからゴリ寝山とも、愛らしくキューピー山とも呼んでいる。古老の話では別名・正月山と昔は呼んでいたという。

木曽川をはさんで対岸の愛知県側には犬山城が河畔にそびえ、伊木山にもその昔城があったのだが今はその姿をとどめない。戦国時代、信長が美濃を攻める第一歩として伊木城を手中にしたという。

木曽川の上流、東側から眺める伊木山を夕暮れ富士という。夕陽に照らされた伊木山は、その名に恥じないなかなかの絶景である。

ある夜、南側にあたる木曽川沿いの道路を走っていたときであった。ふと目を伊木山に向けると、月明かりにうかんだその姿は寝仏そのものであった。伊木山は寝仏山とも呼ばれているが、思わず手を合わせたくなるほどの神々しさで私にせまってきた。それ以来、私の生活道路でもある国道二一号線を岐阜へ向かって車を走らせるたびに、伊木山の寝仏を確かめるようになった。

円空から派生した播隆上人への私の関心は、身近な伊木山周辺を調査することから始まった。飛び込みで大伊木の家を訪ねてみた。「年寄りから播隆さんの名前はきかされているが、どんな人なのかは知らない」という。穂苅本をたよりに二、三軒まわって山田義隆さん宅へ。そこで播隆さんの念仏講をやっているという山田きなえさん（大正二年生まれ）を教えてもらったが、あいにくと不在であった。

後日、山田きなえさんを訪ねてお話をうかがった。私も若いときは関心がなかったが、播隆さんを信仰していた人たちの死に際がきれいなので、一時途絶えていた播隆講を再開した。岐阜バスの斡旋をしているので、大伊木の人たちを募ってバスで一心寺（播隆の寺）へお参りにいく。数珠など播隆の遺品が部落の各家にあったが、大正時代の大火のさいに焼けてしまった。播隆が槍ヶ岳開山のときに使ったという鉈は柄の部分は焼けたが今も一心寺に遺っている。幸い岩城弘隆さん宅に南無阿弥陀仏と書かれた六字名号軸があったので、その軸を使って播隆講を勤めている。

伊木山で修行していた播隆上人は蕎麦粉を木曽川の水でといて食べ、岩の上に端座して念仏を唱えていたという。先の弘隆さんの弘は弘法大師の弘に、播隆さんのおかげで男の子が授かったので隆の字をつけたということだ。

きなえさんの紹介で伊藤徳男さん（明治四十五年生まれ）にお会いする。徳男さんは市内に遺る名号碑のことも知っておられ、伊木山のほかにもう一ケ所播隆が修行した所があるといわれ、徳男さんの案内でさっそく訪ねた。市内山の前町の前山、山道の脇に以前は沼であったという湿地があり、その奥のあたりだと指差された。草深く、その日はそのまま帰る。

後日再訪。教えられたあたりを調べてみたが、それらしい跡はなく、地元の人にも聞いてみたがそんな話は知らんとのこと。徳男さんは昔誰かからそう聞かされたといわれるのだが。結局、解明できず。しかし、伊藤さんからは市内にのこる名号碑についての詳しいお話を聞かせてもらうことができた。

前にいちど山中を探してみたが見つけることができず、伊藤さんに教えてもらった登り口は採石場のある南斜面からの山道で今は誰も登らないようだ。山頂近くの岩屋の上が播隆上人の修行場跡であった。ちょっとした石垣があり、きなえさんによれば当時のものらしい。十畳ほどの平地があり、木曽川を見下ろすように三基の石碑がある。中央に播隆霊神の座像（社はコンクリート製）、向かって右に円光大師（法然）の碑、左に見仏上人（播隆の師にあたる人）の碑、後日訪ねた板津勉さん（明治四十四年生まれ）の話では明治のころからあったものだという。木曽川の向こうには濃尾平野がひろがる良き場所である。何かないかと探したら、夕暮れ富士よろしく夕暮不動明王の小さな碑があった。

谷水が湧き、山菜が顔をだし、桜、椿が咲き、春の風に播隆霊神・播隆講一同と書かれた旗が数本ゆれている。当時（修行跡に関する年代がどうしても判明しないが）、播隆上人を慕って参集した人々の姿が目にうかぶ。脇に荒れた小屋がある。のちに聖道教というものを稲沢市で創めた安藤某氏が戦後入山して住んだ小屋だという。

この修行場跡のあたりは上人洞とも呼ばれているようだが、今は忘れられた場所となっており、現在行われている播隆講が途絶えたときに消えていく心配があり、案内の標識を立てておく必要があると思われる。

伊木山の播隆修行場跡

伊木山の西麓にある観音寺（臨済宗妙心寺派）では、旧暦の十二日に大伊木播隆講が勤められている。播隆ゆかりの念仏講はほかにもあるのだが、播隆の名前を講名に付した講社はここだけだと思われる。あらかじめ講の先達である山田きなえさんに電話して参拝させてもらう。

その日集まって来たのは女性ばかり一六名、ここ二、三日雨が続き久しぶりの晴れだったので今日は忙しかったなどと急いでやってくる人、嫁の話をする人など、講は夜八時ごろから始まる。寺の住職・伊藤祖秀尼は加わらない。宗旨が違うからか、以前は各家輪番でやっていたものを一〇年ほど前から寺をかりて行うようになった。

正面に播隆直筆の名号軸がかけられ、みなが持ち寄ったお供えの菓子などが供えられ、鐘を鳴らして般若心経、お念仏、御詠歌などを声をそろえ一定のリズムで唱えていく。単調ではあるが身をゆだねているとある種の郷愁と安らぎをおぼえる。そして最後に「播隆霊神御詠歌」を歌って終わる。その間およそ四〇分、各地でみられる念仏講とかわらない。ただ、播隆上人の御詠歌が歌われているのはここだけであろう。

一　ありがたや　いぎのおやまのいわかげに　ばんりゅうしようにんおわしまします

……〈略〉……

四　いくとせか　つかれもせじとやまおくで　なやめるひとをすくいますらん

……〈略〉……

七　のをもこえ　さとをもあとにこのみやへ　のぼりておがむなむあみだぶつ

大伊木の播隆念仏講

残念なことに七番までしか歌われない。八番以下はいちじ播隆講が途絶えている間に忘れられ、再開のときに七番までなんとか復元できたのだそうだ。しかしながら播隆さんの息づかいが細々ながら今に伝わっている。お下がりの茶菓をみんなでいただきながら談笑、播隆さんのことを聞いてみたが、きなえさん以上に知っている人はいなかった。次の代になったとき播隆さんは過去の人物になるのだろう。

穂苅本によれば山田義隆さん宅には播隆直筆の軸が二本あることになっているが、きなえさんに同行してもらって調べたかぎりでは、一本あるだけであった。義隆さんは軸のことは知らず、そんなものなどないと言われた。お願いして仏壇と神棚を調べさせてもらったところ、法然の歌をしるした歌軸が出てきた。もう一本あるはずだがと探してみたが見つからなかった。

義隆さんのお父さんである義景さん（明治四十一年生まれ）のお話では、義景さんたちが講をやっていたのは、集まった賽銭《さいせん》で酒を飲む楽しみがあったからだというが、息子の名前に隆の字を使った。また、家を新築したときには播隆さんの神棚も作った。床の間の脇に作られた神棚には、一心寺のものを真似して作ったという木像の播隆上人座像があり、御札や御弊、岩のかけらが一片（槍ヶ岳のものなのかどうかは不明）ある。かつては熱心であったということであろう。義景さんの話では修行場跡の石仏や石碑は昭和初めのものだという。昔はよく一心寺へお参りにいっていたとのことで、大伊木には軸や遺品がもっとあったようだが焼失したり散逸してしまったのだろう。

出てきた歌軸の歌は、行状記の中にある法然の歌で、文中の別離の場面で四ケ所ほど使われている。

露の身は　ここかしこにて消ゆるとも　心はひとつ花の台《うてな》に

前もって連絡してもらい、山田きなえさんと岩城弘隆さん宅を訪ねる。仏壇の脇に神棚があり、その中に浄土宗念仏行者・播隆霊神と箱書きされた高さ四五センチほどの木箱がおまつりしてあった。奥さんの許しをえて中を拝見させてもらうと、三〇センチほどの、播隆上人御石と墨書された石がおさめてあった。年代は不明だが播隆信仰そのものである。ご主人の弘隆さんは毎日お参りしているという。播隆に関して奥さんは何もわかりませんとおっしゃる。これらのものの由来は何も聞くことができなかった。御石といっしょに御弊、御札がいっぱい入っていた。ちなみに岩城家は臨済宗妙心寺派だが、様子から察するに以前は熱心な播隆信者であったのだろう。木箱の写真は撮らせてもらったが、御石は撮ることをひかえた。現在播隆講で使われている名号軸は岩城家にあったものである。

当時念仏は宗旨宗派をこえて広く庶民の生活に浸透していたと思われる。播隆は浄土宗なのだが、人々にとってはただ立派な念仏行者であった。それだけでよかった。難しい教義よりも、威厳のある寺院よりも、お山で厳しい修行をなさる播隆さんのお念仏のほうがありがたかったに違いない。しかし、若いころ浄土真宗、日蓮宗などの宗教遍歴をへて専修念仏に帰依していった播隆を語るとき、法然をはじめとする浄土宗、山岳仏教に言及しないではおられないが。

いちど訪ねて空振りであったが今回は在宅、板津勉さんにお話をうかがった。播隆の直接の信者だったという各務原市鵜沼西町の行者・木野伊之助氏に部落の人たちが依頼して各家の守護神をさずけてもらった。木野氏に播隆の霊がのりうつり誰々の家は〇〇（播隆の弟子）というように決めてもらった。みながそれぞれ持ち寄った石にその名を入れてもらい、その石を家の守り神とした。板津さんの家は弁隆霊神だったという。そんな家が七、八軒あったが絶えてしまった。今の播隆講は女性ばかりの新しいグループだ。鵜沼各務原町の一里塚にあった名号碑では祭礼日に旅人に餅をくばったという。戦後、伊木山の修行場跡にやってきた安藤某氏は御嶽教の行者でなかなか験力のある人だった。きなえさんの話では、播隆さんのお守りをしてくれると思って部落の人たちが力をあわせて修行場跡に小屋を建てたが、そのうちに自分の信仰を始めた。どうやら播隆の念仏信仰から、祈祷や御告げ、占いなどを主とする信仰に移っていったようだ。播隆の念仏信仰と山岳仏教・修験道が混同して伝わる傾向はたぶんにあり得る。

余談になるが、伊木山の別名・正月山の由来を聞かせてもらった。観音寺はその昔「正月山円壇寺」という名で、そこから正月山と呼ばれるようになった。寺には僧兵までいた（余談ついでに、寺には運慶作の仏像があるはずだが……という話まで聞いた）。

きなえさんが私に一枚の証書を見せてくれた。それは農協の預金証書で、バンリュウサマ……一万九三二四円と記入されていた。播隆さんのお賽銭がそのまま酒代にもならず定期預金で遺されていたとは、なんとも愉快なことではないか。

山田きなえさんには大変お世話になった。私ひとりだけならば玄関先の話になるところが、きなえさんが同行してくれたおかげで家にあげてもらってお話をうかがうことができ、より詳しい情報を得ることができた。伊藤徳男さん、山田義景さん、板津勉さんからは貴重な昔のお話を聞かせてもらった。軽い気持ちで調べ始めたのだが、今記録しておかないと消滅してしまうとの思いがつのり、淡い使命感が私の中に生じた。この小稿をまとめてすこしほっとしている。

各務野の草庵

各務原市内に播隆の伝説が遺されていた。大正十五年に那加村役場から発行された『各務原今昔史』がそれである。そのなかに次のような記述がある。

播隆上人が秘蔵していた南無阿弥陀仏と刻んだ六字名号の木版があったが、上人が心をこめて捺すといっぺんに百枚ぐらいの紙に南無阿弥陀仏の文字が写ったという。その有難い名号札を参詣者に授けられていたということだ。

法然が浄土宗を開き、以後多くの念仏者が輩出して仏の教えを民衆に説くわけだが、ここにようやく高嶺の花であった仏教が民衆を正客とすることになる。それまでは鎮護国家を中心とした貴族を主客にした仏教であったが、法然の出現によってようやく民衆の手のとどく仏教になったといえる。念仏者のひとり、時宗の一遍は踊り念仏で名高いが、遊行の先々で賦算《ふさん》を行っている。賦算とは南無阿弥陀仏の名号札を授けることだが、それによって教えを説き、極楽浄土への往生を保証した。播隆もまたひとりの念仏者として名号札を配っていたことをこの話はうかがわせる。

ある日、多くの参詣者のなかに目立って美しい娘がいた。いつものように上人は人々に御札を配り始めたが、その娘のまえにくると深い思し召しでもあるようにその手を握りしめてお渡しになられた。そのさまを見た弟子達は、やはり上人でさえも娘の美しさには心を動かされるのかと思った。法話が終わり人々が帰った後そのことを上人に尋ねると、上人は座を正し姿勢を改め「ああ情ない。お前達の目にはあの娘がまことの美人と映ったのか、まだまだ信心が足りない、修行が足りない、あの娘はここから北にあたる山腹の姥が懐という所にすむ老狐であるぞ。今ごろはあの有難い念仏札をくわえて息絶えているであろう、疑いあるならば行って見よ」と。さっそく弟子達はその山腹・姥が懐に行ってみたところ、はたして老狐が御札をくわえて死んでいたという（姥が懐は各務原市尾崎北町の三峰山南麓にある谷）。

この二つの伝承のほかに私の目を引いたのは、現在の市民公園の東近辺に草庵を結んで人々を教化したという記述である。各務原市内に播隆の草庵があったというのだ。また、天保元年にこの地を離れて一心寺に移ったとも記されている。この二点は重要な記述である。『各務原今昔史』（以下、今昔史）は、「……と伝え聞くままを記し置く」と結んでいるので、大正十五年当時地元に伝えられていた話ということになる。草庵のあった場所を確定したいと思っていたところ、昭和三十九年発行の『那加町史』に今昔史とほぼ同じ内容の記述があった。それによると市民公園の東近辺のところが「今の自衛隊入口より東へ約三五〇メートル、中山道から南へ約三〇メートル入った辺の松林の中」と具体的に記してあった。しかし実際に現地に行ってみると、この記述はすこし変である。後で述べるが、東は北のまちがいではないかと思われるのだが。

教育委員会を訪ねると平光円治さんを紹介された。さっそくその足でうかがうと、近くの神社で木を切っておられた。穂苅本のあとがきに名前がみえる平光さんその人であった。明治四十二年生まれといわれる円治さんはすこし耳が遠かったがしゃんとしておられた。快くお話を聞かせてくださった。穂苅氏にたのまれて播隆のことを調べたことがある。古老に聞いてまわったが、草庵の場所は自衛隊の入口の西、グラウンドの西南の人家のあるあたりだったと思う。何も跡は遺っていないが、南無阿弥陀仏と刻んである名号碑は草庵の脇に最初あり、その後二、三回移転して現在ある所（名鉄市民公園前駅の北側、神明神社の境内）になった。町史をお見せすると、そうか西ではなくて東か、年をとったので記憶が定かではない、それに聞く人によってすこしずつ違うことをいう。自信をもって答えられない。私の記憶ではグラウンドの西南あたりだと思うのだが……。

円治さんがお話のなかで、昔大野書店の人が播隆のことを書いた小冊子を出してみんなに配ったことがあったといわれたので、後日電話でお話を聞かせてもらったが、念のためお宅に伺った。大正三年生まれの大野寛さんのお父さん・利吉さん（明治生まれ）が、昭和の初めごろに簡単な小冊子を出されたという。それが今昔史より先だったか後だったかは定かではない。利吉さんが当時の古老たちを訪ね歩いて書いたもの。播隆のことだけではなく、駅裏の神社にあるねずみ小僧次郎吉の碑にまつわる伝承のことも書いてあった。『那加町史』をまとめた小林義徳氏は、その冊子をもとに利吉さんから話をきいて町史を書かれた、という。

松林の中にあったといわれている草庵の、寛さんがお父さんから聞かされていた場所は市役所前の中山道の南の松林あたり。寛さんは中山道の溝に播隆の名号碑がころがっていたのを町内の人たちが現在の位置に建てたのを私は見ている、とおっしゃった。碑は草庵の脇に最初はあったという。町史にある東を北として読むと、寛さんの言われた場所とほぼ一致する（町史の記述をそのまま地図でおっていくと不自然なところがある）。結局、草庵の場所は特定できなかった。

円治さんも寛さんも、もう誰も播隆さんのことは知らないだろうとおっし

『幡隆上人略歴』（左）と『各務原今昔史』（右）

ゃる。各務野の原野（江戸時代をとおして不毛の地であった）、松林のなかに播隆上人の草庵はあった。鵜沼宿から加納宿の間、各務原台地と呼ばれている中山道の道中は見渡すかぎりの草原、心淋しく先を急ぐ旅人たちは松林から流れてくる念仏をどんな想いで聞いたことだろうか。

なお、天保元年という年については、その根拠となったものを解明することはできなかったことを付記しておく。いま播隆上人を偲ぶものは、「市民公園前駅」裏の神社にねずみ小僧次郎吉の碑とならぶ名号碑だけとなった（高さ一七五センチほどの碑には天保三年正月二十七日とある）。

蛇足ながら鼠小僧伝説について記しておく。中山道側の市民公園の噴水のあるあたりに一軒の宿屋「いろは屋」（亭主の名をとって源助茶屋ともいう）があった。付近に人家はほとんどなく、野中の一軒屋ともいう風情のいろは屋は旅人にはありがたい存在であったが、じつはその井戸の底には無惨な死体が数多く投げこまれていた。いろは屋の夫婦は泊まり客の金品を奪っては殺害し、井戸に投げ入れていたというのだ。ある日、世間を騒がせたねずみ小僧次郎吉が六十六部に身をかえていろは屋に一夜の宿をとった。夜半、女の悲鳴に目をさました次郎吉は、一目でその様を読みとり、その鬼夫婦を成敗した。

次郎吉の手柄を語り草にと後の人が建てたのがこの記念の碑で、地元で次郎吉の墓として語り伝えられている。また、犠牲になった旅人を供養するために南無阿弥陀仏と刻んだ碑も建てられている。

次郎吉が活躍したのは文化・文政の頃ということだが、ちょうど播隆と時代が重なる人物である。播隆が各務野草庵に滞在していたとき、はたして鼠小僧の話を聞いたのであろうか。播隆の碑と鼠小僧の碑がならんで建っている近くには境川放水路があり、春には境川に沿う桜並木で桜祭りが賑やかに催される。

いろは屋の犠牲者の供養碑には寛政八年九月とあるが、すこし年月のずれがあるのではないかと思う。伝説碑と供養碑は対のものだと思うが、播隆の碑が真ん中で伝説碑と供養碑が左右に配置されている。

市内にはほかに二基の播隆名号碑がある。鵜沼各務原町四丁目（国道二一号線の陸橋南下）にある碑は播隆名号碑の中で一番大きな碑である。伊藤徳男さんによれば、もとは近くの中山道沿いにあったものがすこし移動されて現在地に建てられた。明治二十四年の濃尾震災で二つに割れ、そして戦時中に爆風でふたたび倒れ、その後現在のように割れたまま三段構えの姿で修復された。欠損部を加えれば三メートルはこす大きな碑である。碑には天保四年二月十五日とあり、播隆の銘もなんとか読める。前は国道のガード、隣は運送会社、その昔は中山道の道中安全、今は交通安全、雑草が花のかわりになっている。昔はお祭りもあったようで、旅人に餅を配ったとも聞いた。

鵜沼宿をすぎ羽場にさしかかると登り坂になるが、そのあたりから各務野は一面の草原が続き、名鉄の新加納駅あたりから下り坂になる。この東西約一〇キロ、南北約四キロの高台を各務原台地と呼んでいる。台地は周辺よりも一〇メートルから二〇メートルくらい高くなっており、下の地層が砂の層のせいで水持ちが悪く、昔から水田には適さず、江戸時代をとおして不毛の地であった。平らな台地を利用して陸軍の飛行場ができ、現在は航空自衛隊の岐阜基地となり、川崎重工の工場が官民一体風に建ち並んでいる。それに現在は移転して市民公園になったが、岐阜大学の農学部があったりして現在の活況を作りだした。しかし、播隆さんのころは心細い中山道の街道筋であった。そんな中で大きな碑は旅人に安らぎを与えていたであろうが、時代とともに播隆さんの碑は片隅においやられて、今はガード下でゆっくりしているようにみえた。

もう一基は須衛町五丁目の神明神社の社前、鳥居の脇にある。馬頭観音、道祖神の碑も並んでいる。由来を知ろうと飛び込みの訪問で聞いてまわったが何の情報も得られず、もとは社前の参道の脇にあったが耕地整理のさいに現在地に移ったということだけ。誰も播隆のことは知らなかった。あの人なら古いことを知っているだろうと一人の古老を教えてもらい、畑仕事の手を休めて語ってもらった。

須衛というところは人物の出ないところだ。どこどこは三千両たまると家がつぶれるというが、ここは千両たまると家がつぶれる（隣人など村の人たちのねたみなどでそれ以上お金がたまらず、頭を出すと足をひっぱられるため）。播隆さんが村々に一つずつ碑を建てたという話を聞いたことがある。ここの神明神社のことは何も知らん。近くの寺に昔使っていた大きな数珠があるはずだ、という。後から寺を訪ねたが、数珠のことも播隆のことも知らないとのことであった。

須衛町の碑には嘉永二年……吉日とあり、そして願主・隆観と刻まれている。隆観というのは播隆の兄の名前である。嘉永二年は播隆没後九年である。兄と同じ隆観の名がある碑はその後の調査で数基出てきた。播隆死後のお兄さんのことは不詳である。

この神明神社の近くにある山々には古窯跡が沢山遺されている。須衛町周辺は須恵器を生産していた古代窯業地域であり、岐阜市、関市一帯をふくむ地域は美濃須恵古窯跡群と呼ばれている。須衛町はなかなか古い歴史をもった土地柄である。

各務原市における播隆の足跡は想像していたよりも濃いようだ。伊木山の修行場跡、各務野の草庵、播隆が滞在した日数はかなり長い。確認はできなかったが山の前町・前山にも播隆が庵をむすんだという話があった。今昔史における天保元年の記述は年譜をうめる参考となった。また、行状記には各務野の名号碑開眼

播隆と隆観の銘が刻まれている名号碑

供養の話が記されている。

各務野の中山道を播隆は何度も行き来し、そのたびに人々に念仏を広めたに違いない。播隆を慕い、播隆の槍ヶ岳開山を支えた人たちが市内にもいたのである。

草井の渡し

木曽川に沿った堤防道路の脇に播隆の名号碑があったような気がする、と美濃加茂市の郷土史家・佐光篤氏からお聞きした。後日、一日暇をつくって調査にでかけた。各務原市の対岸——愛知県側の堤防道路沿いのそれらしき場所を探す。愛岐大橋のたもと、愛知県江南市草井町宮西の大善寺の境内に名号碑があった。道路の下に墓地があり、碑の裏面が見える。

境内の一角に石仏などの石造物がおまつりしてあった。誰かがお参りしたあとなのか線香の煙がただよっていた。その中に南無阿弥陀仏、播隆の名前と花押も刻まれている。さっそく参拝し、写真を撮る。碑の高さは一四三センチ、裏面に天保六年八月吉日村中とある。庫裡へまわり来意を告げると、住職は不在だがまもなく戻るとのこと、境内をうろついて時間をつぶす。

三〇分ほどすると住職が戻ってきた。玄関先で話をしていたが、親切に中へ上げていただき、ゆっくりとお話をうかがった。寺は臨済宗妙心寺派で大正六年に現在の岐阜県関市迫間から移転して建てられたもの、碑は以前からあったものだがその由来は知らない。この地区のどこかにあったのを現在地に移したのか、よくわからない。観音像の円空仏が一体あるとのことだったが、今回は遠慮した。そして、住職の口から意外なことを聞いた。この地区の観音講で使われている名号軸は播隆さんのものだと。いつか観音講の人がやってきて、名号軸が傷んだので表装し直したいが性を抜いてほしいといってきた。確かに播隆の銘があったといわれた。住職は電話してその名号軸を保管している家を探し出してくれた。お礼をのべて勇んで寺をあとにした。

訪ねたのは草井町榊戸の林本正明さん宅、あいにくと不在であったが、再度訪ねたときは夫人の綾子さんがおられた。突然の訪問であったが快く応対してくださった。この草井の西組、南組、中組、中野組の各組では毎月十七日の夜に輪番で観音講を行っている。昔は庚申様《こうしん》もやっていたが大変なので観音講だけになってきたが、まだ庚申講をやっている組もある。観音講ではご心経、お念仏、御詠歌などをあげる。そのときに軸を四、五本かけてその前で行うが、その中の一本が播隆さんの名号軸であった。綾子さんは播隆のことを知らなかった。逆に私に上人のことを聞かれた。播隆のことは誰も知らないだろうとおっしゃった。ひょんなことから播隆の名号軸を見つけ、私は少々興奮気味だった。さっそく写真を撮らせてもらう。箱書きには草井村西組観音講中と記されていた。

綾子さんは、こんな歴史の勉強をする機会はまたとない、ほかの組の軸を見てまわるのなら私が案内してあげるとおっしゃった。お孫さんが二人つき、綾子さんを乗せて出発、私の胸は新しい名号軸の発見を期待して高鳴っていた。まず南組へ。綾子さんがあっちこっちと訪ね歩き、今月の当番である馬場正彦さん宅を訪ねる。綾子さんと家の人がしばらく世間話、そののち家にあげてもらい軸を拝見、するするっと軸を開くと播隆上人独特の書体で南無阿弥陀仏。私は高鳴る胸をおさえて、ここでも播隆さんの説明を一席。名号軸はかなり傷んでおり、欠ける心配があった。箱書きには南組観音講とあった。

次いで中野組へ。私がお孫さんをみている間に綾子さんが当番の家を探し、伊神隆広さん宅へ。許しを得て、軸を見せてもらう。またまた播隆さんであった。ここのものもかなり傷んでおり、表装し直さないとバラバラになるおそれがあった。名号軸の裏に文政十四年正月十五日（文政は十三年までしかないが）と記されていた。箱書きには中野組観音講とあり、伊神さんのお話では今も庚申様（講）を勧めているという。お仕事中のところをお邪魔した、お礼をのべて家を出る。

もうひと組、お孫さんをなだめつつ綾子さんのご厚意にあまえて中組へ。中組観音講のものは誰かほかの人の名号軸であった。少々残念であったが、前は播隆さんの名号軸を使っていたのかもしれない。何度も使っている間に傷み、ほかの人の名号軸になったことは充分に考えられる。ほかの組の名号軸もボロボロになり、将来ほかの人の名号軸に替わる可能性は大いにあり得ることだと思う。お会いした観音講の人たちは誰も播隆をご存知なかった。なんとか維持してほしいとは思うのだが、時代とともに講そのものの継続が難しくなりつつあるのが現状なので……。

播隆の名号軸が新たに三本見つかったが、それらにまつわる伝承は何も聞くことができなかった。綾子さんには夕暮れ時のお忙しいなかをご案内していただいた。

播隆上人は宗教遍歴をかさねたのち浄土宗に帰依し、専修念仏に帰っていったと私は考えている。播隆が生家におくった文書に「諸宗皆祖念仏正義論」というものがあり、その間の消息が述べられている。また播隆はたびたび法然の歌を引用していたようで、遺されている史料のなかに散見できる。念仏者播隆はその修行の場を伽藍に求めず、一介の民間宗教者として庶民のなかで布教した念仏聖《ひじり》、自らの求道の場を山岳に求めた念仏行者であった。

草井で勤められている講は、念仏講ではなく観音講と呼ばれていた。念仏講と観音講とでは呼び名が違うが、その内容に大差はないようだ。知多半島の半田市東郷町の常楽寺では虫供養講に播隆の名号軸が使われていたが、庶民にとっては南無阿弥陀仏、ただそれだけでいいのだろう。

この草井の対岸から北へすこし行くと各務野の草庵があり、東の上流には伊木山の修行場跡がある。草井の渡しは昔から名高い渡し場であった。現代版の渡しが現在の愛岐大橋であろう。すこし上流にあった内田の渡しの史料のなかにおもしろい記述があった。武士、出家からは渡し賃を取らないのが慣例であったということだ。愛知県の尾張野、尾北地方に足をのばすとき、播隆さんは草井の渡しを利用したのであろう。草井の渡しによって、尾北の足跡と各務原の足跡が、点と点が私の頭のなかでつながった。

佐光篤氏をとおして円空研究者・長谷川公茂氏から江南市内の二基の名号碑を教えていただいた。高屋町中屋舗の臨済宗妙心寺派・永正寺の境内に高さ九〇センチの播隆名号碑があり、播隆の銘とともに「願主隆観・花押」と刻まれていた。左面には「弘化三年二月吉日村女人中」とあった。住職に碑について尋ねたが、何もわからないと言われた。各務原市内の碑に初めて播隆の兄である隆観の名前を見つけたときから気になっていたのだが。

赤童子町白山の真言宗・長幡寺に向かう途中、念のため歴史民俗資料館へ寄ってみたが何も話は聞けなかった。長幡寺に隣接して白山神社があり、境内の一角に石仏などの石造物といっしょに名号碑があった。高さ一二八センチの碑には播隆の銘とともに願主隆観とあり、右面に天保十年九月□日、左面には村中と刻まれていた。

あいにくと住職不在、後日電話でお話をうかがう。播隆の名を初めて聞いた、碑は私がこの寺にきたときにはすでにあった、碑についてはは何も知りませんとのこと。

ここで兄・隆観について述べたい。播隆の生家は富山県の大山町河内、神通川の支流・熊野川をさかのぼった山村、熊や猿が出たという山間の部落であった。炭焼きや農業のかたわら、代々浄土真宗の道場(お寺のかわりをした簡易な寺)を勤めていた。父・左右衛門(順信)の二男一女の次男として播隆が生まれ、当主の中村俊隆さんによれば長男の隆観は二つ上で六十二歳とも八十歳ぐらいまで生きたともいう。播隆のころは道場は一時途絶えていたが、播隆らの努力によって再興した。播隆は家を出、隆観は家を継いだ。中村家の道場は近在の部落六〇軒ほどの仏事を世話していたという。兄は弟よりも長生きしたことはまちがいのないことだと思われる(播隆は天保十一年五十五歳で死去)。

現在富山市内にお住まいの中村俊隆さんを訪ねて聞かせてもらったお話では、同じ根の宗派ではあるが真宗と浄土宗の違いを心配した兄が各務原まで弟を訪ねていったという。しかし、そのことは心配いらんといって帰ってきた。そのとき、播隆が飛騨の本覚寺まで兄を送ってきたという。もしその話が事実であるならば、兄・隆観と各務原が接点をもつことになり、各務原市須衛町の名号碑に隆観の銘があったことがわずかばかり納得できる。また、草井の渡しから江南市の二基の名号碑へと話がつながっていく。

名号碑の年号は長幡寺が播隆没年の前年、永正寺が没後七年、須衛町の神明神社が没後九年である。願主隆観の文字が何を意味するのか定かではないが、兄・隆観が重要な役割をはたしたことに疑う余地はない。

私は最初播隆の死後、兄が弟の布教地を頼って富山からやってきたのではないかと考えたが、亡くなる前年の碑によって、あるいは播隆といっしょに、播隆に力をかしながら兄もそれらの地で動いていたのかとも想像する。今のところ兄に関する史料がほかになく、播隆研究の課題である。

あくまでも私の勝手な想像の域をでないが、播隆は弟子の名に隆の字をつけている（隆芝、隆道、隆洞、隆松、隆随、隆載など……）ことから、兄の名前である「隆観」の文字からは、ひょっとすると兄が弟の弟子になったのではないかとも、あるいは兄が弟の字を使うのも変なので（兄の幼名、俗名はわからないと俊隆さん）、兄とは別の隆観という人物が存在していたとも考えられる。

尾張平野・尾北地方における播隆の足跡に、愛知県西春日井郡西春町西之保（現北名古屋市西之保犬井）の犬井公会堂の肖像画がある。もとは観音堂で尼寺であったが無住となって荒れはて、地区の公会堂として建てかえられたのが今の犬井公会堂である。現地を訪れたとき公会堂は閉まっていたが、管理している人を訪ねると快く開けてくれた。中は観音堂であり、許しを

犬井公会堂の播隆の肖像が描かれた軸

得て何か史料はないかと探してみたが、参考になるものは出なかった。播隆上人の肖像画と名号軸は町の教育委員会が保管しているとのこと。住宅街に位置する公会堂の写真を撮り、役場へ行き教育委員会を訪ねる。

来意を告げるとロッカーから二本の軸を出してくれた。かなり傷んでいるようで、巻いてある軸をひろげると紙片が手についた。慎重にテーブルの上にひろげ写真を撮る。肖像画は紙に彩色された絵で、二連の数珠を手にした播隆が端座した像に「往生之業念仏為先衆生称念三毒消除」と記されている。軸の芯木には恩師播隆大和上とあった。誰の作かは不明。法衣は左前にはなっておらず、何と呼ぶのか頭巾をかぶっていた。

厳しく律を守りとおしている持戒の僧は左前に法衣を着るのだという。播隆は浄土律の僧で、その日常はまことに厳しく、それに山岳修行が加わるのであるから並の者では真似ができない。念仏の道は聖道門ではなく、ただ念仏申せば誰でも往生できる浄土門（阿弥陀仏の慈悲によって浄土に往生し、成仏することができるとする）、法然以前の仏教が聖道門の難行ならば浄土門は万人救済の易行のはずだが、播隆自身は生涯難行苦行の道を歩みつつ称名念仏を説いた。法然は日に六万遍の念仏を申していたが、愚者がただの一念申しただけでも往生できるという。一見矛盾しているようだが多くの民衆がついてきたのである。一念義か多念義かという問題もその根底は各人の信仰信念にかかわることなのであろう。ただ南無阿弥陀仏、まだまだ私には遠い道である。

播隆の肖像画はそれほど多くはないが、私の調査では、岐阜市の正道院と岐阜県兼山町の浄音寺から新たに一本ずつ確認することができた。

もう一つの名号軸は三五センチほどの小振りのものであった。

係の人の話では、ただ預かってくれということなので、勝手に表装するわけにはいかないとのことであったが、このままではバラバラになってしまう。なんとか手をうってほしいものだ。壊れないように軸を巻いたが、私が拝見しただけでテーブルの上に紙片が散っていた。犬井公会堂の肖像画発見の新聞記事を見た愛知県一宮市丹羽の地蔵寺から連絡があり、地蔵寺にも播隆の名号軸があることがわかったという。お礼をのべて一宮市へと車を走らせた。

まず市の教育委員会へ、播隆についてはなにもわからないとのことで、一宮市博物館を紹介してもらう。市内の地理に不案内で、教えてもらったのだが道に迷い、気力がうせたので電話ですませる。担当の人の返事は播隆について何も聞いたことがないというものであった。

丹羽の地蔵寺を訪ねる。『西春町史』に記載されたのは新聞記事がきっかけとのこと、名号軸は寺に伝わっていたものだがその由来はわからないとおっしゃった。寺は真言宗、尼寺であった。目的の名号軸はしまいこんであるので今日はお見せできない、私のほうから電話するのでそのとき見に来てくれとのこと。子どもたちがやってきた。寺で書道教室をやっているようだ。寺の写真を撮ってまた後日。

数日後、寺から電話がはいり、その日の夜出かける。その日は十八日、地区の人たちが寺に集まって観音講をやっていた。尼さんは直接講にかかわっていないようで、隣の部屋で名号軸を見せてもらう。お話では、新聞を読んで初めて播隆がどんな人なのかを知った。軸に関する話は何も聞いていない、古い手作りの数珠があるが年号などの記述はない。しまいこんであるのでお見せするわけにはいかない。名号軸は木箱にしまってあり、箱書きに「播隆上人筆天保八年夏六月百万遍講中」と墨書してあった。代々の伝承がどこかで途絶え、名号軸の由来も忘れられて消失していった軸がかなりあるのであろう。

尼さんは筆が悪いのか字が割れているといわれた。また、播隆はけっして達筆な方ではありませんね、もちろんこれは信仰のものですが。播隆はその布教において木版刷りの念仏札を多数配布して歩き、講などにたいしては筆をとって南無阿弥陀仏の名号を授けていたと思う。傷んできたので近いうちに表装に出すつもりだ、といわれた。

各地の寺をまわっていて感じることは、寺をあずかる尼さんたちの慎ましい態度である。横柄なお坊さんをたまに見かけることもあるが、尼さんの姿に静かな信仰の炎を感じることがある。そんなとき、こちらの心も清々とする。

修行場跡のある伊木山と木曽川をはさんで対座し偉観を誇っている犬山城、その城下、愛知県犬山市西新道の宮田正治さん宅へ。城下街の面影が遺る町並のなかに宮田さんが経営する宮田眼科があった。立派なお屋敷が隣にあったが、入口がわからず眼科医院へまわった。それがいけなかった。飛び込みの訪問者はなかなか信用されず、電話番号を教えてもらうのが精一杯、名号軸どころではなかった。その後、三度目の電話でようやく宮田さんとお話しすることができた。少々心配したが宮田さんは気さくにお話してくださった。

三代前の、江戸の末から明治の人の娘さんが尼になり、その人の関係から軸が宮田家に伝わっている。山が好きなのと、嫁が松本の出ということなどから穂苅氏を知り軸の写真を送った。興味をもって調べたが、まとまりがつかないまま熱もさめてしまった。揖斐川町、伊吹山、犬山、各務原などを訪ね歩いた。犬山市には足跡はなかったようだ。三メートルをこす各務原の名号碑、伊木山の岩で、古墳の蓋に名号を刻んだもの。宮田家は士族で、槍ヶ岳にかける鉄鎖の鉄を集めたときに、伊木山の関係から何らかの世話取りをしたのかもしれない。電話であったが、一時期熱心に調べられた様子で、すこし耳がとおい宮田さんはご存知のことを隠さず語ってくれた。名号軸の記録のために写真を撮りたいのですがと言っても、耳がとおいせいなのかなかなか伝わらず、写真は諦めることにした（この稿を書くにあたり一年後に電話。記録のためと、この目で確かめたいのでとお話ししたが、なかなか伝わらず、断念することにした）。

新田次郎『槍ヶ岳開山』の小説に犬山城下の御用商人・近江屋の話が出てくるので念のために調べてみた。探してみると犬山市出来町に文具・事務用品などを商う近江屋があった。思いきって店内に入り来意を告げると、社長の堀尾英夫さんがいらっしゃり、親切に応対してくれた。店は代々「宗六」という名を襲名する商家だが、播隆のことは何も伝わっていない（ほかで近江屋の人が播隆の弟子になったという話を聞いたのだが）。新田次郎の小説のことはご存知であった。

犬山市文化史料館を訪ねる。市内に播隆ゆかりのものはないとのこと。犬山城主・成瀬家の文書の中には播隆関係の記述はないという（後年、楽田地区に播隆の念仏講、念仏行事などが確認された）。

木曽川をはさんで伊木山の播隆上人修行場跡がある。修行場跡の岩屋からは尾張藩の濃尾平野が一望できる。犬山城と修行場、お殿様と播隆を支持した民衆を対比させながら当時を偲ぶ。

林家文書の語るもの

中山道太田宿の脇本陣・林家に遺されていた文書のなかに「播隆聖人由緒書」があったことは先項「林家文書による生年の確定」ですでに述べた。ここではその時触れることができなかった項目について述べたい。

由緒書は天保九年三月二十二日、可児市兼山の浄音寺から美濃加茂市太田本町の林家にあてられた手紙のなかにあったものだが、浄音寺、林家ともに播隆の熱心な支援者であり、その関係からして信用のおける内容といってよいだろう。この二年後に播隆は林家において死去。何の必要があって由緒書が書かれたのかは明らかではないが、その内容は初見のものばかりであり、播隆を知るうえで重要なものである。

由緒書によれば「生所は越中国上新川郡川内村」「宗門浄土宗鎮西派」となっており、これは問題のないことである。次に「師匠寺御城下南寺町尋盛寺性誉上人弟子」とあり、尋盛寺は名古屋市千種区城山新町に現存している寺である。「世寿五拾三才」、これについては前述した。「学臘三拾五年」「法臘廿五年」「但江都本所霊山寺十八檀林貞典大和尚より宗門伝戒伝法仕候」、そして「右之通無《ママ》無相違無御座候、以上」と結んである。

尋盛寺（名古屋市千種区）

尋盛寺に問い合わせると、南寺町は名古屋市科学館のある現在の白川公園あたりで、昔は寺院の集まった界隈であったが、戦争のために今の場所に疎開した。記録などは戦災でほとんどが焼失、播隆のことは知らない。寺は学僧寺で昔から多くの坊さんが修行、学問した。「名古屋に貧乏寺が二ヶ所」あるといわれたが、その一つが尋盛寺であった。つまり、学問が主体のためにいつも台所が苦しかった。鎮西派のお寺で、性誉上人は十三世で天保六年に亡くなっている。わからないが播隆がこの寺で修行した可能性は充分ありえることだろう。

後日、尋盛寺を訪ねると、日泰寺が近くにあり、その一角は寺とお墓がたちならんでいた。電話で色々と聞かせてもらったお坊さんは新婚旅行中で不在、寺の写真を撮って帰った。

「学臘三拾五年」が学問を始めて三十五年という意味で、「法臘廿五年」が正式に僧となって二十五年という意味であるならば、逆算すると文化元年（一八〇四）十九歳のとき、播隆は何らかの縁で尋盛寺にはいり、十年たった文化十一年（一八一四）二十九歳のときに浄土宗鎮西派の僧になったということか。そして霊山寺（東京都墨田区横川に現在ある）の貞典大和尚から宗門伝戒伝法をうけたということか。

霊山寺へ問い合わせると、貞典大和尚は三十三世で、ここも戦災で焼けて記録はほとんど遺っていない、播隆のことはわからないという返事であった。檀林とは学問、修行する所ということで、ふつう浄土宗では関東十八檀林とい

霊山寺（東京都墨田区）

って増上寺など十八ヶ所前後の寺が檀林の役目をしていた。霊山寺もその中のひとつであった。

行状記に記載のある光覚院は名古屋市東区泉にある高岳院のことであるが、ここを訪ねたときに話のなかで尋盛寺とは関係のある寺で、新婚旅行中であったお坊さんの仲人をされたという。徳川家ゆかりの寺で寺格の高い浄土宗、ここをステップに名をなした僧は多く、空襲で焼失したために記録はないが播隆と何らかの関係があったことはまちがいない。同じく行状記にある鍋屋町の陽蓮寺は、現在名古屋市千種区池上町にある養蓮寺のことで、高岳院と関係のある寺だという。残念ながら播隆に関する史料は何も遺っていないという。

以上、わからないことも多いが、これらを考え合わせると、林家に遺されていた由緒書は浄土宗における播隆上人の経歴を記したものだと思う。何かの縁で十九歳のときに名古屋の尋盛寺に入った播隆は性誉上人の弟子となり、二十九歳になって東京の霊山寺の貞典大和尚から宗門伝戒伝法をうけて浄土宗における正式な僧になったと考える。

ふつう播隆上人といえば「槍ヶ岳開山」と頭につき、山岳仏教の行者、修験道的なイメージがまず浮かんでくる。大阪の見仏上人、京都の蝎誉上人の弟子となって修行をつみ、ついには山岳にその修行の場を求め、念仏の行者として厳しく生涯をおくり、その結果として笠ヶ岳再興、槍ヶ岳開山という偉業を成しとげた。そんなことから山岳史上忘れられない人物として取りあげられ、山岳関係者らの尽力によって松本には銅像が、生家跡には顕彰碑が建てられるようになった。

播隆は今日私たちが想像するような、槍ヶ岳初登頂をめざす登山を主目的としていない。山上にとどまり念仏をもうすのが主眼であった。たとえば初登頂をはたしたときは四十八日、あるときは五十三日間も山上にとどまって念仏を唱えるのであった。播隆の山岳史的な価値が強調されたことによって、林家文書の由緒書が物語る浄土宗の僧としての播隆の姿が忘れられていたきらいがあったのではないか。私はこの由緒書について考えながらそんなことを感じた。

たしかに播隆にとって一番の師といえば見仏《けんぶつ》上人であり、蝎誉《かつよ》上人であったと思われる（それを裏付ける資料は多い）。播隆は誰々の弟子という世界をこえ、ひとり独自の道を歩む念仏行者となっていった。また、播隆が意識していたか否かは別としても、時の権力者・徳川家の宗旨が浄土宗であったということは浄土宗の僧であった播隆にとって有効に働いた。私は由緒書によって今まで気がつかなかった播隆の側面を見たような気がしたのである。

学臘、法臘の意味をどのように解釈するかで、示された具体的な年数によって割りだされる事実も変わってはくるが、年譜に新しい足跡を付けたすことが可能となった。

今までのところ、信頼できる史料の裏付けによって判明した史実は、穂苅本に記載されている文政元年（一八一八年・播隆三十三歳）まで待たなければならない。天明六年の生年から文政元年の三十三歳までの年譜をうめるものは伝承、あるいは年月日の定かではない足跡であり、たとえば出家した年にも色々な説がある。もっとも、江戸時代の人物の幼少期、青年期、それも庶民の出の人物の足跡、その年月日を知ろうとするほうがどだい無理な話ではある。

由緒書に示された学臘、法臘の年数を逆算すると十九、二十九歳という年齢が史実として判明し、今までの年譜の空白がうまることになる。ただ、私が前述したように由緒書を解釈してよいものか、もし誤りがあれば訂正していきたい。

昭和五十一年五月発行の「美文会報No.5」における神保氏の報告によれば、林家文書のなかには由緒書のほかに二件の播隆関係のものがあったという（それらは由緒書とともに『美濃加茂市史』の史料編に収録されている）。それは「播隆上人為替金受取覚」と「播隆上人用新茶代受取覚」で、ともに兼山の山形屋市右衛門が浄音寺に出した請取証文で、日付はともに子の六月九日となっている。それらによれば一両の金と新茶が、浄音寺から山形屋をとおして林家へわたり、播隆に届けられたようである。

山形屋は薬、呉服、茶、煙草などを商った江戸時代の兼山の豪商で、現在は店も屋敷も遺っていない。お茶が播隆あてに送られたということだが、はたして播隆がお茶を飲んだであろうか。木食戒を実行していたであろう播隆がお茶を飲むとは考えられない。まわりの人たちが飲んだのかもしれない。播隆さんが望まなくとも多く金品が集まってきたのであろう。

子の六月九日の日付について、神保氏は由緒書の天保九年に林家は浄音寺から播隆を紹介されたのではないかということから、子の年を天保十一年ではないだろうかと推測されておられるが、林家が播隆を知ったのはもっと早い時期だと思われる。播隆は太田宿を早くから何度も通ったであろうし、近在に遺されている名号碑の日付はもっと早い。また林家の播隆にたいして寄せる信心の篤さから想像して、播隆と林家との交流はかなり長いものであったと思われる。天保九年前後の子の年は文化十三年、文政十一年、天保十一年であるが、天保十一年とするよりも文化十三年、あるいは文政十一年とするほうが妥当であろう。

来迎の地・太田宿にて（一）

播隆がまだ早すぎる齢五十五歳をもってこの世を去ったのは天保十一年（一八四〇）十月二十一日、現在の美濃加茂市にある中山道太田宿の脇本陣・林家であった。その大往生の様子を行状記は次のように記している。

病床に集まった人々にたいして念仏にはげむよう諭し、私は日頃の願いどおりに阿弥陀如来の御来迎をうけて極楽へゆく――先だたばおくるる人を待ちやせん花のうてなに半ば遺して（善導大師のことば）――、そして最期の十念を声高らかに唱え、西方に向かって端座合掌し念仏の声とともに眠るがごとくに大往生。そのとき空には紫の雲がたなびき妙なる音楽とともに何ともいえぬ良い香りがあたりに漂ったという。

つまり、念仏を唱えながら死んでいったということだろう。文章上の形容をさし引いても、いかにも専修念仏に生きた播隆らしい最期である。

現在、林家の家屋の一部が「旧太田脇本陣林家住宅」として国の重要文化財に指定されている。脇本陣は林由是さんの住居ではあるが公開日を定めて一般に公開されている（隠居家部分のみ）。私が訪れたときは弟の林復明さんが親切にご案内くださった。播隆さんが亡くなった部屋は上段の間で、脇本陣では一番良い部屋であった。当時の林家は熱心な播隆上人の帰依者で、行状記にしたがえば出入りしていた使用人にその信仰をすすめ、従わない者は解雇したというほどの篤信家であった。播隆と林家とは深い親交があり、先述した由緒書はこの林家の文書である。美濃地方における播隆の信者は多く、中山道を行き来した上人がたびたび林家に逗留しては人々を教化したのであろう。当時、五代当主・林市左衛門由訓の後妻に現坂祝町酒倉の兼松勝郎の叔母にあたる丈が嫁してくるが、その連れ子におさとという娘がいた。口碑によればおさとは播隆について尼となり、市左衛門はのちにおさと・宝林尼を住職として弥勒寺という寺を建てている。

復明さんによれは、播隆の遺品、ゆかりのものは現在何も遺っていない。弥勒寺のご本尊は土蔵にしまってあるが、弥勒寺にあった播隆関係のものは現在、美濃加茂市の祐泉寺にある。上段の間だけが播隆を偲ぶ唯一のものであった。

宿駅における脇本陣は本陣につぐ重要な宿泊施設で、幕府の役人、参勤交代の大名、公家などの休泊に使われ、その構造は外敵にそなえた立派な建物である。林家は庄屋や尾張藩勘定所を勤めながら味噌醬油の製造販売、質屋なども営んでおり、切妻のうだつ、格子戸に連子造りの窓などが往時を偲ばせている。中に入れば土間の吹き抜けに展開する梁組、太い柱や板間、座敷部と続き、かつては土蔵十棟、馬屋三棟を有する名家であった。復明さんのお話では明治から十三回の床上浸水があったという。すぐ裏を流れる木曽川は美観とともに自然の脅威でもあった。

ここですこし中山道太田宿の歴史について述べたい。承久三年（一二二一）の「承久の乱」について記された吾妻鏡の中に大井戸の渡しという記述があるが、この大井戸の渡しは太田の渡しのことらしく（『美濃加茂市史』）、それにしたがえば太田の渡しは十三世紀には存在しており、その歴史は古い。

徳川家康はそれまでにあった交通経路を全国支配のために江戸を中心としたものに整備し、東海道をはじめとする五街道を開幕とともに順次統一し、制度化していった。中山道は東海道を表街道とすれば裏街道にあたる山中の道といえる。東海道の五十三次、中山道の六十九次が確定したのは参勤交代が制度化された寛永の中頃であったという。なお、江戸幕府は正徳六年（一七一六）に新井白石の意見によって、それまで中山道のセンの字を山と書いたり仙と書いたりしていたのを山の字に定め、以後幕府の正式な書類では中山道に統一された。

江戸・日本橋から五一番目の中山道太田宿は慶長七年（一六〇二）に定められたという。「木曽のかけ橋　太田の渡し　碓氷峠がなくばよい」とうたわれた中山道の三大難所のひとつ、太田の渡しで名が知られている。江戸時代の木曽川水運は尾張藩によってがっちりと支配されており、太田宿には太田代官所がおかれ、たんに宿場として栄えただけではなく、一朝有事のさいには交通の動脈である東海道、中山道を木曽川によって遮断するなど、軍事、政治上の重要な地でもあった。代官所は加茂、恵那、土岐、各務、武儀、可児などの一二五村あまりを支配していた。

宿駅に課せられた重要な任務はたんに休泊だけではなく、公用の人々に人馬を提供し、次の宿まで送りとどけることであった。太田宿では常時馬二五頭、人足二五人を用意しておかなければならなかった。それに太田の渡しを確保せねばならず、それらの制度をささえていたのは近在の村々であった。助郷と呼ばれる役目は当時の人々にとっては年貢とともに大変な負担であった。名高い文久元年（一八六一）の「和宮のご通行」における大行列は総勢二万人、四日間にわたるものものしさであり、中山道の各宿場にいろいろなエピソードを遺した。太田宿では和宮の行列を迎える時刻に馬が一頭まにあわず、その責任をとって係の役人があやうく死罪になるところを

中山道太田宿の町並

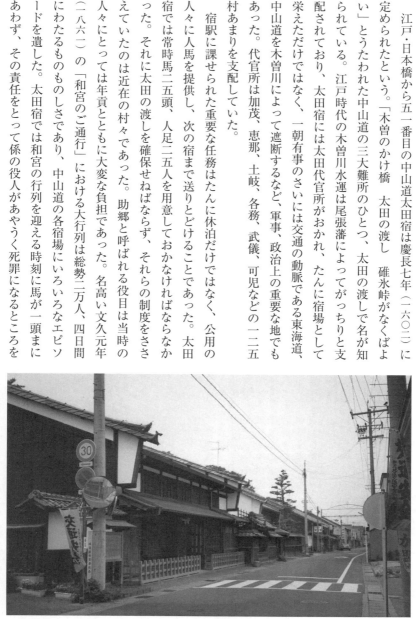

大金をつんでまぬがれたという。それらの宿泊、通行をささえた宿場、助郷の村々の負担は大変なものであった。公用の役人、大名、公家などのほかに宗門の長なども大名なみに優遇されていた。たとえば時宗の遊行上人には馬五〇頭、人足五〇人が与えられていたというから、遊行上人が行く先々の宿駅では大名行列を迎えるようなものであった。

私は播隆が脇本陣の上段の間で息を引きとったというあたりに、播隆を考えるうえでの大切なポイントがあるような気がする。美濃加茂市内をはじめ周辺の可児市兼山、八百津町、御嵩町などには播隆の名号碑が数多く建てられているが、それらは播隆在世当時に建てられたものである。江戸時代の規制された社会にあって、民衆の信仰の発露としてそれらの名号碑が自由に建てられたのだろうか、お上の許しがあってのことだと思う。数少ない史料のなかに庄屋から役人に播隆の滞在を願い出た文書があるが（関ケ原町「奥田家文書」、旧春日村「川合区文書」）、それらの史料をながめていると播隆がたんなる一介の遊行僧であったのではなく、なりは粗末な鼠色の衣を身につけた乞食坊主ふうだが、道心堅固な浄土宗の修行僧であったために尊敬の念をもって迎えられたことが想像される。もちろん播隆自身の信仰態度が人々の心をとらえたのだが、その底には当時における浄土宗の威光もあったと思われる。

江戸時代になって浄土宗は徳川家の庇護のもとに大発展をとげる。家康は戦のさなかに念仏を唱えていたというほどの篤信家で、筋金入りの浄土宗徒であった。大橋俊雄『法然と浄土宗教団』によれば、……いま浄土増上寺の御威光は一天四海にあまねくおおい十宗においてこの徳をあおぐそのうえ将軍御信敬浅からず下万民にいたるまでかつかうの頭をかたぶけずと言事なし（「慶長見聞集」）……。お上の宗旨として浄土宗は当時その力を誇っており、播隆はそのなかにあって命がけの修行を行う稀有のお坊さんであったのだろう。幕府の保護のもと生活の安定した寺院が本来の宗教活動をないがしろにし、民衆を支配する側にまわった仏教界にあって播隆はいわば、スター的なお坊さんであった。しかも将軍様と同じ浄土宗の僧なのである、播隆自身がそのようなことを意識したとは考えられないが、結果的にはその布教活動においてかなり有効に働いたのではないかと想像する。また、宗旨宗派をこえて当時の民衆に浸透していた念仏という地下水のごとき基盤があっての播隆の活躍であったと思う。

私が円空を探訪していたころ、円空さんを求めて山村をうろちょろすると知らぬ間に村のはずれ、どんづまりに来てしまう。播隆の場合はというと、たどりつくのは立派な門構えの名家であったり、庄屋であったりする。町や村の辻に(静かではあるが)しっかと名号碑が建っている。円空さんを裏街道とするならば、播隆さんは表街道のイメージである。

槍ヶ岳開山の協力者である中田家は公儀のお役目・鷹庄屋であり、播隆の記録が遺されている信州の務台家、飛騨の横山家はともに庄屋を勤める家柄である。播隆はしかるべき手順をとおし公の許しを得て念仏三昧にふけった。播隆の努力とは別に、お上が認める時代の波に乗ったともいえる。だからといって私は播隆上人の事績を過少評価するつもりはない。ただ、播隆を考えるときにその時代相のなかで見つめたかったのである。

念仏行者・播隆上人は脇本陣の上段の間でご来迎の時を迎えた。時に天保十一年十月二十一日、齢五十五歳、今から約一八〇年前のことであった。

播隆死後三年後の天保十四年の調査によれば、太田宿の人口は約五〇〇人、戸数は約一二〇戸、旅館は二〇軒あった。宿場は東から上町、中町、下町とわかれており、後に上町の先に新町ができてくる。現在弥勒寺にあった播隆の墓は、一時、宿場の西はずれにある虚空蔵堂に移されていたことがあった。

先述したように、脇本陣の五代林市左衛門由訓の後妻に入った兼松丈の連れ子におさとという娘(生年不明)がいた。口碑ではなかなか賢い娘であったといい、播隆について出家、尼になった(自らの意思によるのか、あるいは家の事情によるのかは不詳)。下町にある桝形(宿場によくみられる、外敵が攻めてきたときのために直角に道が曲がっている)のあたりに祐泉寺の配下である弥勒寺という荒れた古寺（あるいは寺の跡だけであったかもしれないが）があった。それを林家が譲ってもらい寺を建立し、おさと（宝林尼）を住職とした。林家に遺る文書（『美濃加茂市史』所収）によれば嘉永三年のことか。播隆没後十年目のことである。

名古屋市教育委員会発行『名古屋叢書三編第十二巻』「葎の滴諸家雑談」のなかに播隆の項目があり、内容からしてそのまま記述を信じるわけにはいかないが参考にはなる。それによれば——市左衛門は豪富の者ゆへ新寺造立に千金を費せり女子尼となり随侍の尼両三人ありこれを左右に役使せしむしかるに市左衛門の女のちに淫女となり出奔したり寺を建てるがために大金を費して産傾くにいたらんとす——と記されている。寺を建てるには莫大な資金が必要であったと思われる。当時新たに寺をおこすことは容易なことではなかったが、そこは林家の家柄によるのか、お上の許可を得ることができたようだ。

宝林尼に僧位を与えてもらいたいという嘉永四年四月付けの願状がある。また柏巖尼という尼に僧位が与えられたときの記録と思われる同年五月付けの文書がある。宝林と柏巖は別人かもしれないが、私は同一人物だと考えている。後述するが、祐泉寺の十四世龍山良典師は宝林は浄土宗、柏巖は禅宗らしい名ではないかとおっしゃった。林家に遺る文書によれば嘉永三年に弥勒寺は祐泉寺の配下から直接臨済宗妙心寺派の本山直末の寺となる。そのときに宝林から柏巖に改名したのではないか。すなわち、おさと、宝林、柏巖は同一人物。文書、および関係者らから色々とお話をうかがっている間にそう考えるようになった。

岐阜県図書館蔵の県庁文書「廃寺名簿」によれば明治六年五月に弥勒寺は廃寺となっている。柏巖尼はその後市内の山ノ上からきた寺男といっしょになり寺を出て名古屋へいってしまったという。「産が傾いた」といわれるほどの大金をかけて寺を建立し、娘を住職にして本山直末の寺とした市左衛門ではあったが、かんじんの娘に出奔されてはどうしようもない。そのとき——行く先は弥陀の浄土の極楽に目出度かしくこれよりはなし——と書き遺していったという。私が調べた範囲では書いたものは遺されていなかった。ある関係者いわく、あの歌はすこしできすぎているようだ、とのことであった。

　播隆の葬儀は弥勒寺で行われたものと思われるが、葬儀に関する記録は何も遺っていない。弥勒寺にあった遺物などは廃寺となったために現在は祐泉寺に保管されているが、文書関係は一切なく、林家の文書のなかにすこしあるだけで、廃寺、洪水などで散逸してしまったのだろうか。弥勒寺は昔からの古跡で祐泉寺のひかえ寺であったが荒廃していた。その寺跡を林家が譲りうけて寺を建てたのだが、そのとき寺の宗旨が祐泉寺と同じ臨済宗妙心寺派であったか浄土宗であったのかは不明。播隆死後十年たった嘉永三年に臨済宗妙心寺派の本山直末の寺になったが明治六年に廃寺となる。その寺跡は昭和八年から四十四年まで御嵩裁判所太田出張所となり、その後は昭和六十三年まで日本ライン漁業協同組合があった。

　記録がないので確かなことはいえないが、祐泉寺の先代である十三世無庵師が書き遺した覚書には弥勒寺で葬儀を行い（火葬）、その所持金は五〇円（両のまちがいだと思われる）、古式により三日間その法体を信者に拝ませ、そのとき集まった賽銭が五〇円、計一〇〇円で播隆塔をつくったとある。新田次郎『槍ヶ岳開山』の巻末に付記されている「取材ノートより」には、……祐泉寺で盛大な葬儀が行われ……祐泉寺の記録によると……と記されてはいるが、私の調査では新田氏がいわれるような記録はなく、祐泉寺で葬儀が行われたという

祐泉寺の良典師と播隆名号軸

話は伝わってはいない。

富山で拾った話（森本清治さんが昭和五十二年にまとめられた「中村・森本家由来の記録」）では、上人の遺品とお供えのお金が弟子や信者によって生家・中村家に運ばれた。お金は五斗入りの叺《かます》に三袋、金額は不明だが小判もあり、かなりの大金であったという。

現在の弥勒寺跡には往時を偲ぶものは何も遺っていない。林復明さんのお話では井戸ぐらいのもので、当時は木曽川を眺めることができた景勝の地であったが今は堤防道路が眼前を横切っている。

廃寺となった弥勒寺を移築したのが兼山町の常照寺の本堂である。常照寺は東本願寺を本山とする真宗大谷派の寺で播隆や弥勒寺とは何のつながりもないが、本堂改築のときに廃寺となっていた弥勒寺を明治十年に買って移築したということだ。常照寺には森蘭丸のお母さんの墓がある。本堂の外観はそのままで内部を本願寺風に直したという。参拝場は三六畳ほどの広さで広くもなく狭くもない大きさであった。私が訪ねたとき奥さんが応対してくれたが、播隆のことは初めて聞いたといわれた。梅雨時の晴れ間、照りつける夏を思わせる陽射しのなかで旧弥勒寺本堂を仰いだ。

来迎の地・太田宿にて（二）

昭和五十八年（一九八三）の台風一〇号がもたらした雨は木曽川、飛騨川の上流で集中豪雨となり、下流の美濃加茂市周辺に一〇〇年に一度あるかないかという過去最高の水量を記録、九月二十八日夜、丸山ダム、今渡ダムは計画放流を放棄しタレ流しの状態となった。いわゆる九・二八災害によって中山道太田宿は濁流に浸り、その町並の一階部分はほぼ泥水にしずみ二階へとせまったが、幸いにも翌朝には水はひいていった。最大の被災地となった太田宿は翌日から泥との闘いとなった。水はひいていったのだが、家の隅々まで残った泥を取り除く作業はたいへんな労力と手間であった。

九・二八災害のあと護岸工事が急ピッチにすすみ、堤防のかさ上げによって祐泉寺の境内も削られ、それまでは木曽川が眺望できる美観であったのが、今は堤防道路が目のまえを横切り、昔のような河畔の面影はなくなってしまった。

私が祐泉寺を訪ねたとき、寺はちょうど護岸工事にともなって改築中であった。十四世・龍山良典師（大正四年生まれ）は初対面であったが気持ち良く応対してくださり、播隆上人の遺品なども拝見することができた。過去帳などの寺の記録に播隆の名前は見あたらない、当時の住職であった八世・海音古

中山道太田宿にある祐泉寺

播隆の護持仏・阿弥陀三尊像

帆は播隆の良き支援者であったようだ。海音は播隆没後そのあとを追うようにして八日後に亡くなっている。宗旨はちがったが信仰者として人間的な交流があったようだ。先にも述べたとおり現在祐泉寺に保管されている遺品などは弥勒寺にあったものだという。墓も弥勒寺から改葬されている。

「天保九年六月　播隆院護持仏」と背面に記された黒塗りの立派な厨子入りの阿弥陀三尊、イチイの木で作られた約一〇センチほどの三尊は精巧なもの、扉には葵の紋がある。長野の善光寺の阿弥陀三尊像と同形のもの、播隆の自寺ともいうべき播隆院一心寺は創立当時から善光寺と関係があった。

徳川家の家紋は葵なのだが、葵の紋にも多くの種類があり、その使用は厳しく制限されていたという。浪人が着物に葵の紋をつけて死罪になったこともあった。反対に、菊の御紋といえば皇室であるが、江戸時代になるとその権威は失われ、役者や商標などにまで濫用されるようになった。菊の御紋がその権威をとりもどすのは明治になってからである。

護持仏の扉にある葵の紋は立ち葵であるが、この立ち葵にも色々と種類がある。善光寺の寺紋も立ち葵だが、外側の輪がなく左離れの立ち葵である。丸に右離れの立ち葵である護持仏の紋は、どうやら徳川古参の家柄である岡崎五万石の藩主・本多家の家紋と同じ立ち葵のようである。

播隆が三河地方を巡錫したことはまちがいのないことである。行状記などにもその地名が記述されているし、豊田市の祐蔵寺では播隆の名号軸をかけて講が行われている。また豊田市の随応院・木村昭玄師から播隆の名号軸をかけて講を勤めている地区があるとの連絡をいただいた。探せばまだまだ三河には播隆の足跡があるようだ。岡崎藩主・本多家とのつながりは充分考えられる（一心寺にある播隆上人像の厨子の扉にも同じような立ち葵の紋がある）。

播隆の生家・中村家に遺されている提灯などにも葵の紋（立ち葵ではなく、丸に三つ葵の徳川葵、尾州三つ葵のような）があり、おまけに菊の御紋まである。それらの威厳ある立派な紋の品々を所有していた播隆上人の力は認めるところだが、反面、心淋しい気がする。護持仏は本多家から下賜されたものかもしれない（播隆の弟子のなかには高貴なお方のめかけの子などもいたという）。

林家文書の由緒書の日付が同年の三月になっており、由緒書が何のために必要であったのか疑問であったが、この護持仏の日付と何か関係があるのではないかと想像してもみた。

播隆独特の書体で書かれた、南無阿弥陀仏の筆跡も鮮やかな名号軸が一本。

そしてよく紹介されている肖像画、いわゆる頂相《ちんぞう》。写真では気づかなかったが、実物を見て明らかに素人の筆になる画像であることがわかった。弥勒寺の住職・宝林尼（おさと）が描いたといわれているもの、画像の上には南無阿弥陀仏・播隆・花押が書かれている。その字はつたないもので、とても播隆の直筆とは思われない。槍ヶ岳開山の朱の判がある。裏面に先代・無庵師による由来記が記されている。おさとが描き、それに上人が名号を書きくわえたもので、この名号の字が播隆の絶筆だという。そして播隆に末期の水をさしあげた者もおさとだということだが、なんだか怪しい気がする。絵はおさと（宝林尼）が描いたものかもしれないが、名号が播隆の直筆、しかも絶筆だとは思えない。無庵さんの演出のような気がするのだが……。

そして良典さんから意外なことを聞く。播隆の遺骨があるというのだ。私が祐泉寺を訪ねたとき、九・二八災害のために境内が整備されていたのだが、播隆の墓も移動のために堀りかえされ、そのとき骨壺が出てきた。そのなかに遺骨があったというのだ。骨壺はまだ埋葬しなおす前で、良典さんのご厚意で見せていただく。骨壺はビニールの風呂敷につつんであり、中を確めたいですかと言われたが、さすがに信仰者ではない私には遺骨を見るのははばかられた。骨壺の写真だけ許しを得て撮らせてもらう。播隆の墓地は祐泉寺のほかに、一心寺、正道院、生家にもあり、それぞれに分骨されている可能性もある。九・二八災害の思わぬご利益であった。

そのほか、全部ではなかったが（普請中でゴタゴタしているので）一部の資料を見せてもらう。槍ヶ岳登山の参拝者の安全をはかる鎖を岩壁にかける資金を集めるため、信州松本の大坂屋佐助らによって天保七年に「信州槍嶽畧縁起」が世間に流布されたのだが、それも今回は見ることができず。二冊あったうちの一冊は無庵師から熊原政男氏に寄贈され、のちに熊原氏から岐阜県立図書館に寄贈されている。私は良典さんから昔の版木で刷った南無阿弥陀仏のお札を一枚もらった。

初対面ではあったがあれこれと播隆上人談義をかわした。良典さんは気さくにお話ししてくれた。このときの訪問にはおまけがついた。ひょんなことから掌に入るほどの小さな円空仏を確認することができたのだ。それは約一〇センチほどの観音座像であった。そのときの喜びはとても筆にはあらわせない。播隆さまさまであった。

後日、機会があれば再調査させてもらいたいとお願いしつつ、播隆上人の遺骨、円空仏の確認のときめきを胸に寺をあとにした。その後、播隆さん探訪の道中、七宗町、金山町でも新たに円空仏を確認することができた。

再調査したかったことは、昭和三十四年四月十四日付の岐阜タイムスの紙面をかざった播隆の記事、そのなかに「覚雲寺上人伝」という伝記がたびたび引用されているのだが、その上人伝は祐泉寺にあったものだという。覚雲寺については別項で述べるが、その記事を書かれたのが市内にお住まいの古藤義雄氏であった。古藤さんは「中央公論歴史と人物」昭和四十七年五月号のなかでも上人伝を引用して執筆されておられる。そのネタは祐泉寺の無庵さんからだという。

播隆の若いころのことがはっきりしないのだが、上人伝には……十一、二歳のころ覚雲寺にはいり、十五歳のときに一念寺にかわって蝎誉上人の弟子となり、そして十六歳のときに泉州河辺の見仏上人について得度し、安逸をむさぼる寺院の生活にあきたらず、自らすすんで行雲流水の旅にでた……というような記述があるという。古藤氏の引用は二、三ケ所なので上人伝の全容はわからないが、先にあげた部分だけでも貴重な資料となる。

播隆の伝記として一番よく参考とされるものが行状記であるが、「覚雲寺上人伝」の内容を古藤氏の引用から想像すると、行状記に比肩する内容のもののようである。ただし「覚雲寺上人伝」なるものが実際に存在し、誰がいつ書いたかが問題ではあるが。古藤さんにお聞きしたところでは、確かに和綴の古びた本があったと思うのだが……、無庵師から取材して書いた文章なのだが……、取材ノートは九・二八災害のときに紛失してしまって今はない。昔のことで記憶がないが上人伝は確かにあったと思う……、無理からぬ話である。祐泉寺に上人伝があれば何の問題もないことだが。

覚雲寺は富山県八尾町の妙覚寺の一角に昭和三十年ごろまであった塔頭（脇寺）だが、今はそのあたりにガレージが建っており、何の面影もない。寺の話では、「覚雲寺上人伝」なるものは聞いたことがないとのことであった。

その後数回おじゃまし、ようやく再調査の機会にめぐまれた。良典さんがこれで全部だといって持ってきた資料は、予想していたよりも少なかった。半日かかって目をとおし、貴重と思われるものはコピーさせてもらった。「信州槍嶽畧縁起」はその実物を見ることができた。そして、それらの資料のなかに「覚雲寺上人伝」なるものは見あたらなかった。今となっては無庵師に聞いてみないことにはわからない。私の上人伝の追跡はこれで終わることにする。

資料の主なものは、弥勒寺関係の林家文書をコピーしたものが数種類（『美濃加茂市史』史料編所収）、「柏巖尼座元転位一会結算牒」という文書のコピー。昭和八年六月に秩父宮殿下に献上した品物の写し、それによれば播隆の伝記、特製の播隆の写真帳、「信州槍嶽畧縁起」の三品を献上している。伝記は無庵師、笠原烏丸氏、岩井一雄氏の三名によってまとめられた伝記らしい。その草稿と思われるものもあった。特製の写真帳は一冊が資料のなかにあった。

熊原政男氏の手紙類、調査原稿、熊原氏の文がのっている「山書月報」などもあった。また林家先祖代々明細のメモ、無庵さんによる播隆の覚書などが数冊といったところ。無庵さんのメモのなかに、五十九才ヲ一期トシテ大往生……の記述があり、これが播隆行年五十九歳説の初見だと思われる（昭和三十一年の記録）。無庵さんはかなり熱心に播隆を顕彰しようとしていたようである。新田次郎氏、古藤氏らは無庵さんのことばをそのまま信用し参考にされたようだが、語られたことが史実に忠実であったかどうかは疑問である。

無庵さんのメモのなかに金剛杖ありと記されていたので良典さんに尋ねると、言い伝えだが播隆が使っていたという錫杖があるといって出してくれた。この錫杖のことは今回が初めてである。祐泉寺に遺されていた主な資料は以上であった。

弥勒寺から祐泉寺に移されたものは墓標、名号碑、護持仏、頂相（肖像画）、名号軸、錫杖ということになる。文書関係は林家蔵である。墓と碑は廃寺となったときの行先としては祐泉寺が適当な場所であった（すぐ祐泉寺に改葬されたのではなく一時虚空蔵堂にあった）。熊原氏の調査原稿のなかに名号軸と頂相は林学さん方にあったのではないかというメモがある。あれこれ考えていくと弥勒寺から移されたものは石碑などをのぞけば護持仏ぐらいなもの、弥勒寺にあったものがそれだけであったとは思われない。洪水、廃寺などで消失したことも考えられるが、まだ林家に何か遺されているような気がする。

境内の整備が終わったので、新しい場所に移された石碑を見に出かけた。庫裡の隣に太田稲荷ができ、その脇にずらりと石碑類が並べられた。すっきりと、まるで花壇のようになった。墓石を中心に播隆さんの名号碑は左右に配置されていた。墓標の正面には暁道播隆大和上、裏には天保十一年十月二十一日と刻まれている。虚空蔵堂を訪ねたとき、お堂をお守りしている今井貞一さん（明治生まれ）のお話では、弥勒寺から移された墓や遺品が祐泉寺に改葬されたのは昭和の初めだったという（いつ虚空蔵堂に改葬されたのかは不明、弥勒寺跡に地裁の出張所がきたのは昭和八年）。そのとき骨壺の中に播隆の遺骨があるのを見たといわれた。当時の住職・海音師の播隆にたいする理解とは別に、大檀那であった林家の播隆にたいする傾倒ぶりから想像すれば、祐泉寺としても無関心ではおれなかったのではないか。兼山の浄音寺については別項で述べるが、弥勒寺は別として祐泉寺よりも浄音寺の方がその足跡は濃く、この地方の布教の拠点は浄音寺であったようだ（林家は七代・林小一郎氏のときに神道に改宗している）。

向かって右に播隆独特の書体の名号碑、碑の高さは一八〇センチあまり、天保五年九月吉祥日・念仏講中・十方施主とあり。播隆は文政六年（一八二三）笠ヶ岳再興、同十一年（一八二八）槍ヶ岳開山、と同時に穂高岳にも登拝。天保五年（一八三四）には槍の穂先に藁縄の「善の綱」をかけ、そのとき西鎌尾根を縦走、まさ

右から名号碑、歌碑、播隆の墓標、左端に名号碑（72センチ）

に北アルプス開祖としての面目躍如たるものがある。のちに先にかけた藁縄できた善の綱を鉄鎖にかえる。鉄鎖を作るために多くの農民たちが鎌や鍬、鉈などを供出したとのこと。金具類の集積所には名号碑が建てられ、その本営が祐泉寺で、そのときの名号碑が現在遺されているものだと、古藤氏は無庵師から聞いている。話としてはおもしろいが、各地の名号碑はそのために建てられたものではなかろう。

市内の郷土史家・佐光篤さんからお聞きしたお話のなかに、昔、播隆さんの名号碑巡りをして病気治しをお願いした……というような話があった。各地の名号碑を巡るルートを定めれば新しい巡礼コースが誕生する。将来、播隆さんがもっと有名になった暁には、そんな観光マップが関係市町村で作られるかもしれない。

もう一基、向かって左に播隆の署名・花押のある高さ七二センチの名号碑がある。裏面に天保七年九月・林由富建之とある。南無阿弥陀仏の字が播隆さん独特の書体ではない。ふつうの書体で書かれた名号碑なので、これを播隆さんの名号碑のなかに入れるべきか否か検討を要する。由富という人物は、脇本陣の本家である屋号・十一屋の林勘兵衛由富（天保十一年三月二十六日没）のことである。この十一屋の林家と脇本陣の林家、そして本陣の福田家の三軒が輪番で庄屋を勤めていた。現在、本陣はその正門をとどめているだけで昔日の面影はない。また本家の十一屋も昭和四十年五月三十日に林録朗氏が亡くなって跡が絶え、現在屋敷跡は空地になっている。脇本陣だけが残った。

いま一つ、墓標の右に高さ八五センチの歌碑がある。碑文は播隆が詠んだという……世の人乃恐れ憚る槍の穂茂やがて登らん己れに姶て播隆……、無庵さんの代に建てられたもの。播隆が詠んだという歌で、明治三十九年『槍が嶽乃美観』に記載されている。

そのほか、芭蕉句碑、坪内逍遥歌碑（逍遥は太田代官所の役人の子）、北原白秋歌碑、志賀重昻墓碑などもある。日本アルプスの播隆、そして日本ラインの志賀重昻、奇しくも山と川にかかわる両者が仲よくならんでいる。

日本アルプスは日本連峰でよい、日本ラインは木曽川でよい。日本の固有名詞にカタカナはいらない。民芸運動の柳宗悦「宗教随想」（『柳宗悦・宗教選集』第五巻）を引用したい……信州の上高地に行くとウエストンを記念した額が岩にはめ込んである……今の日本人が使う「日本アルプス」などという言葉は、恐らくウエストンの著書からきたのであろう。何でも洋語を使いたがる日本人の習性で「日本連峰」などと呼ぶ者はなく、わざわざ西洋のアルプスという名称を持ってこねば気がすまぬのである……ウエストンの名を賞揚して記念碑を建てても、播隆上人にはそれを捧げぬなぜ日本人は日本の偉大なる登山者を記念しないのか……もしウエストンが播隆上人を知っていたら大なる先駆者として、絶大な讃辞と敬意とを上人に捧げたであろう……。信州側ではウエストン祭だが、飛騨側の上宝では毎年五月に夏山開きといで湯まつりをかねて播隆祭が勤められている。なかなか良いお祭りでもっと宣伝されてもよいのではないか。

良典さんによれば、播隆さんの身長は一五五センチぐらいだったという。先代の無庵師が生家・中村家を訪問したときに播隆が着ていた衣を着用、そのときの具合で一五五センチぐらいとのこと。また良典さんが槍ヶ岳に登ったとき、格好がわらじに法衣だったので絶好のモデルとなり、三回も山頂に登らされたという。わらじは滑るので白足袋で登り、三回目のときに御来迎（ブロッケン現象――山頂などで前方の霧に自分の影が映し出され、影のまわりに虹のような光の輪ができる現象）に遭遇したという。良典さんにはたびたびお世話になり大変感謝している。

中山道太田宿の一角、美濃加茂市太田本町の兼松光彦さん宅に播隆の名号軸がある。私が訪ねたとき光彦氏のお母さんである正子さん（大正四年生まれ）が在宅であった。来意を告げると木箱を出してこられた。箱には家宝と記されており、生子さんは合掌してから名号軸をとり出された。さっそく軸をひろげると、播隆の書体で南無阿弥陀仏の文字が目に飛びこんできた。軸の裏には無庵師の筆で軸の由来が記されていた。正子さんのお父さんである重助氏が仏壇の中から見つけて祐泉寺に届けたという。それに無庵師が由来を記し家宝とした。兼松家は播隆さんのころから当地に住んでいたとのこと、軸は仏壇にしまってあっただけで家人も播隆のことはよく知らないという。

数年前の九・二八災害のことを思うと、水害の多いところでは史料が残りにくいことがうなずける。播隆と縁の深い太田宿だが、名号軸が遺っているのは祐泉寺のほかには兼松家だけである。はじめは用心されていたが、正子さんは快く軸を見せてくれた。軸に合掌されたので、写真を撮るのが一瞬ためらわれた。

兼山の子ども念仏

岐阜県兼山町（現可児市兼山）には子どもたちが行う念仏行事が伝えられている。兼山町は背後に古城山をひかえ、その下を流れる木曽川に沿って東西に細長く町並が続き、その昔「ふんどし町」と呼ばれていたという。町の中央を東西に走る県道の総延長はおよそ三キロ、車で走れば一〇分とかからない小さな町であった。古城山の山頂に金山城跡が遺るが、その金山城主・森可成の子に本能寺の変で織田信長とともに倒れた森蘭丸・坊丸・力丸の三兄弟がいる。戦国時代、兼山は城下町として栄えたが、その後金山城は犬山城の整備拡充のために解体され、その古材は筏に組まれ木曽川を下って犬山に移築された。いわゆる「金山越え」と呼ばれているものであるが、この金山城の廃城は兼山にとっては大きな衝撃ではあったが、代官所はそのまま兼山におかれたこともあって、この地方の政治の中心は依然として兼山であった。また、木曽川水運としての金山湊の活用によって兼山は城下町から商業の町へと生まれ変わっていく。播隆が兼山に滞在していた頃は尾張藩の支配下で、兼山は商人の町として栄え、この地方の中心であった（明暦二年（一六五六）に金山は兼山と改められた）。現在でも昔の面影を町並にとどめる兼山は、小さいがなかなか風情のある町である。播隆の調査でお話をうかがった多くの兼山の人たちからは、お城のあった町としてのプライドをかすかに感じることがあった。

毎年七月になると兼山では光明遍照が行われてきたという。これは七月一日から七日の一週間、各町内（昔は九町内であったが現在は合併して七町内となっている）の子どもたちが輪になった大きな数珠につかまりながら「光明遍照・十方世界・念仏衆生・摂取不捨・南無阿弥陀仏」と声を合わせて唱え、百万遍修行と記された角行燈を先頭に、青竹に御弊をしつらえたものが輪の中に入って、鉦太鼓を打ち鳴らしながら町内を流して歩く念仏の町流しである。

光明遍照……の文句は浄土三部経・観無量寿経の偈の一節であり、百万遍はその昔京都の浄土宗知恩寺の善阿上人が疫病退散のために行った百万遍念仏の故事によるもので、兼山の念仏の町流しもそれにならったものだろう。老婦の話だと、昔は大人たちもやっていたということで、今のように子どもたちを中心とした行事ではなかったらしい。町に病気が入ってこないように、子どもの成長を願って……。以前町流しをとりやめたとき、町内に病気がはやったのでふたたび再開されたという。近年では交通上の理由から町を流しては歩かず、広場や公民館の前で行うようになった。ただ下町だけは交通量がすくないこともあって道路を流して歩くという。年々参加する子どもの数が減り往時の盛況はなくなってきたが、それでも途切れることなく続いている。

光明遍照がやってくると各家庭では新調した浴衣と帯を子どもに着せ、孫や子の手をひいて町を流して歩いた。子どもたちにとっても楽しい盆行事であった。また商業の町兼山にとっても近郷に盆売出しを呼びかける宣伝ともなっていたようだ。

町流しが今も行われているという下町へ出かけた。金山湊跡か

子どもたちによる念仏の町流し

ら浄音寺までの昔の街道がコース、六時からということだったが誰も来ていなかった。少々心配になって家の中をうかがうと女の子が浴衣を着せてもらっていた。子どもたちが集まってくるまで木曽川へおりていき、県の史跡指定となっている金山湊跡を見学する。

古城山に金山城ができて兼山が城下町となってくると、それまで盛んであった上流の黒瀬湊は金山湊にそのお株を奪われたかたちとなったが、金山城廃城後しだいに勢いを盛りかえしていったようだ。播隆が兼山にやってきたころはすでに古城山の山頂に城はなく、兼山は城下町から商家の町に移行していた。商家が軒を連ねていた当時の兼山の町並のなかに、中山道太田宿脇本陣の林家文書に記されていた山形屋もあったはずである。兼山の教育委員会を訪ねたとき、教育長の交告貢さんから『兼山の木版』という小冊子をいただいた。そのなかには山形屋の木版もあったが、交告さんのお話では家の場所もその子孫もわからないということであった。予定の六時になったが夏ということもあって町はまだ昼間の延長、ムードは盛りあがらない。それでも一人二人と集まってきた。高学年の子は体操服であったが、小さな子数人は浴衣であった。子どもが十数人、大人が十人ほど、余所者は私だ

子どもたちによる念仏の町流し

け、新聞社の方ですかと聞かれた。見学者が一人じゃ、どちらが見られているのかわからない。

いよいよ出発。百万遍修行と墨書された角行燈を先頭に鉦と太鼓を打ち鳴らし、青竹の御幣を真ん中にして囲んだ、大きな輪の数珠につかまり「光明遍照……ナンマイダ（南無阿弥陀仏）」と皆で唱えながら歩く。ときどき立ちどまり、御幣を数珠の輪のなかに入れ、念仏を唱えながら数珠を回す。数珠の球は一〇八個あり、なかに大きな球がまじっており、これを母球といい小さい球を子球という。母球が回ってくると頭に頂く、そうすると病気をせずに丈夫に育つという。御幣をもった者は皆の頭上で御幣を回す。道端で数人の年寄りが見送っていた。

金山湊跡から浄音寺まで約三〇分の町流し、初日と最終日は往復し、雨が降るとその日は中止、その分は次の日に往復する。見学者一人の素朴な子ども念仏であったが、その昔は今よりもずっと盛況であったと思われる。この念仏が疫病退散から始まったものであるなら、わが子の快復を祈る母親の切実な念仏であったのかもしれない。はたしてこの念仏行事がいつまで伝えられていくのか。聞いた話では数年前ＮＨＫテレビが取材にきたとき、七月下旬に行う「辻念仏」も合わせて行ったという。ＮＨＫの「やらせ」は定評のあるところだが、マスコミの都合で宗教行事が変更されたと聞くと少々さびしい気がする。

帰ろうとすると、町内各所から鉦と太鼓の音が聞こえてきた。ほかでも一斉にやっているようだ。川があり山があり、そして昔日を偲ばせる町並がある。ナンマイダ、ナンマイダ……の念仏が落日にとけていた。


連日の雨、三日目にようやく上がった。毎年七月二十三、四、五日の三日間、兼山町の下町で子どもたちが大人にまじって「辻念仏（門念仏）」を勤める。七月上旬の念仏町流しに続く子ども念仏である。

六時ごろからと聞いていたのだがすでに始まっていた。曇天の空の下、ナンマイダ、ナンマイダ……の念仏が響く。辻にゴザが敷かれ、子どもと大人が車座になって大数珠を回しながら念仏を唱えていた。金山湊から浄音寺への街道、その間の三ケ所の辻で一日ずつ移動して勤められる。雨が降ると室内で行う。

まず目に飛びこんできたのは名号軸、播隆独特の書体の南無阿弥陀仏、脇には播隆の署名と花押がある。数ケ所紙が欠けている所はあるが表装は新しく、車座の中央正面に新調の木製の台に掛けてある。以前は葉のついた竹に掛けていたという。その前で先達のおばあさんが鉦をたたきながら、十万と書かれた木札九枚と一万と書かれた木札一〇枚とを使い、念仏を唱えるたびに木札を積みあげて百万遍の数をかぞえる。名号軸の前にはお花、野菜、菓子、ジュースがお供えしてあった。

大数珠を回しながら大人も子どももいっしょになってナンマイダと念仏を唱和している。空の下で和やかな百万遍がくり広げられ、エプロン姿の婦人がそれを眺めていた。ここでも母球が回ってくるとそれを頭に頂いていた。念仏の前には般若心経をあげるとのこと。その間およそ三〇分ほどか、終わるとお下がりのお菓子をもらって子どもたちは帰っていく。年々参加する子どもが減り、念仏の町流しと同じように昔のような盛況はなくなってきたという。兼山町で辻念仏が勤められているのは下町だけである。辻念仏は無縁仏の供養、悪病退散などを願って勤められているものだと思われる。

また町の出入口の道路に竹を立てて「辻切り」という注連縄が張ってあった。これも念仏行事と同時に行われている風習で、悪疫を町に入れないためのものだという。

はたしてこれらの町流し、辻念仏の行事がいつから始められたのか、定かな資料は遺されていないようだ。兼山に遺されている播隆の名号碑七基のうちの三基が子供中によって建てられている。子どもが中心になって勤められている念仏行事は珍しいのではないか、素朴なゆかしい伝承行事である。兼山の子ども念仏に和やかな念仏の声を聞いた。

兼山町玉川町の浄音寺の境内に三基の播隆名号碑がある。浄音寺については別項で詳しくのべるので、ここでは名号碑についてだけ記したい。三基とも名号の脇に署名、花押がある。碑の高さ一四〇センチほどのものには天保四年九月……（以下判読不可）と刻まれていた。多数の石仏や石碑にまじって九二センチの名号碑、天保五年二月……（以下判読不可）。いま一つは九〇センチ、天保五年二月下町子供中とあり。三基とも建立当初から浄音寺の境内にあったものかは不詳。

兼山町宮町の可成寺は禅宗のお寺、初代金山城主・森可成の菩提をともらうために二代城主・森長可が創建、森蘭丸・坊丸・力丸の墓もある。現在は無住となっており、私が訪ねたときも閉まっていた。さいわい二基の名号碑は山門の外にあったために確認することができた。道路に面した参道脇に一八〇センチの立派な名号碑があり、これには名号のみで署名、花押はなし。背面に天保四年九月□日当山講中とあり。もう一基は山門脇の地蔵堂のなかにあって、底部が土中にうまっており約六〇センチほど、これには署名・花押があった。背面に天保四年十月□日、左面に子供中とあり。蛇足ながら、お堂のまわりには多数の石仏石碑があり、そのなかに明和三年の「芭蕉翁之墓」の石碑があった。

近所の人に尋ねてみたが、可成寺の播隆名号碑はこの二基だけだろうとのことであったが、話のついでに耳よりな話を聞いた。牧野の人が昔播隆さんが修行した洞があるといっていたような記憶があるというのだ。後日その方に教えていただいた辺りをうろついてみたが、結局何の手掛りも得られず、やはり記憶違いかと諦めた。が、この話には後日談がある。それはまったく予期せぬ人との出会いから九十二歳の古老がわかり、その古老からオミハッツァマと呼ばれている岩窟を教えられた。史料的な裏付けは得られなかったが、その昔播隆上人が修行した所だという。詳しいことは別項で述べるが、修行場跡のほかに播隆の念仏講の存在も判明した。その古老は私がお会いしてから一年後に死去された。

兼山町柳栄町の庚申塚墓地の入口、六地蔵などと並んで一基。上部が欠損しており、底部は土中にうまり、地上部の高さは六五センチ、背面は天保四年までなんとか判読できた。左面に古町子供講中とあり。何か話が聞けないかとお年寄りをさがして話を聞く。名号碑はほかから寄せてきたものだという。今はこんなふうだが、昔はこの辺りでは一番栄えていた。殿様がいた城下町で、ずらっと旅館がならんでいたものだとおっしゃった。

兼山町魚屋町の六角堂というので、お堂をイメージして探したが見つからず、人に尋ねてわかった。名鉄・兼山駅の前、木柱の上に小さな六角堂がのっかっていた。確かに六角堂だった。その脇に約五五センチほどの名号碑があり、背面は天保までが読めたが以下判読不可。『兼山町史』の記載では天保四年一月上両町子供中ということだ。名号碑のほかにも庚申碑、五輪塔、念仏供養碑、石仏などがあった。近所の人に名号碑について聞いてみたが何も得られず、兼山で播隆さんの話を聞くことはもうできないようだ。もう一世代前の古老たちならば何か播隆さんに関する口碑を語ってくれたかもしれない。兼山における播隆上人の足跡はかなり濃いと思われるが、地元の人から播隆さんの話はほとんど聞くことができなかった。

名号碑を訪ね歩いていたとき、「月並念仏」という念仏講のことを聞いた。月並念仏は毎月十五日の夜勤められるので十五夜念仏ともいう。私が聞いたかぎりでは現在町内三ケ所で行われている。各家もちまわりの輪番で、あるいは公民館で勤められている。

兼山には播隆さんの足跡が多く遺されており、また念仏行事も盛んなようだが、兼山町内にある各宗八ケ寺の寺院のうち浄土宗のお寺は浄音寺だけである。当時の社会があまねくそうであったのか、念仏は宗派をこえて庶民のなかに浸透していたようである。そんな念仏のベースの上に播隆さんは存在していたようだ。

名号軸をかけて念仏を勤めているというので、もしや播隆さんの名号軸ではないかと三ケ所を訪ね歩いた。余所者が突然やってきて軸を見せてくれというのは迷惑なことだと思うが、皆さん快く応じてくれた。私の勝手な期待に反して三ケ所とも空振り、ほかの人のものであった。訪ね歩いた先々で誰も播隆さんの名を知らなかった。

別項で触れたが、町内の東本願寺・常照寺の本堂は廃寺となった弥勒寺を明治十一年に移築したもの。聞いた話では本堂改築の計画があるということなので、弥勒寺を偲ぶことはもうできなくなりそうだ。

私はこの地方における播隆の教化の中心となったのが兼山だと考えているので、町がもうすこし播隆の顕彰に力を入れてもよいのではないかと思う。

古城山の金山城跡、木曽川と兼山湊、昔を偲ばせる町並、そして盆行事の子ども念仏、兼山は念仏の似合う町であった。

美濃国兼山ノ浄音寺

県の史跡指定になっている兼山湊跡には往時を偲ばせる石畳と燈台がその名残を今に伝えている。木曽川から石畳を登り、するすると伸びた昔の道を一五分も歩くと播隆上人ゆかりの浄土宗のお寺、海潮山浄音寺が見えてくる。天保六年、播隆は五回目の槍ヶ岳登山をこころみ、山頂において弟子らとともに別時念仏を修する。行状記によれば、その別時中の播隆のもとに美濃国兼山浄音寺の住職・立戒と称する僧が飛騨国高山大応寺の使者としてやってくる。立戒のいうには本堂建築落成につきその入仏供養をかねて四十八夜の別時念仏に招待したいという。同年八月、播隆は高山市の大雄寺（大応寺）の入仏式に弟子らとともに参加する（大雄寺の記述については、高山に移転する前の国府町上広瀬の元寺と区別して考える必要がある。天保六年についても、同五年のことかもしれない）。浄音寺の歴代住職には立戒という名は見当たらず、その年代の住職に龍海がおり、立戒は龍海のことと思われる。また穂苅本によれば、長野県三郷村の中村太一家の文書に「美濃の国鎌山庵室」という記述がある。この鎌山庵室が浄音寺のことだと断定はできぬが、先述した中山道太田宿の林家文書「播隆聖人由緒書」などと考えあわせると、播隆と兼山、そして浄音寺との関係はかなり強いものがあるようだ。

兼山町の教育委員会を訪ねると教育長の交告貢さんがいらっしゃった。飛び込みの訪問であったが、交告さんは快く応対してくれた。そして、交告さんから思いがけないことをお聞きした。八百津町にまだ知られていない播隆の名号碑が一基あったこと（八百津町野上「神明神社」の境内）と、浄音寺に播隆のことが記録されている文書があるとのこと。また穂苅本の資料編には記載されていない名号軸、播隆上人の画像もあるという。浄音寺の老師は門外漢にはなかなか見せてくれないからなあ、とおっしゃりながら先方へ電話をいれてくれる。電話の間、私は祈りたい気持ちであった。今日はよほど良い日だ、私も実物を見たことがないのでごいっしょしましょうと交告さん、私は小躍りしたくなった。交告さんと浄音寺へ車で直行。

後日聞いた話に、新田次郎『槍ヶ岳開山』を取りあげた読書サークルの一行がバスで浄音寺を訪れたとき、老師はねんごろにお断わりになったということだ。サークルの一行の人たちには気の毒だが、今時なかなか良い話ではないか。

浄音寺は浄音寺縁起によれば天文九年（一五四〇）智安上人を開山として創建され、老師・日比野円教さんで第三十三世になるという（寺の前身をいれて数えているので実際よりも十世ほどプラスされているとのこと）。金山城の前身である烏峰城の城主・斉藤大納言正義の画像は寺宝として名高い。

私たちが訪れたときはちょうどお昼どき、老師とお嫁さんが応対してくれた。老師は口数がすくなく、お嫁さんがあれこれと橋渡しをしてくれた。信仰の対象物に信仰のないものが研究、調査と称して立ち入ることに苦い思いをされているのだろう、失礼のないようにと充分気を使う。

まず拝見したのは木箱におさめられた名号軸、播隆上人真筆の南無阿弥陀仏として寺に伝わっているものだという。これは穂苅本にはないもので、私としては新しい発見であった。

そして、名号の下に上人の肖像が描かれている紙本著色の軸が一本。この肖像

播隆の肖像が描かれた名号軸

画は専門の絵師によって描かれたもののようだ。現在確認されている播隆の肖像のなかで一番技量の優れた筆によって描かれている。お顔は播隆の生家・中村家所蔵のものとよく似ている。行状記の文中には画工に上人の肖像画を描かせている記述がある。この肖像が播隆を目の前にして描かれたものなのか、あるいは手本を模写したものなのか興味のあるところだが知る手立てはない。よく描かれた肖像をながめながら播隆さんはこんなお顔をしていたのかなあと見つめた。厳しく律を守りとおしている持戒の僧は左前に法衣を着るのだということだが、浄土律の僧であったという播隆のこの肖像も左前である。黒の法衣に肩から茶のものをかけ、手には数珠と未開蓮をもち、四角い頭巾をかぶって端座している。

驚いたことに、同じ様式の軸がもう一本あった。それには授与遍照講と記されていた。手の位置や顔つきがすこし違うが、どちらかを手本に模写したのかもしれない。肩にかけたものの色が先のものは茶でこちらのは緑である。先の名号軸とこの肖像、新たな史料の確認に私は感激してしまった。許しを得てカメラにおさめる。こんな時は最高である。内から湧いてくる喜びはなんともいえない。

播隆の名号碑を探して歩いていると、すこし時代はずれるが播隆さんと同じ念仏聖のひとりである徳本行者の名号碑にたびたびお目にかかった。徳本については別項で触れたいと思っているが、徳本を知ることは播隆さんのイメージをつかむうえで大変役にたつ。幸

播隆の肖像が描かれた名号軸

い立派な『徳本行者全集』が山喜房仏書林から発行されており、良き参考となった。念仏聖の系譜をたどっていけば、一遍そして空也が現れてくる。時宗の一遍といえば、遊行と踊り念仏、そして賦算《ふさん》。賦算とは南無阿弥陀仏と書かれた札を民衆に与えて往生を願うことだが、各務原市内に遺されている伝承からも播隆が名号札を配っていたことがわかる。徳本は日課念仏の誓約の数によって授与する名号の大きさにランクをつけていた。また念仏講にたいしてもその人数におうじて与える名号の大きさにランクがあった。そして授与された紙に書かれた名号を石に写して刻んだものが今も遺る名号碑である。

この授与遍照講の文字から当時の播隆の教化の様子が想像できる。数少ない肖像のうちの二本が浄音寺に遺されていることからしても、播隆と兼山、浄音寺のつながりは強いものがあったと思われる。

徳本は宝暦八年（一七五八）生まれということなので播隆よりも二十八年はやく生まれているが、ほぼ同時代を生きたといってもいい。その教化の内容は、両者とも十念授与、日課念仏の誓約、名号の配布、名号碑の建立、法然を師と仰ぐ一枚起請文の精神など共通するところが多い。将軍家の帰依宗であった浄土宗、徳川家康は日課念仏を六万遍行ったというから並の念仏者ではない。美濃加茂市下米田町則光の神田家が管理しているお堂には播隆と徳本の名号碑が並んでいる。

三本の軸とも表装は新しくなっており、木箱に大切に保管してあり安心だ。播隆さんにまつわる伝説めいた話は何も聞くことができなかった。

黒表紙の縦三五センチ、横一七センチの折本、寺の過去帳であろう。中から現れたのは授戒会の記録、播隆行者の文字が飛びこんできた。それが交告さんからお聞きしていた史料であった。以前、朝日新聞の地方版の「伝えばなしのふるさと」というシリーズで兼山町が取りあげられ、播隆上人のことが紹介されたときにこの史料のことも記載されたのだが、研究者の目にはとまらなかったらしい。寺の過去帳に記録された年月日のはっきりとした史料、播隆研究者にとっては貴重な史料である。私の胸は高鳴った。以下、交告さんとの読み下しである。

授戒会修行　天保十亥三月二十四日入行　四月一日正伝戒
戒師　名古屋袋町円輪寺現住浄誉上人
忍龍老和尚　世寿七十二才　侍者　定山西堂
察来子
証明師　播隆行者　侍者　都合二十二人　男僧
外ニ八人　尼僧
西林寺主学了上人　信州飯田桂山上人　通師下
尼僧七人
随喜尼四人　戒第都合百二十人
同年二月ヨリ三月ニ至リ惣門修復其ノ外ニ堂内庭中ヲ修復　自財ヲ
投ゲウチ営ミオワンヌ者ナリ　檀力不関ノ事
当山十九主法誉龍海謹誌

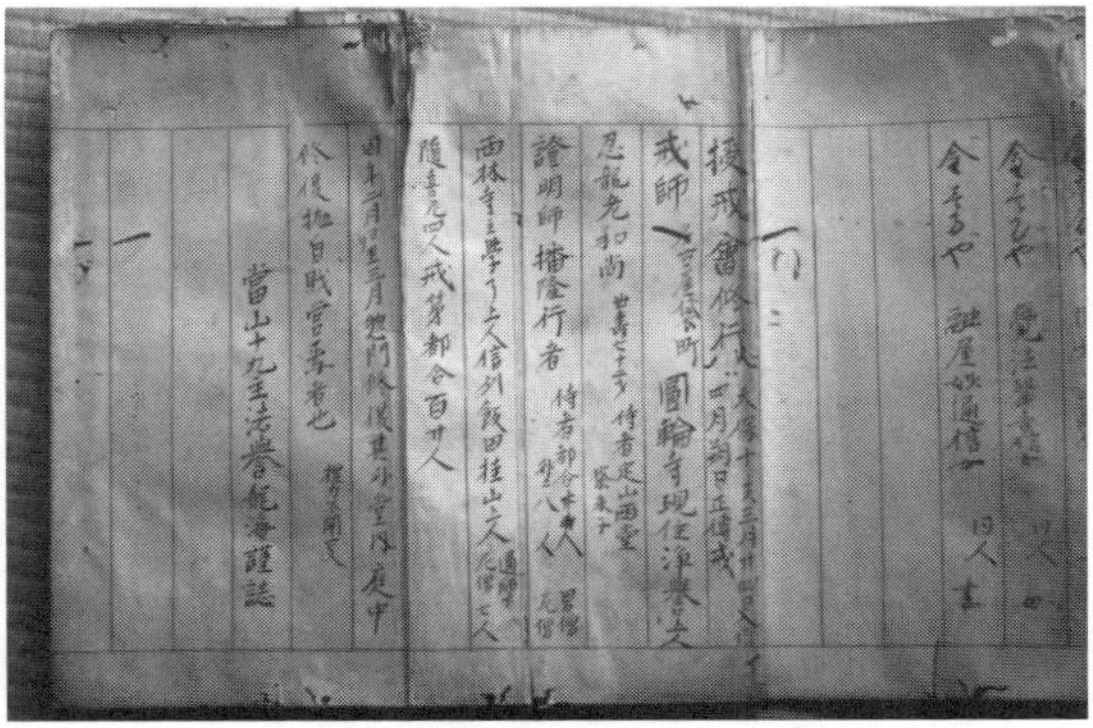
授戒会の記録が記されていた過去帳

現在では、葬儀にさいして死者に戒名をさずけるが、授戒会とは仏門に入る人に戒名をさずけて日課念仏を約束し、仏の弟子としての信仰を確立する場である。浄土宗では五重相伝とともに重要な儀式である。浄音寺の現住・日比野隆教師のお話では証明師がその会の発起人であるという。たんに役僧として参加したのではなく、浄音寺主催の会というよりも、浄音寺を借りて播隆が帰依者に行った授戒会と解釈するべきかもしれない。播隆の支持者であった当時の浄音寺の住職・龍海が檀力を借りず自財によって寺を修理し、その新しくなった自寺を播隆に提供して授戒会が行われたという意味の記録ということか。

天保六年高山の大雄寺の使者として行状記にあらわれた龍海、兼山周辺の名号碑の主な年号が天保五、六年であり、記録にもある信州の文字などから推察して、美濃の人々が播隆の槍ヶ岳登山を支えていたことがうかがえる。兼山をはじめとする美濃地方は播隆の重要な布教地であったといえよう。

戒師を勤めた忍龍老和尚の円輪寺は現在も名古屋市内にある寺で、電話してお話をうかがったが新しいことは何もわからなかった。西林寺は同名の寺が愛知県小牧市にあり問い合わせてみたが何もわからず（『浄土宗寺院名鑑』によれば全国に十二ヶ寺の西林寺があった）、随喜尼とはお世話どりの尼さんのこと、一二〇人の人が播隆の指導のもとに授戒したことが判明した。隆教師は老師から播隆が名古屋で律師になったと聞いているといわれ、授戒会はふつう準備に半年か一年はかかるもの、寺と上人の関係はかなり深く長いものがあったと想像できるといわれた。高山の大雄寺とはお付き合いはあるが宗教上の特別な関係はないという。

交告さんのおかげで思わぬ発見があった。私ひとりの飛び込みの訪問であったならばこんなわけにはいかなかったであろう。寺の方にお礼をのべ、感謝感激のホットな思いを胸に寺をあとにした。交告さんにはその後八百津町野上の神明神社の境内にあるという播隆の名号碑を案内してもらい、新たに播隆名号碑を一基確認することができた。そのうえ、兼山町の蘭丸という料理屋で野戦鍋という料理をごちそうになり大変恐縮した。すげない応対も仕方なしと各地を回っているので、訪問先のご厚意に出会うたびに、調べたことはかならず形にして残そうと肝に銘ずる。

別項でのべた林家文書の「播隆聖人由緒書」の内容といい、今回の浄音寺文書の授戒会記録といい、私が最初播隆さんにたいして描いていたイメージは、既成の教団をはなれて山岳修行に打ち込む行者的イメージが強かったのだが、正式な手続きをへて僧となり、教化の方法も教団にそったもののようで、播隆行者と呼ぶよりも播隆上人と呼んだ方がふさわしいようだ。徳本は上人と呼ばれるよりも行者と呼ばれることの方がより多く、先にあげた全集も「徳本行者全集」となっている。もちろん、そのことで播隆が行った山岳修行、念仏修行の価値が下がるわけではない。堂宇に安住したお坊さんの目に播隆の修行は行者のように映ったのであろう。浄音寺文書には播隆行者と記されており、生々しさを感じさせた。

郷土史に興味をもつようになってから、当然ながら古文書にも関心をもつようになった。が、それがなかなかの難物である。同じ日本語とはいえ、戦後の国語教育をうけた私には英語以上に手がでない。わからない英単語は辞書をひけばよいのだが、古文書はそんなわけにはいかない。書き手の癖やら崩し、略など、しっかりと統一されたものがない。現在のように文科省が定める全国共通の学習指導要領があるわけでもなく、各地ばらばらの寺小屋教育方式ではそれぞれにお手本があるようなもので、一冊の辞書ですべてが解読できるはずがないのである。必要にせまられて県の歴史資料館主催の古文書講習会を受講してみたが、ためになったというよりも大変さが身にしみた。戦後生まれの私は一回の受講でほぼ諦めの境地に達したのであった。古文書をマスターするのは外国語を習得するよりも難しいといわれるが、戦後の漢字教育でそだった大学出よりも学歴をもたないというオバチャンやオジイサンたちの方が数段も上だ。経験と慣れが一番の世界のようだ。ある程度読めるようになると楽しくてしょうがないということらしい。

古文書解読という作業はどちらかといえば日の当たらない仕事だが、歴史をやるうえではなくてはならぬ大変重要な仕事である。訪問先のある資料室で知ったご婦人のお話に、ある高名な小説家が取材にきたとき、本人は史料の古文書が読めず、連れの付き人に解読してもらったという。そのご婦人にかかると高名な小説家もガタガタ、さかんに付き人の方をほめていた。今回の浄音寺文書は古文書というほどのものではなかったが、それでも私には正確に読み下せず、知り合いの専門家に教えを乞うた。それに宗教用語などが入ってくると途方にくれてしまうことになる。

円空さん探訪の道中でもたびたび感じたことだが、世間の脚光を浴びることのないところで黙々と史料収集にはげまれている個人的な郷土史家の人々の存在には頭のさがる思いがする。旅先でそんな人と出会うと熱い思いにみたされるものだ。円空さんにしろ、播隆さんにしろ、探訪先で出会うのは死んだ過去の歴史ではなく、生きた人との出会いである。

美濃加茂市の足跡

八百津町上牧野の山中に播隆が修行したという岩屋があるという伝承を知ったのも、また美濃加茂市牧野に播隆念仏講があることを確認できたのもまったくの偶然、不思議な巡りあわせからであった。

兼山町を調査していたときのこと、牧野方面に播隆さんが修行した洞があるという話をきいた。さっそく当たってみたが、何の手掛りも得られず、それでそのときは話を打ち切ったのであったが、その後、県の図書館へいったとき、いちど訪ねてみようと思っていた岐阜県歴史資料館によってみた。そのとき応対していただいたのが伊藤克司氏であった。新しい播隆の史料は得られなかったが、伊藤さんとお話ししているなかで思いがけないことを聞いた。

伊藤さんは美濃加茂市牧野の出身で、お父さんから播隆上人の話を聞いているとのこと。牧野には播隆がこもった岩屋がある、また播隆の名号軸もあるという。私は驚くやら嬉しくなるやら、あの兼山で拾った情報と伊藤さんの話が重なったのである。伊藤さんは自分の記憶が正確でないかもしれないので、もう一度お父さんに確認してからご連絡しましょうといってくれた。

ほどなくして伊藤さんから電話が入った。それによれば、下牧野では念仏講のときに播隆の名号軸を使用する、上牧野の山中の「オミハッツァマ」と呼ばれる岩屋で播隆が修行していた、播隆は蕎麦粉を食べていた、ということだ。こうして私は伊藤さんのお父さんである伊藤悦次さんを訪ねることになる。予期せぬ出会いから新しい事実が判明し、これも播隆さんのおかげかなと思った。

二月の冷たい小雨がふる日に美濃加茂市牧野の中牧野に伊藤悦次さん（明治三十年生まれ）を訪ねると、布団のなかで横になっておられたが、来意を告げると快く起きてこられた。九十二歳になるという伊藤さんはよく喋られた。記憶がうすらぎ話が前後したりしたが、奥さんが通訳役をされて私の目的は果たされた。

ここから北にあたる山中の岩屋、「オミハッツァマ」と呼ばれている八百津町上牧野の三鉢ケ洞で、播隆が蕎麦粉を食べながら修行していた。下牧野の念仏講で使う名号軸は播隆もの、昔の念仏講では六〇人ぐらいの人たちが大きな数珠をまわしながら念仏を唱えたということだ。後日念仏講を取材したが、地元の人、講の人たちは誰も播隆さんのことをご存知なかった。講の人たちは六十、七十代の年配者だが、伊藤さんからみれば次の世代にあたり、どうやら九十代の伊藤さんの世代で播隆の伝承は途切れてしまったようだ。伊藤さんはこの地区で播隆のことを知る最後の人のようだ。この二年後に伊藤さんは亡くなられ、岩屋の伝承を記録することができて幸いであった。伊藤さんはなかなかの名調子で「関のカンタロさんは……」などと、昔の歌をうたって聞かせてくれたりして楽しいひとときであった。

教えてもらった上牧野の日置裕治さん（六十五歳）の家を訪ねると、ちょうど日置さんは在宅であった。オミハッツァマは日置さんの家の裏手にあたるということだが、あんたでは無理だろうということで案内していただいた。山道を日置さんのあとについて登る。道を探しながらもなんとか目的地にたどりついた。まっすぐ登れば二、三〇分ぐら

播隆の修行場跡と伝わる「オミハッツァマ」

いだが、私一人ではやはり無理であったろう。山頂近くの岩屋には一〇メートル四方の平地があり、奥に社がおまつりしてあった。岩屋の上からは一条の水が流れ落ち、いかにも修行場のムード。社のわきには四〇センチほどの碑があり、「明治十二年十月善覚霊神」と刻まれていた。また、木札には「駒岳開山……元明居士……善覚居士……」などの文字が読めた。日置さん自身もここの由来について、また播隆のこともご存知ないとのこと。播隆さんとむすびつくものは何も見当たらなかった。この岩屋と播隆さんをむすびつけるものは伊藤さんの伝承だけであった。日置さんのお話では年に一度ここの祭礼があり、下の公民館で地区の人たちが会食するとのこと。

伝承を証明する史料的なものは得られなかったが、私はみたされた気持ちで下山した。山道の枯草はよくすべる。日置さんはころんで頬にかすり傷をつくられた。私はすまない気持ちになったが、楽しい山中の探訪であった。

美濃加茂市牧野、このあたりは隣の八百津町との境が小刻みに入り組んでおり、美濃加茂市側なのに八百津町であったり、逆に八百津町側なのに美濃加茂市であったりする。以前、牧野地区が美濃加茂市につくか八百津町につくかで意見が割れた結果だという。下牧野と呼ばれている美濃加茂市牧野の念仏講を訪ねる。下牧野は下東と下西の二つの班にわかれている。播隆の名号軸をかけて念仏講を行っているのは下東である。

道行く老婦に念仏講のことを尋ねると、今月は加木屋さんの家が当番だという。加木屋さん宅を尋ねると、加木屋義市さん（七十八歳）がご在宅で、お話をうかがうことができた。念仏講はこの地区の加木屋、大杉姓の十二軒で構成されており、輪番で月一度勤めている。日は当番にあたった家の都合によって変わるとのこと。念仏講の袋のなかに播隆の名号軸があった。道の老婦も加木屋さんも播隆のことはご存知なかった。名号軸には播隆の署名、花押があり、逆に私のほうが上人の説明をすることになった。誰も播隆のことは知らんだろう、どうしてあんたはこの名号軸のことを知っているのかと尋ねられ、伊藤さんのことを話すと、伊藤さんとわしらでは代が違うとおっしゃった。

名号軸の芯の木に「天保四年十一月加木屋……」と墨書してあった。この年号が名号を授与された年月をあらわしているのか、あるいは表装した年月なのか不明だが、史料としては貴重なものだ。私の記憶では、名号軸に年号のあるものは一宮市の地蔵寺、江南市草井の観音講のものだけだと思う。可茂地区にある名号碑の年号はおもに天保四、五、六年である。

名号軸はかなり傷んでいたが、かえって古いままのほうがいいだろうと、表装し直さずそのままにしてあるということであった。許しを得て写真におさめる。念仏講に参拝したいので日が決まったら連絡してもらうことにして家を出た。

ほどなくして加木屋さんから電話があり、念仏講を取材させてもらう。夜七時半からということで加木屋さん宅を尋ねると、玄関先に清めの手洗いが設けてあった。念仏の前にみなさん手と口を清められる。

その日集まってきたのは一〇名、それに当家の小学生の女の子も参加、正面に播隆上人の名号軸をかかげて講が始まった。名号軸にならんで般若心経の軸もかかげてあった。念仏のほかに般若心経、御詠歌なども唱和された。先達が音頭をとり、各自数珠を手に、鐘をたたきながら声高らかに勤められる。単調ではあるが身をゆだねていると懐かしく心地良いもの。私はほかの宗旨だが安らかな気分になる。

こんなとき取材と称してカメラをむけるのは気がひけるものだ。

およそ三〇分ほど、その後お供物をみんなでいただきながら雑談、み

牧野の播隆念仏講

なさんに播隆のことをうかがってみたがご存知なかった。記念にみなさんの写真を撮らせてもらう。後日できた記念写真をみると、なんと女の子はカメラに向かって数珠を手に合掌しているではないか、播隆さんはまだまだ大丈夫であろう。私はお下がりのお菓子までいただいた。

下東の班に播隆さんがあれば下西にもあるのではないかと訪ねてみたが、尋ねたご婦人の話では下西には念仏講はないとのことであった。その後の調査で八百津町の大船神社の弘法堂でも播隆の名号軸をかかげて講が勤められていることが判明した。可茂地区における名号碑の分布を考慮すると（八百津町一三基・御嵩町九基・兼山町七基・美濃加茂市五基・川辺町五基）、現在はすたれてしまったがその昔播隆念仏講が広く行われていたと想像できる。

美濃加茂市の郷土史家・佐光篤氏に徳本と播隆の名号碑があるという美濃加茂市下米田町則光の神田弘法堂を教えていただく。神田弘法堂と呼ばれている大師堂は神田敬三さん宅の所有だという。神田家は庄屋を勤めており、播隆が泊まったりしたという話なのでかなり熱心な信者であったようだ。お堂の脇に播隆の名号碑があり、堂内には徳本の名号碑がおまつりしてあった。時の人であった念仏行者、徳本行者と播隆上人の二人の名号碑が遺されているということに、当時の神田家の信仰の熱心さがしのばれる。播隆名号碑には天保五年とあり、徳本名号碑には「文政元年……願主・神田嘉六」とあった。神田さん宅を訪ねると野菜の出荷の真っ最中であった。これはまずいと思ったがお話をうかがう。なんと、家には名号軸があるという。すぐ拝見したかったが、七月か八月の暇なとき、昼時に前もって電話してから来てくれとのこと。

七月になるのを待ち、電話してから出かける。床の間にその名号軸がかけてあった。私としては新しい発見だが、家の人にとっては発見でも何でもなく、先祖から伝わってきたもの、許しを得てカメラにおさめる。神田家は臨済宗妙心寺派だという。名号碑と名号軸、何かありそうな気がするが、播隆に関する言い伝えは何も聞くことができなかった。お礼をのべて家を出る。

神田弘法堂の近く、同町今にも名号碑がある。現在は馬串山の北、加茂東テニスクラブの脇にほかの石造物といっしょに建っているが、もとは公民館のところにあり、公民館を建てるときに現在地に移転したという。名号碑には天保五年二月とあり、神田弘法堂の天保五年と同年である。碑高は一三〇センチ、南無阿弥陀仏の「南」の文字のところに補修の跡がある。子安観音、地蔵さん、五輪塔、経王塔などもいっしょに並んでいた。

馬串山に登ってみる。一〇分とかからなかった。山頂は岩がごつごつしており、岩のうえに立つと下界の眺めはよく、播隆さんも同じ眺望を楽しんだのではないかと思った。

天保四年八月、播隆は三回目の槍ヶ岳登山を果たすが下山の途中に足を負傷し、上人のよき帰依者で槍ヶ岳開山の陰の功労者である中田又重郎に背負われて下山する。天保五年には四回目の槍ヶ岳登山、その槍の穂先に藁で作った「善の綱」をかけ、一般の信者が安全に登れるようにした。ちなみに藁作りの善の綱のかわりに、播隆の悲願であった鉄鎖を槍の穂先にかける許可が出たのは、五年後の天保十一年、亡くなる二ヶ月前のことであった。しかもこのときの登山は五十三日間も山上で念仏修行しており、登頂することだけがその目的ではない山岳仏教者・播隆の面目躍如たるものがある。また、その間には槍ヶ岳から笠ヶ岳を縦走しており、現在のように登山道の整備されていない未踏のルートを一日で踏破、なみなみならぬ播隆の執念を感じさせる。

そして、笠ヶ岳の山頂で御来迎を拝するのであった。御来迎とは山上の空に円形の虹が現れ、その中心に阿弥陀如来の像が出現する現象のこと、現在ではブロッケン現象などと説明されるが、当時の人々にとっては阿弥陀如来の出現そのものであった。播隆はその御来迎に西方楽土を見、己の信ずる阿弥陀仏を確信したに違いない。

また、同年の初冬には越前の丸岡に足をのばし護城山で冬安居している。天保四、五年における槍ヶ岳をめぐる播隆の動きは活発で、槍の穂先にかける鉄鎖の準備など、それらの活動をこの地方の信者が支援していたのであろう。

名号碑に刻まれている年月から、そのとき播隆がその地に滞在していたと断定するのは無理がある（その前後に何らかのかたちで関係があったことは推測できるが）。行状記のなかに、高山の大雄寺から揖斐へ向かう道中、各務原の名号碑開眼に播隆がまねかれたという記述がある（大雄寺については国府町の元寺と高山の大雄寺を区別する。また、天保五年のことか同六年のことなのか不詳）。可茂地区の名号碑の年号が天保四、五年に集中しているのは何故か。その頃この地方に何かあったのか、あるいは播隆の教化活動が盛んであったのか。今のところその訳を示唆する史料は見あたらない。江戸時代の三大飢饉のひとつである天保の飢饉との関連で考えることは可能かもしれない。そのことに関しては別項で述べたいと思っている。

美濃加茂市山之上町の中之番（山之上保育所の南）にも播隆の名号碑があると佐光篤さんに教えていただいた。訪ねてみると二つに折れて転がっていた。碑の高さは九五センチほど、「天保……寅正月吉日播隆・花押」とまでは読めたが、天保の何年かは不詳である（天保の寅年は元年と十三年だが、天保の改元月は十二月なので、寅の正月吉日と続くと十三年のほうが自然か）。近くにいた人に名号碑の由来を尋ねてみたが、「うちのおじいさんは物知りだったけど、あの碑のことは知らんといっていた」そうだ。その言葉をきいてそれ以上地元の人に聞いて歩くことをやめた。

その後、川辺町の旧飛騨街道を調査していたときであった。たまたま道を尋ねた人が播隆さんの名前をご存知で、話を聞くと意外なことがわかった。その方は川辺町石神にお住まいの山田卓さん（大正七年生まれ）で、以前は山之上町の中之番に住んでおり、播隆名号碑のある土地の所有者であったという。そこを売って現在地に引っ越してきた。山田さんはお父さんから播隆の話を聞いていて、昔あのあたりに尼寺があり播隆が滞在していたことがあった。名号碑はその関係によるものだという。尼寺は廃寺となって現在はない。

私は思わぬところで中之番の名号碑のことを聞き驚いてしまった。山田さんは名号碑のことが気になっており、誰かに話しておかねばいけないと思っていたという。あの名号碑のことを知っている地元の人はたぶんいないだろうという。あんたに話すことができて良かった、とおっしゃった。私も嬉しかった。尼寺のことを聞いたので、その後もう一度中之番を訪ねてみたが何の収穫もなかった。山田さんの話の確証は得られなかったが、伝承として記録しておきたい。山田さんのおっしゃるように播隆が山之上に滞在していたときに名号碑が建てられたとすれば、天保十一年に播隆は死去しているので名号碑の年号は天保元年ということになる。死後だとすれば天保十三年でもおかしくはない。

播隆上人が中山道太田宿の脇本陣・林家で死去したのは天保十一年十月二十一日、五十五歳のときであった。弥勒寺がいつ林家によって再興されたのかわからない。播隆在世のときすでにあったものなのか、死後のことなのか、史料の裏付けがないので確かなことはいえない。死去したのは林家だが、どこで葬儀が行われたのか、祐泉寺ではないので弥勒寺だと思われるが(林家とも考えられるが)、史料がないのでなんともいえない。遺されているのは祐泉寺の先代・無庵師の覚書のノートに弥勒寺で葬儀が行われたという記述のみ。

ともあれ播隆の墓は一五〇年の歳月をへて、現在木曽川河畔の祐泉寺にその姿をとどめている。その昔、槍ヶ岳開山・播隆上人の活動をささえたこの地の人々の信仰は時代とともにうすらぎ、その伝承も消え去ろうとしている。南無阿弥陀仏の名号碑は何も語ってはくれない。

八百津町の足跡

八百津せんべいと栗きんとんは八百津町の名物である。木曽川をかかえた山あいの町、黒瀬湊の史跡から昔の面影を偲ばせる町並を一五分も歩くと大船神社の鳥居が見えてくる。ここの弘法堂に播隆の名号軸がある。確認したいと社務所を訪ねたが、弘法堂のことは神社の管轄ではないので直接地元の人に聞いてくれとのことであった。五、六軒飛び込みで播隆さんのことを尋ねたが、誰も播隆のことを知らなかった。名号軸を見たければ毎月第一、第三日曜にお参りがあるので、その時出かければ見ることができるだろうとのこと。

その後、ある第三日曜に出かけてみるとお年寄りが集まっていた。班の輪番で念仏講を勤めているという。お堂には薬師、観音、役行者など様々なものがおまつりしてあり、播隆さんの名号軸もかけてあった。集まってきた人たちに播隆のことを聞いてみたが誰もご存知なかった。食事がそなえてあり、お念仏が終わるとみんなで会食する。播隆のことは忘れさられていたが、大船神社弘法堂でも播隆念仏講が勤められていた。現在勤められている念仏講を播隆念仏講と呼んでいいのか疑問だが、播隆の名号軸をかかげて勤められているので私はそう解釈した。八百津町には現在（平成二十九年）確認されている名号碑八三基のうち一三基があり、市町村別では一番多い。八百津町を調査していて播隆さんの言い伝えは何も

大船神社弘法堂の名号軸

聞くことができなかったが、何らかのかたちで念仏講に播隆がかかわっていたと思われる。

八百津町栄町の弘法堂にも播隆名号軸がある。毎月二十一日に念仏講が勤められているが、そのとき播隆の名号軸は使われていない。案内していただいた老婦に堂内を探してもらうと、包装紙につつまれた名号軸が出てきた。その老婦も播隆のことは知らなかった。名号軸の裏に「女人念仏講中」と記してあった。その昔、名号軸が講のときに使われていたのか否かを確かめることはできなかったが、播隆念仏講だったと思われる。

丸山ダムのもと、八百津町丸山の山内隆さん宅にも名号軸がある。飛び込みの訪問のためか、素性の知れない初対面の訪問は庭先のお話だけで、仕事の手を休めて蔵の中に放りこんであるという名号軸を引っぱり出して見せてもらうのは無理な話、それでもいっとき時間をさいてくださった。隆さんのお名前の字は播隆とは関係ないとおっしゃったが、播隆の正式な表記のように生の上に一本線が入る「隆」の字である。蔵の中にある名号軸がどれほどのものなのか私は知らないし、信仰があるわけでもない。軸には南無阿弥陀仏の名号と播隆の署名があるとのこと。隆さんは付近の播隆名号碑を数ケ所ご存知で、けっして無関心な方ではないようなので名号軸が散逸する心配はない。実見することはできなかったが山内家に播隆名号軸があることはまちがいない。

八百津町諸田の弘法堂にも名号軸があるということなので訪ねてみた。毎月二十一日にお参りがあるということだが、長年お堂の管理をしているという老婦に名号軸のことを尋ねてみたが知らないという。播隆の名前も初めて聞いたという。お堂は国道四一八号線ができるときに現在地に移転したという。弘法堂を訪ねると勝手口が開いたので入らせてもらう。堂内に名号軸は見あたらず、大きな数珠があった。境内に念仏講中の石碑が二基あった。お念仏は盛んであったようだが播隆名号軸を確認することができなかった。


町内にある一三基の播隆名号碑を紹介する。

八百津町野上（大門西）神明神社、境内の一角にほかの石造物群とともにある。「天保五年三月吉日・西組中」とあった。案内していただいた兼山町の教育長・交告貢さんは神明神社の近くにお住まいで、名号碑の由来は何も聞いていないとのことであった。

港町の川神神社、木曽川河畔の黒瀬湊の史跡にある。名号碑は二つに割れており、「天保五年三月吉日」とあった。ほかの石造物群とともに並んでいた。黒瀬湊は木曽川水運の要所であり、背後に東濃、飛騨地方をひかえ近在の農山村の集結地でもあり、室町時代には市場もあったという。一時期、城下町となった兼山湊におさえられはしたが賑やかな港町であった。今も往時を偲ばせる町並がわずかばかり遺っており、名号碑から木曽川を眺めると西日に照らされた川面に昔日の面影が浮かんでくるようであった（平成元年、この名号碑は約一キロ北にある大仙寺に移設された）。

伊岐津志塩口の観音堂、観音堂といっても四方の柱に屋根をのせた程度の建物に石碑、石仏などが並んでいるだけである。どうやら昔はここにお堂が建っていたようだ。名号碑のありかを地元の人に尋ねると観音堂と教えてくれた。「天保五年春……」とまで判読できた。近所の人に石碑などの由来を尋ねると、「この人は、この人は……」といって説明してくれるのであった。しかし、播隆さんについての話は聞くことができなかった。

伊岐津志中組の庚申堂、お堂には「老人憩いの家」の看板がかけてあり、ちょうど数人の人たちが集まっていたのでお話を聞くことができた。播隆名号碑は一七五センチもある立派なもので、「天保五年四月」と刻まれていた。あれやこれや賑やかに話されたが肝心の播隆さんの話は何も聞けなかった。ここでも播隆さんは忘れられた人となっていた。

伊岐津志中野の馬頭観音堂・弘法堂、お堂が二つ並び、その裏手にほかの石碑とともに播隆名号碑が二基ある。「天保五年五月中野中」、「天保五年一月子供連中」とある。お堂裏の斜面には岩屋があり、役行者がおまつりしてあった。地元の人の話によれば、隠れキリシタンの十字架をもった観音様の石仏が二体あり、盗まれないように堂内にしまってあるという。播隆の名号碑ではないが、「中野中…念仏講中」と刻まれた名号碑もあった。昔は毎月輪番で念仏講を勤めていたが、近年は年一度になってしまった。そのときに使う名号軸があると聞いたので訪ねていったが、あいにくと播隆さんのものではなかった。播隆の名前を誰も知らず、ここでは隠れキリシタンのほうが有力であった。帰りぎわに鍵のかかった観音堂をのぞいてみたが、十字架をもった観音様はお隠れになったのか見ることができなかった。

野上逆巻の逆巻墓地、名号碑は木曽川を見おろすように建っていた。碑の裏面に年号などが刻んであるのだが風化して読めず、資料によれば「天保五年三月野上村坂牧組中」とのこと。近くで野良仕事をしていた人に二人ほど播隆のことを聞いてみたが空振りであった。

野上の坂下墓地、墓地の一角にほかの石造物とともに建っていた。手でさわると揺れ、倒れないかと心配になった。「天保五年三月吉日下切中」と読めた。

和知中組の観音堂、お堂には「老人憩いの家」の看板がかけてあった。聞いた話では月三回お参りする日があるという。「天保五年初春・組中安穏子供講中」とあった。

伊岐津志中野・庚申堂の名号碑

和知谷の観音堂、お堂の前には三十三観音、庚申、地蔵さんなどが多数あり、ここの播隆名号碑には南無阿弥陀仏の名号だけで署名・花押がなかった。観音堂では七年に一度の御開帳があり、そのときは一週間昼夜お守りするのだそうだ。碑には「天保五年二月前野組中」とあった。

和知中山の弘法堂、お堂の近くにお住まいの長瀬了二さん（明治三十七年生まれ）のお話によれば、弘法堂は本来、庚申堂であったが、弘法さまなどほかのものが加わり、いつからか弘法堂と呼ばれるようになったという。お堂の脇に南無諸神諸仏（宝暦十二年）、庚申などの碑が整然と並んでおり、播隆名号碑もその中に二基あった。「天保五年一月十三日」、もう一つには年号がなかった。何か地元に伝わる話がないかと長瀬さん宅を訪ねると、お嫁さんが了二さんを呼んでくれた。了二さんは布団で横になっていたが縁側まで出てきて、あれこれと昔の話を聞かせてくれた。和知は味の良い米がとれる裕福な農村だった。お堂は月に一度のお参りがある。先祖に御嶽信仰の熱心な行者がおり、わしも歩いて御嶽へ行ったものだ。そんな関係のせいか、昔、家に播隆の名号軸があったが知らないうちにどこかへいってしまった。了二さんは播隆さんのことをご存知であったが、

和知谷の観音堂の名号碑

地元に伝わる播隆さんの話は何もない。まだまだ了二さんの話は続きそうであったが、次の予定があったので適当なところでお暇《いとま》する。

伊岐津志石畑の聖観音様、道端の一角に聖観音様と呼ばれている所があり、「明和七年」の銘がある聖観音、如意輪観音、庚申、そして播隆名号碑など一〇基ほどの石碑があった。まさに路傍の仏さまたちである。名号碑には十円玉が数個、それに湯飲みとお水も供えてあった。聞いたところでは毎年十月にお念仏をあげるという。昔は餅投げなどもあって盛大であったとのこと。地元の三人の方にお話をうかがったが播隆に関する話は聞けなかった。播隆の名号碑の年号は「天保五年三月」であった。

八百津町内の播隆名号碑一三基のうち年号不明のものは一基、あとは天保五年のもの、しかも一月から五月のものばかりである。このことは何を意味するのであろうか。何か地域的に特別の理由でもあったのだろうか。確認されている八三基のうち二六基が天保五年で圧倒的に多い。行状記に天保の飢饉によって播隆の活動が妨げられたという記述があるので、名号碑建立の要因に飢饉が関係していると推察できる。わずか五ケ月の間に、しかも八百津町という狭い地域にばたばたと名号碑が建てば人目につかないわけがない。当時の制約された社会でそれが可能であったかげには、お上の許可、あるいは有力者の協力といったことが当然考えられる。そして全国的な規模でおきた天保の飢饉、世情の不安が人々の心の底に地下水のごとく流れていた中での播隆上人の教化活動、飢饉が妨げとなった反面その民衆の支持も大きなものがあったと思われる。あるいは八百津地方という特定地域における何か特別な要因もあったのかもしれない。

『岐阜県災異誌』によれば天保四年四月震災、五月凶作、飢饉、八月風水害、天保五年大雪、飢饉と続く。また『加茂郡誌』には天保四年――美濃長雨久しく風荒れ黒雲天をおおい日光を見ざること夏より秋にいたる百三十余日　米収穫四分作にして米価騰貴し……（略）……天保五年――春にいたり飢饉となり穀物の売買さらになく農民は米、栗、

稗の殻を食い　また……（略）……の根を掘りあるいは松皮、たのしばの葉、煎茶の粕を食するにいたれり、と。

中濃文化財研究会印刷物における佐藤弥太郎氏の「八百津町地方に於ける播隆上人の名号碑」には――錦織福寿寺の過去帳を文政元年から慶応四年まで五十年間の死亡者を調査すると一年平均十九・五人であるのに天保六年は四十三人で、五十年間の最高数であるこの年は飢饉の翌年であって飢饉の結果即栄養失調の為であったのではないかと考えられる、とある。

天保四年八月、播隆は三回目の槍ヶ岳登山を行う。なお、このとき足を負傷するが、播隆は医薬の力をたのまず念仏を唱えることによって快復したという。天保五年六月にはふたたび四回目の槍ヶ岳登山を行うのであった。信州では「怪僧がこの地方を徘徊し、たびたび槍ヶ岳に登って山を穢したので、山霊が怒り、また念仏によって人々はまどわされ、ために職を忘れて業を怠り、ただ随喜渇仰して念仏に耽るのを神々が怒って、この凶作を下したものである」などと噂が広がり、城主に訴える者があった。そんな信州側での事情の合間、ここ美濃の八百津では天保五年の一月から五月にかけてばたばたと名号碑が建立されたのである。

八百津町における播隆名号碑の建立がいかなる事情によるものか推測の域をでないが、播隆上人の槍ヶ岳登山のかげに八百津の人々の願いが込められていたのかもしれない。

名号碑と天保の飢饉

播隆上人が死んで五十三年たった明治二十六年に行状記が出版された。一代記といえる文献はこれが最初のもので、その後、行状記に年代的な考察がくわえられて同三十九年に『槍が嶽乃美観』が出された。この二点がその後の播隆研究における土台となり、新しい資料の発掘、考証が多くの研究家によって進められ、昭和五十七年にそれらの集大成ともいうべき『槍ヶ岳開山播隆』（穂苅本）が出版された。その後も各地から史料の発見が報告されており、播隆研究はまだその途上というのが現状である。

文化財にたいする意識が高まり石造物の確認も近年かなり充実してきており、比較的人目につきやすい、村の路傍、町の辻などに遺されている播隆名号碑が各地で確認されている。私が現在確認している名号碑は個人の墓標として使われているものも含めて八三基である。そのほとんどが岐阜県に集中しており、岐阜県五九基、長野県六基、愛知県一六基、滋賀県二基ということで、名号碑は岐阜県の美濃地方がほかを圧倒している。また、その造立年代は天保四、五年を中心としている。播隆探訪の旅先で、名号碑の由来についての伝承はほとんどといってよいほど聞くことができなかった。名号碑の由来について語れる人はすでにこの世になく、なぜ名号碑が建てられたのか、その訳を知ることができなかった。

播隆の教化による信仰の証として名号碑が建立されたには違いないと思うが、そこには播隆を受けいれるだけの時代相、社会的背景、あるいは地域の特別な事情といったものが何かあったのではないかと思われる。すでに語る人はなく、想像するしかない。

兼山町（現・可児市兼山）、八百津町、御嵩町に遺る名号碑に子供中と刻まれているものが数基まとまってあるので、何か悪い病気が子どもの間に流行ったのか、兼山の子ども念仏の行事などからそんなことも考えられるのではないか。あるいは、天保四、五年という造立年代から天保の飢饉との関連も考えられる。

名号碑について、各務原の名号碑開眼供養に播隆が招かれて出かけたという記述が行状記に一ケ所だけある。また、信州の名号碑建立のときに村人が酒屋に遺した記録がある。

当時の世情、時代背景を考えるとき、江戸時代の三大飢饉のひとつである天保の飢饉との関連を考えないわけにはいかない。行状記あるいは『槍が嶽乃美観』に天保の飢饉と播隆との関わりについての記述がある。

……松本城主に訴へけるに本年農業の凶歉悪穣なるは鎗ケ嶽に登山行者の行為ならんと、……城主憤激て小倉方へ縛吏を差遣ししければ……手に手に鎌を握り鍬を携え竹鎗蓆旗の装姿にて、夫れ凶年行者悪作坊主が通行するゆへ、擲殺せ叩倒せとワメキ雷同て四方に立塞がりけれど……（行状記）

……天保年間我近国凶作打続き……怪僧の此地方を徘徊するあり……曰く近年凶作の続くは、槍岳登山行者の所為に基づくものなり宜しく之を追放すべし……又もや城主の怒りを買ひ、重立ちたる帰依者を詰責し、鉄鎖の懸垂を禁ずるの厳命に接せり……（『槍が嶽乃美観』）

これらの記述がそのまま事実であったのか不詳であるが、ある程度は当時の様子を伝えているものだと思う。行状記は播隆の直弟子が遺した遺稿に同門の僧の話が加えられ、執筆を依頼された播隆とは無関係の者がまとめたもの。記憶違い、文章表現上の装飾、伝説めいた逸話などもあるが大筋としては信用のおけるものだと思われる。また、『槍が嶽乃美観』は新たな資料によって年代的考察をすすめて行状記をさらに整備、前進させたもの。

天保の飢饉による世情の不安が播隆の行動をさまたげ、槍ヶ岳にかけようとした鉄鎖が一時差し止められるなどした。播隆を考えるとき、当時の時代相としての天保の飢饉の影響を考えないわけにはいかない。
飛騨地方探訪のおり、高山から上宝村（現・高山市上宝町）へぬける峠道を走っていると徳本の弟子・徳住の名号碑が目にとまった。天保十三年に建てられたその名号碑の脇には、天保飢饉供養塔と記された標柱があった。そのとき、私の脳裏に播隆の名号碑のことが浮かんだ。

近世の六大飢饉として寛永・享保・元禄・宝暦・天明・天保がよく知られているが、そのうちでも江戸時代の三大飢饉として有名なのが享保・天明・天保の飢饉である。飢饉による餓死者、流行病死者などによる人口の減少について中島陽一郎著『飢饉日本史』によれば、享保の一〇〇万人余り、天明の一一一万九〇〇〇人、天保の二九万人以上という数字がその惨状を具体的に語りかけてくる。この数字が正確なものかどうか、根拠となった史料そのものの正確さなどの問題があるとは思うが、たとえば享保については餓死者九六万九九〇〇人（『徳川実記』）、あるいは一万二一七二人（『虫付損毛留書』）という隔たりのある数字が記録として遺されていることを中島氏は示し、ほかの史料などの数字をあげて徳川実記に軍配をあげている。
飽食の時代といわれる今日の日本からは想像もできない悲惨な状況を各種の史料が如実に物語っている。寛政の三奇人のひとりとして知られている高山彦九郎の東北旅日記『北行日記』から天明の飢饉の様子を引用してみる。

……子児をば生るを川へ流すもの多フし。人死すれば山の木立ある所へ棄て、或は野外に棄て、川へ流すもあり、猪・鹿・狗・猫・牛・馬を食ひ、又は人を食ふものも有り。子の有りて其ノ親の屍をば其ノ子埋れ共、其余は皆ナ埋むる事なし。埋めたるを掘発して、食ふものもあり。山中野外の屍を食ふものもあり。煮ても、焼ひても、なまにでも食ふ。今マ其人に尋ぬるに馬の味は猪・鹿に勝り、人の味は馬に勝ると語れり。己レが子児を殺して食ひしものも有り。人にして鬼の如し。当村にても二十軒斗り死絶へたり……

こんな調子で延々と続く。

飢饉は異常気象、病虫害による不作だけではなく地震、洪水、火山の噴火などの天変地異などもかさなり不運は数年続く。天明のときには浅間山の大噴火によって二万余人の死者があった（『徳川実記』）。被害の甚大であった八戸藩においては……宗門帳によって調べたところ、領内の民六万人のうち三万一〇五人が飢えもしくは疫疾によって死んだことがわかった。このような状態だから、盗賊が横行し、人家に火を放って略奪をほしいままにする。栄養不良になって、顔色憔悴し、婦女子の月経はなくなり、疾病が流行した。死人の肉を食うものも、ままあるというように、人倫の道は地を払うにいたった（荒川秀俊『飢饉の歴史』）……という。

まさに父子兄弟も相食むといった凄惨な状況は現実のもので、人肉を食ったという記録は多くの史料に遺されている。しかし、そのような状況のなかでも庶民はしたたかに生きぬいてきたのであった。播隆が生まれたのは天明六年、飢饉のさなかであった。そして死んだのが天保十一年、播隆は天明・天保の飢饉を生きた人であったといえる。そのような時代相のなかで播隆は専修念仏を実践した。極楽往生を願う人々の思いは今日では考えられないほど切実であり、また現実からの逃避といった消極的な信仰姿勢ではない力強いものがあったに違いない。

幕藩体制が揺るぎ始めた江戸末期、天保四年から十年にかけて全国的な規模で大飢饉がおこった。いわゆる天保の飢饉である。飢饉といっても日本全国が同じように飢えたわけではなく地域による格差は当然あり、天保のときにもやはり東北地方の被害は甚大であった。岐阜県における天保の飢饉の様子はどうであったのか、統計的な数字は不詳だが、以下『岐阜県災異誌』のなかから主なものを拾ってみる。

天保元年……暖冬・飛騨雪降らず。地震・飛騨七月三日より五日のあいだ大地震
天保二年……飢饉・飛騨飢饉。篠の実を食す
三年……震災・揖斐郡川上地方大震。倒家あり。干害・可児郡六月十八日より八月四日、武儀郡六月より七月約六十日間干魃し、田面亀裂、農作物ほとんど枯死に瀕せり。

四年……震災・武儀郡上牧地方大震あり。美濃、大垣、九日より十三日まで大地震、山崩れ。人畜多く死す。凶作・飛騨凶作、飢饉、長雨止まず。飢饉・美濃長雨久しく、風荒れ、黒雲天を掩い、日光を見ざること夏より秋にいたる百三十余日。米収穫四分作にして米価騰貴し、一両一石のもの五斗にあがり、酒一升百六十四文となる。

五年……春にいたり飢饉となり、穀物の売買さらになく、農民は米、粟、稗、糠を食い、または真芋、野老葛、独頭蘭の根を掘り、あるいは松皮、たのしばの葉、煎茶の粕を食するにいたれりという。飛騨も飢饉。

六年……雪害・可児郡の地、当日より十四日にわたり大雪、三尺五寸余。吹廻しのところ五尺に及び、往来を杜絶し、凍死者あり。同地方前代未聞の大雪なり。この年高山五尺。飢饉・冬より翌春にわたりて飢饉。春より秋にかけて長雨止まず。

七年……凶作飢饉・春より夏にかけて雨止まず、麦の収穫は五分作にして、秋作はさらに凶作をいたし、甚だしきは収穫皆無の所あり。この年より米価一両に四斗二升換えとなり、終に天保八年の大飢饉となる。

八年……疫病・飛騨疫病流行。死者多し。飢饉・濃飛大飢饉。四月米価高く、大垣にて金一両にて二斗三升にいたる。餓死多し。前年の異例をうけて、米価ますます騰貴し、玄米一両に三斗二升、酒一

升に二百十四文にいたり、白米は百文に三合五勺となり、かつ、貨幣を持てる者も米を求むるに由なし、草根木皮を食し、終には諸国に流浪し、あるいは餓死するにいたれり。揖斐郡春日村のごときは、一村に四百余名の餓死者を出し、加茂郡飯地村のごとき同十三名を出せりとあり。領主あるいは施米焚出援助をなせるといえども、なお之を救うに足らず。加うるに八月暴風雨あり、その後気候甚だしく寒冷となり。加茂郡、恵那郡の地には収穫皆無の所あり、ますます困憊を極む。


九年……凶作飢饉・飛騨稲熟さず。

十年……大雪・飛騨大雪。

十一年…大雪・飛騨大雪。積雪一丈余。干魃・池田郡地方大干。

十二年…干害飢饉凶作・安八郡五月より七月十日まで七十余日の大干あり。ために、農作物皆無、餓死せしものあり。

あるいは『美濃国加茂郡誌』においては、
天保四年……風暴く長雨百三十余日秋実おおむね四分作翌年飢饉におちいり草根木皮および粟・稗・糠をも食す
七年……初夏連日雨降り風荒く冷気甚し七月二十四日に高き山降雪す八月一日暴風強烈家屋倒潰多し麦の収穫五分秋作凶を極む飯地村にて餓死十三人、翌春にいたりまた餓死するありその被害甚大にして……

美濃加茂市・祐泉寺にある名号碑

または、『可児町史』の天保の飢饉の項における「川合村庄屋役方書留」の一節に……四、五月（天保七年）頃、いろいろ草たぐい、松のかわなどとり食すべし、一同ニ至極難渋の年柄、たとえようなく年柄に御座候……と、当時の人々のうめき声が聞こえてくるようだ。

佐藤弥太郎氏の調査によれば、八百津町錦織の福寿寺の過去帳において天保六年の死亡者は四三人、前後五〇年間の平均が一九・五人であるので約二倍となっており、やはり飢饉の影響かと思われる。

『美濃加茂市史』においても市内の瑞林寺、祐泉寺の天保年間における過去帳の調査が記載されており、天保八年がピークとなっている。祐泉寺にあっては天保五年の五月から六月にかけての二一日間に一一人が死亡、七月から八月にかけての一四日間に七人が死亡している。この事実は何事かを物語っているのではないか。

揖斐郡春日村（播隆の教化地であり、一心寺の近く）では天保八年に四百余名の餓死者をだしており、高橋俊示氏の調査によれば藤橋村の東杉原の人口二〇五人のうち六四人が天保八年に死亡したという。また、同氏の久瀬村・正業寺の調査では天保六、七、八年に死亡者が急増しており、同寺の過去帳に……天保六乙未年秋ヨリじゑき病流行人多ク病死ス、其家へ入ルト一人モのがれ難く、御地頭より御すくい頂戴……の記述があったという。

うち続く飢饉にたいして幕府や諸藩では備蓄米を用意させるなどしたが根本的な救済とはならず、しだいに幕藩体制の屋台骨が揺らぎ始めた。飢饉の史料のなかに興味あるものがあった。木版刷りで刊行された飢饉時における心得である。

『ききん年の食物』……くず、わらび、とちのみ、どんぐり、おにゆりのね、たんぽぽ、またたびの葉、藤のわか葉、米のさやぬか……など色々なものが紹介されており、具体的な調理法ものべられており、藁、松の皮を団子にして食する法などもあった。その他に、「米を一倍に用ふる法」「米壱合にて五人一度の食になる法」「飢饉せざる心得書――但麦米一粒用ひずして餓死せず金銭ついやさずして長寿する良法也」など、天保八年にお上から刊行された苦心の作である（『美濃加茂市史・史料編』）。

また、天保五年のものに「藁餅之製法」「土粥之製法」といったものもあり、藁や土を餅、お粥にして食べる調理法がのべられており、笑えない現実のこととして迫ってくる（『可児町史・史料編』）。

天保年間といっても今からおよそ百数十年前のこと、飢饉のときに松の皮や藁、土などを私たちの先祖は食べていたのである。そのような状況のなかでも庶民はしたたかに生きぬいてきたのであるが、いったい何を楽しみに、何を心の糧として生きたのであろうか。

天保年間における播隆の動静といえば、文政六年（一八二三）に笠ヶ岳再興、その五年後の文政十一年（一八二八）には槍ヶ岳開山、そして穂高岳登拝、天保元年（一八三〇）美濃国揖斐に阿弥陀堂（現在の一心寺）が建立された。天保年間には播隆の名声は広く世間に知れわたっており、信州と美濃を幾度も往復しつつ槍ヶ岳登拝の念仏修行に専念、間《かん》隙《げき》をぬうようにして各地に出向いては教化活動に勤めていた。名号碑はこの天保年間に造立されたものがほとんどである。天保十一年（一八四〇）五十五歳でこの世を去るまでの間に美濃に遺した足跡は数多く、信州の槍ヶ岳登拝の基盤となったのは美濃であったと思われる。

天保の飢饉にあえぐ人々に播隆は何を説いたのであろう。それは専修念仏、ただ南無阿弥陀仏のひとつのみであった。行状記にもたびたび法然の歌が引用されているが、播隆は法然をとおして阿弥陀如来を見つめていたが、その法然がそうであったように、最初から専修念仏の浄土門に帰依したわけではない。生家に遺されている「諸宗皆祖念仏正義論」、あるいは一心寺の「念仏法語取雑録」における「八宗嫌捨之愚録」などから推測して、若いころに各宗門を何らかのかたちで通過したと思われる。自宗の正当化のためだけにそれらを書いたとは思われず、ある程度の宗教遍歴の結果それらが書けたのだろう。そして、自宗もふくめた現実の宗教界に背をむけて山岳修行に入っていったのだと想像する。

庶民にたいしては浄土門を説いたのだが、己の信仰姿勢は聖道門そのものの厳しい一生をおくった。飢饉などに見られる凄惨な現実をまえにして、人々には浄土門を説きつつも己れには厳しくせずにはおられぬほど播隆の生きた当時の現実は悲惨であった。ただ念仏を唱えればよい、と言わざるを得ぬほど当時の生活は厳しかったのではないか、そのような時代背景をぬきにして播隆の念仏修行は語れない。飽食といわれる現代の生活にあまんじている私ではあるが、飢饉のなかでひたすら念仏を唱え続けた播隆がすこしは理解できるような気がする。

しかも、播隆は極楽浄土を観想としてではなく現実に見たのではないか、笠ヶ岳の山頂に、そして槍ヶ岳の山頂に。飛騨山脈という三〇〇〇メートル級の山々に、西方に沈みゆく落日に、確かに播隆は浄土を見たのだと思う。そのために登山道を切り開き、槍の山頂に鉄鎖をかけたのではないか。播隆は笠で、そして槍のいただきで幾度も御来迎を拝したのではないか。私はひとり勝手に、播隆さんは飛騨山脈の山々に沈みゆく落日に西方楽土を見たと確信している。下界の飢饉、山頂の来迎、そのはざまで播隆はひたすら念仏したのであった。

名号碑の史料の一つに「上長尾村小文治の書出帳」がある。それは酒屋の判取帳と呼ばれる天保七年の古文書で、信州三郷の平福寺にある名号碑を造立したときの酒代の記録である。村人たちが酒をくみかわしながら名号碑造立の相談をしたことがわかる。播隆は浄土律の坊さんであり、各地に遺る伝承から推測すれば木食戒の実践を生涯つらぬいた修行僧であったことはまちがいないので、播隆自身は酒を飲まなかった。しかし、帰依した村人たちは酒を楽しみに相談したのであろう。時あたかも天保の飢饉の真っ最中、厳しい生活のなか信仰という名目でひとときの酔いを楽しんでいる村人たちの姿がうかんでくるようだ。飢饉と酒盛り、それは矛盾したものでなく、それが人間の姿なのであろう。

その古文書には同年七月二十三日……上人様御立にて美濃江行……とある。播隆との別れに五升の酒を飲みかわしたようだ。

年代は不詳だが、揖斐の城台山の庵に播隆がいたとき、寒中に近隣七ケ村の墓地をめぐって亡霊追善供養を行ったという記述が行状記にある。あるいは飢饉による亡霊の供養であったのかもしれない。

播隆名号碑と天保の飢饉とを直接むすびつける史料は今のところ何もない。また、飢饉と美濃地方に集中している天保四、五年の名号碑との関連も推測にすぎない。

だが、江戸の三大飢饉のなかでもっとも凄惨であったといわれている天明の飢饉の最中、天明六年に生まれ、さらに天保の飢饉のなかで死んでいった播隆を考えるとき、飢饉という時代相のなかで播隆をとらえることが必要だと思う。

飛騨山脈の山並、西方の落日に播隆は確かなものを見ていたに違いない。

可茂の名号碑巡り

ここでいう可茂とは美濃加茂市・可児市・加茂郡・可児郡の地区をさし、まだ述べていない可茂地区内の市町村における播隆の足跡について名号碑をたどりながら紹介してゆきたい。

◆御嵩町　町内の中央を国道二一号線が中山道筋とかさなりながら走り、東の町境には名勝・鬼岩公園がひらける。中山道の伏見宿、御嵩宿のある御嵩町は中山道史跡の町、また太平洋戦争の勃発とともに亜炭採掘の町として栄え、近年では御嵩・土岐地区ウラン鉱床の発見により今後の発展が期待されている。御嵩町内には現在九基の播隆名号碑が確認されている。

中山道筋の西坂と呼ばれている国道二一号線沿い、伏見西町に立派な播隆名号陣が立っている。碑高一三五センチ、「天保五年春・村中」と刻んであった。近所の人に尋ねると、詳しいことは何も聞けなかったが、碑のことを播隆様とおっしゃった。通行激しい国道の排気ガスのなかで名号碑は負けじと立っていた。

同じ伏見の高倉、共和中学校の裏手に天保五年二月の名号碑がある。薮のなかにほかの石碑といっしょに石を積んだ一角が設けてあった。土地の所有者・山田将浩さん宅を訪ねると、親切に応接間で応対していただけた。名号碑の場所は現在地にあり、脇の団地を造成したとき、祟るといわれたので現在のように整備してお祀りした。その他のことは知りませんとのことで、お茶をごちそうになった。

伏見宿はほかの宿のように昔からの宿場ではなく、元禄七年(一六九四)に新設された新宿であった。付近に兼山の城下町があり商家はすくなかったようだが、宿の割に遊女屋が多く宿場名物であったという。近くの木曽川には新村湊をひかえ栄えていたが、今は湊跡の標識だけで往時の面影はなく、川へ下りていく道さえ定かではない。しかし、新村湊の水運が盛況なころは川下の太田宿から赤坂宿の通行量が減り、宿がさびれるので川船輸送をやめるよう嘆願書が提出されたというほどの活況があった。

伏見におもしろい古文書が遺されている。文化九年（一八一二）のこと、中山道をラクダが通行したとき伏見宿の松尾八三朗方に宿泊した。前代未聞の怪物だということで伏見宿は見物の者で大騒ぎになった。

……当月六日らくだと申者伏見宿に参り候。これは生国は長崎より三万八千里ばかりの遠国「張社国」と申す処の者にござ候、この者高さ一丈ばかり、長さ二間二尺、毛色は灰色で首は長く、背中に鞍を置いたるよう、尾は牛の尾の如く、首は馬の首によく似、口は広く、上歯なく、耳は兎の耳のよう、女の方は髭ありて大きさは小さく、男の方は髭なく大きさは大きく、睫毛は長く、この者は鷹揚にできて老馬の如く、前足の裏八寸後足の裏七寸ばかりあり、股に焼印これあり候……（太田三郎『生きていた美濃中山道』）。

伏見を歩いていたときに拾った話だが、東本願寺派の浄覚寺の現住・武山了順師のお話によれば、本堂の脇檀にかけてある名号軸は一遍上人のものだという。一遍といえば播隆の大先輩格にあたる念仏の遊行聖、時宗の開祖である。伏見宿に播隆と一遍の足跡が重なっていたとなれば大発見だが、寺伝では親鸞上人のものだという。裏に見真大師御真筆と記してあるが、了順さんの鑑定によれば親鸞ではなく一遍のものだという。真相は不明だが、名号軸の南無阿弥陀仏の字はなかなかの達筆である。誰の筆になるものか素人の私には判断がつかないが、気品ある墨跡であった。

郷土館でうかがった話では、播隆さんのころは御嵩の中山道筋よりも兼山の方が盛況であった。播隆さんの足が浄音寺を中心とする兼山に向かったのは自然な流れであったようだ。それでも御嵩町内には播隆名号碑が九基もあり、町内に播隆の帰依者が大勢いたことを物語っている。

御嵩町比衣の洞にある名号碑は弘法堂のある、ちょっとした高台にあった。「天保五年二吉日」とあり、碑高一八〇センチほどの立派なもの。礼拝物としての存在感は充分にある。名号碑は南無阿弥陀仏の書体であるが阿弥陀如来そのものとして拝されており、たんなる記念碑ではなく石仏といってよい。近くの家を訪ねると九十一歳になる里の長老を紹介してくれ、お茶までごちそうになった。長老を訪ねると畑仕事をしていた。小柄な方であったがとても九十一歳とは見えず、しゃんとしたご老人で、お話をうかがっていると清々しい気持ちになってきた。播隆さんの情報は得られなかったが、山間の畑で黙々と野良仕事をされている姿にひとつの生き方を教えられたような気がした。お礼をのべて別れたが、なんともいえぬ落ち着いた気分にみたされていた。

比衣の里、日吉神社の鳥居の脇にも名号碑が建っている。細長い一七五センチほどの碑には「天保五年」とあり、以下判読不詳。鳥居の向こうに山があり、そこに本殿があるという。鳥居から山にあるという本殿をながめる空間は効果的であった。尋ねた人の話では、名号碑の下部を小石でたたくと良い音がするので里人がこつこつやるという。その部分は削られて摩耗《まもう》していた。ためしに小石でやってみると、なるほど妙なる音が響いた。今でも子どもたちがときどき名号碑をたたいて遊んだりする。すらっと伸びた碑に播隆流ともいうべき独特の書体で書かれた南無阿弥陀仏の名号は文字を感じさせない存在感がある。山に向かって、名号碑に向かって拝をして次へと走った。

里を見おろす小高い所に中・長瀬の観音堂があり、多くの石仏、石碑とともに播隆名号碑もあった。ここのも天保五年の造立、十二月九日とあり。尋ねる人もなく、逆光のなかで写真を撮る。付近の家をまわって名号碑の由来について尋ね歩けばよかったが、風がここちよく、みたされた心になって参道を下った。

中・大庭の観音堂への道を尋ねると、篭橋了介さんがいっしょに行きましょうと案内してくれた。お堂では地元の年配者があつまり会食していた。境内には石碑や石仏がならんでおり、そのなかに播隆名号碑があった。そしてもう一基、花文字風の書体の名号碑があった。美濃加茂市の郷土史家・佐光篤氏によれば見仏上人のものではないかと言う。徳本と見仏の書体はよく似ており、はっきりしたことは言えないが、町内上恵土新町の弘法堂にはこれと同じような書体による名号碑（天保四年三月）があり、それには見仏の署名がある。佐光氏に教えていただいて新町の弘法堂を訪ねたが、ちょうどお堂では地元の人たちが集まってカラオケを楽しんでいた。しかし、誰も播隆のことも見仏名号碑の由来についてもご存知なかった。見仏は播隆が師事した上人であるが、いかなる理由でここに見仏の名号碑が存在するのか、播隆の師にあたる見仏がこの地にやって来たのか、興味深い課題だが詳しいことはわからない。見仏と播隆の名号碑が同じ町内にあるのはここだけであり、しかも年号が天保四年なので近在の播隆名号碑と同じ時期にあたり、今後の研究課題である。大庭では念仏講が現在も輪番で勤められているとのこと、お堂に集まっていた人たちは誰も播隆のことをご存知なかった。帰り道、篭橋さんのご厚意でお茶を自宅でごちそうになった。

中・南町の縣縣神社は町中にあり、神社がありそうな雰囲気ではなかった。こぢんまりとした神社で、境内がチビっ子広場になっていた。名号碑には「天保五年四月十七日欠組子共中」と刻まれていた。念仏百万遍塚の石碑もあった。三軒ほど尋ねてみたが名号碑の由来は何もわからなかった。街道筋ではないがこのあたりは中山道御嵩宿である。近くには蟹薬師で名高い願興寺があり、境内には徳本（あるいは見仏）の名号碑がある。「文政元年十月六日徳本講中」によって建立されたもの。名号碑はほかにもあり、「天保五年四月子共中」によって建立されたものがあり、その書体は徳本流ではないが崩しのある文字であった。御嵩町は念仏の盛んなところであったようだ。昔は子供念仏、辻念仏、百万遍の念仏、十五夜念仏などといった講があり時代とともにたち消えてしまったが、十五夜念仏はまだ各地区で継承されている例がある。

伏見と違い御嵩宿には宿場町の面影を残す町並が遺されている。宿の出入り口の道は鍵形となっており、本陣、脇本陣こそ遺っていないが願興寺の存在は門前町で栄えた御嵩宿のシンボルである。境内には重要文化財の仏像をおさめたコンクリート製の収蔵庫があり、阿弥陀如来立像・坐像、薬師如来坐像など都の仏たちにおとらぬ優れた作りの仏像がある。あまり期待せず拝観させてもらった私はその豪華さに驚いてしまった。願興寺は仏像の宝庫である。その昔、伝教大師がこの地の人々の病苦をすくおうと薬師如来を安置されたのが寺の始まりだという。その後、七堂迦藍が整備されたが戦火で炎上、再建修理をへて現在にいたっている。蟹薬師の由来には蟹にまつわる伝説があり、近在では願興寺よりも蟹薬師の名前のほうが広く知れわたっている。

上恵土の新町・新村墓地には個人の墓標として使われている名号碑が二基ある。墓地の所在を尋ねた家が墓地の係の家で、ちょうど昼休みで帰宅していた男の人がわざわざ案内してくれた。墓地は二段になっており、上段が新町、下段が本郷の関係になっており、名号碑は下段の方にあった。四五センチほどの小さい方は「天保六年八月」、わずかに長平内と読めた。大きい方は一二〇センチほどで「天保九年三月俗名・長平」とあり、小さい方は長平さんの身内のものであろうか。長平さんは熱心な念仏の帰依者であったのだろう。

御嵩町は一部旗本領であとは尾張藩の領地であった。宗教統制の厳しかった江戸時代、各地に名号碑が建立できた背景にはお上の許しがあってのことだと思われる。美濃加茂市の祐泉寺に遺る護持仏の紋、あるいは一心寺にある紋、生家の遺品に遺されている紋などは時の為政者と同じ葵の紋であり、播隆の足跡から考えて尾張藩との関連は濃厚である。いってみれば、尾張藩領は播隆のホーム・グラウンドであったのではないかと思われる。

御嵩町内には九基の播隆名号碑が現存しているので、ほかに名号軸などの播隆さんの足跡がないかと思っていたが、やはり播隆念仏講があった。ある日、御嵩町の教育委員会を訪ねたところ、町史編纂室の若尾要司さんとお会いした。伏見・浄覚寺の名号軸に関しては未調査なのでなんとも言えないとのことであった。播隆さんの言い伝えも、このあたりで浄財を集めて槍ヶ岳に登った偉い坊さんだったという話を聞いたことがある程度だという。談話のなかで『御嵩町史・民俗編』に播隆名号軸の写真があることがわかった。そこにははっきりと播隆の南無阿弥陀仏が写っていた。

さっそく現地へ走った。

御嵩町古屋敷は各組にわかれており、田植えをおえた老婦が二人道端で立ち話をしていた。播隆さんのことを尋ねると、二人ともご存知であった。名号軸は古屋敷の奥組がもっている、ほかには聞かんな、とのことであった。あったのかもしれんが今はないと思う、このあたりはまだ十五日念仏といってお念仏を月の十五日に勤めていると言われた。

道で会ったご婦人に尋ねると、名号軸をあずかっている家まで案内してくれた。来意を告げると快く見せてもらえた。播隆の書体で南無阿弥陀仏、署名と花押もあった。軸の芯には明治二十六年四月に伊佐治某が表装した意のことが記されていた。お話によれば、名号軸は奥組八軒の所有で毎月十五日の夜に輪番で念仏講を勤めている。そのとき名号軸をかけて般若心経、念仏を唱える。講が終わると組の話し合いをしている。今の若いもんがお念仏をやるかどうか、こころもとない。お二人は播隆の名は知っていたが事跡についてはわからないとおっしゃった。口碑は遺っていないようだ。奥組の十五日（十五夜とはいわず十五日というそうだ。十五夜の日は夜道が明かるいので出かけるのに都合がよいが、新暦の現在では夜道の明かるさに関係なく月の十五日である）念仏を播隆念仏講と呼んでよいものか。播隆念仏講とは、播隆名号軸を使って念仏講を勤めているもの、私はそのように定義づけている。

隣の兼山町と同じように御嵩町も念仏の盛んな土地柄であった。播隆の伝承はたち消えてしまったようだが、九基の名号碑と播隆念仏講が遺る町内にはまだ知られていない個人蔵の名号軸などの足跡があるような気がする。御嵩町を歩いているとたびたびお茶をごちそうになった。やはり中山道史跡の町、宿場町の名残だったのだろうか……。

◆川辺町　川辺町は尾張藩領、幕領、旗本領に細分化されており、同じ川辺町といってもその支配下によって事情は異なっていたと思われる。現在、町内には五基の播隆名号碑が確認されている。

中川辺の天神東、弘法堂の脇に「天保四年九月」の名号碑がある。近所の人たちに名号碑の由来を尋ねてみたが不詳、場所は現在地にずっとあったらしい。

中川辺の天神裏公民館の脇、本御堂墓地には二基ある。一基は墓地入口にあり、碑高一一五センチほど、「天保五年三月」とある。もう一基は墓地中央にあり個人の墓標として使われている。名号の下に先祖代々霊と刻まれており、年号はなし。近くの家を尋ねてみたが何もわからず。

下石神森下の飛騨川にそった車一台がやっとの旧飛騨街道の路傍に一基、年号はなかった。ここでも何も情報は得られず、次へと走る。

比久見一番地の弘法堂へ、多くの石造物群のなかに一基あり。碑高一〇五センチ、背面に「村中安全天保五年二月吉日大脇氏」とあった。近所の人の話では毎月二十日の夜に弘法堂（庚申堂ともいう）でお参りがあるとのことだったが、播隆さんに関しては何も聞けなかった。

川辺町の名号碑探訪では地元の話は何も聞けなかった。私の調査では播隆は過去の人になってしまったようだ。今後の発掘に期待したい。

日本の浄土宗に大きな影響をあたえたのは中国の善導大師である。浄土宗の開祖・源空（法然）は宗教遍歴の末に善導の教えにたどりつき、それまでの教学を捨てさって称名念仏が阿弥陀如来の本願という他力信仰に入った。それはそれまでの聖道門・自己の修行精進による自力信仰から浄土門・念仏を唱えることで救われるという、難行苦行によらない易行の仏教への移行であった。浄土門によって仏教は広く庶民に浸透していくのである。法

七宗町神渕寺洞・阿弥陀堂の名号碑

然によって仏教はようやく庶民に手のとどく信仰となったのである。そして、時宗の開祖・一遍の賦算（南無阿弥陀仏と書いたお札を配ること）によって南無阿弥陀仏の名号は庶民に広がった。南無阿弥陀仏と刻まれた名号碑は仏像と同じように本尊そのものであり、仏さまなのである。

◆**可児市**　市内には現在二基の播隆名号碑が確認されている。今の立野、多治見へぬける街道の道端に愛らしい碑高二七センチほどの名号碑がある。地元では名号碑のある所を念仏塚と呼んでいる。昔は大きな数珠をもって名号碑のまわりを回ったということだ。今は忘れられた存在となっており、小さな名号碑なので消失してしまわないかと心配になった。

渕之上の可児・加納の墓地と呼ばれている墓地の脇、今はないが以前は弘法堂の建物があったところに一基ある。天保五年二月の建立、付近を訪ねたが播隆さんの話は聞けなかった。

◆**七宗町**　町内には二基、ここのものは天保年間のものではなく文政五年と六年のものである。七宗町は尾張藩領である。文政四年に播隆は飛騨の上宝の「杓子の岩窟」で九十日間の修行をしており、同五年には再度杓子の岩窟で修行、そして同六年には笠ヶ岳の再興を成しとげている。

神渕寺洞の阿弥陀堂は阿弥陀堂があったところに公民館ができ、館内にお堂が設けられた。公民館の脇に石碑、石仏がならんでおり、その中央に碑高一六〇センチほどの細長い播隆名号碑がある。すこし上部が前かがみになっており、播隆独特の梵字をおもわせる花文字風の書体であざやかに南無阿弥陀仏とあり、周囲の草木の緑のなかで圧巻であった。自然の調和を乱すことなく己れの存在を主張しており、美を感じさせる名号碑である。私はしばし凝視した。名号碑には「文政五年七月吉日・願主寺洞中」とあった。近くの家を訪ねると、昔は庄屋さんだったという上野奨さん宅を紹介された。上野さんは歴史に興味をおもちの方で古文書などを引っぱり出してきてお話を聞かせてくれた。播隆の話は聞けなかったが、上野さんのお話がきっかけとなって円空仏を発見することになる。神渕奥田の神谷久直さん宅の仏壇に円空仏があり、その発見がきっかけとなって町内のほかの円空仏も確認されることになる。まさに播隆サマサマであった。

神渕杉洞の東ケ岡、上之保へぬける道から山中に入った自然の洞穴の中に文政六年一月二十二日と刻まれた名号碑がある。道を尋ねた古老が山中の岩屋まで案内してくれた。達者な方ですたすたと山道を登られたのには驚いた。そこはお不動様と呼ばれており、今も願をかける人がいるということで、古老の記憶では山伏が法螺貝を吹いていたという。篭もるには絶好の洞穴で、その昔播隆さんが、あるいは円空さんが修行したのではないかと思わせるのに充分な岩屋であった。名号碑は雨露にあたっていないせいか百数十年も前のものとは思われない。古老は播隆のことはご存知なく、以前私の家にも円空仏があったがどこかへいってしまったと言われた。誰かの家にも円空仏があるとおっしゃったが、私がしつこく尋ねたので警戒されたのか教えてはくれなかった。

七宗町の名号碑はほかの可茂地区のもののように天保年間建立のものとは異なり槍ヶ岳開山以前のもの。地元に伝わる伝承が聞けなかったのは残念であったが、円空仏の発見という予想外の収穫があった。

◆東白川村　東白川村は苗木藩領であった。その明治維新にさいしての廃仏毀釈の断行は名高い。倒幕にさいし

東白川村越原大明神 - 弘法堂の名号碑

て台頭してきた国学、平田篤胤による平田国学は……神道はわが国の大道にして天の下治め給う道なれば、儒仏とならべいうまでもなく、掛けましくも可畏けれど、上は天皇をはじめ奉り、下は万民にいたるまで儒仏を棄てただひたすらに神道を尊まし奉らん……政道は神国の御風儀にて、神慮によって世を治め給い、神祭をもって第一とする……と説き、王政復古のもと祭政一致を主張した。明治維新はそれらの国学をもとにして政治改革が行われ、それまでの神仏混淆が禁じられた。明治元年に政府がだした神仏分離令は廃仏を意味するまでのものではなかったが、苗木藩においては平田国学の青山直道を中心に知藩事みずから率先して神葬改宗を実践し、領内においても強力に神葬改宗を推進した。その結果が全国にも例をみないほどの徹底した廃仏毀釈となった。領民の目立った抵抗がなかったのは藩校・日新館をはじめとする国学の浸透と、領内の多くが臨済宗門徒であったからではないか、これがもし一向宗門徒であったのならばかなりの混乱があったのではないかと思われる。苗木藩における廃仏毀釈は徹底して、表面上はそれほどの混乱もなく行われた。寺院、お堂などは廃寺、取り壊しとなり、僧侶は還俗させられ、仏像、石仏、仏壇なども取り払われ、焼き捨てられるなどした。現在もこの地方に寺が少なく、葬儀などを神式で行う家が多いのは当時の影響である。東白川村の史跡に指定されている役場前の四つ割の名号碑はその記念碑でもある。

越原大明神の弘法堂にある播隆名号碑は廃仏毀釈のさいに近くの新巣川に表の名号をふせて渡り石とされたが、川の出水のたびに裏が表となって南無阿弥陀仏の名号があらわれ、人々はひそかに川岸にあげて供養していた。その後、昭和三年になって現在地に再建されたということだ。名号碑は一八〇センチほどもある立派なもので、「天保六年秋八月安江清九郎組中」とある。近所の家で尋ねてみたが名号碑の由来はわからない。村の教育委員会にも寄ってみたが、なぜ播隆名号碑が村内に存在するのかわからないという。神道の里であるが月の二十一日には弘法堂でお参りがあるということだ。山里にりんと建つ播隆さん、当時の信仰がしのばれる。

『笠原町史』の「かさはらの石造物」によれば、東濃地方における名号碑は江戸時代の寛文、元禄、享保年間に建立ブームとなって各地に建てられたという。美濃においては江戸三大飢饉のうち最も被害が大きかったのは天保の飢饉のときである。天保元年から十年ごろまで慢性的な飢饉状況が続いた。美濃に遺された天保年間造立の多数の播隆名号碑は何を物語っているのか、各地の名号碑を巡り歩いてもその由来について語る人は今はない。

正道院と岡本家

岐阜市柳沢町にある正道院はなぜか忘れられた存在となっている。そこに遺されている史料、あるいは播隆の墓碑の存在などを考えるとき、正道院は播隆研究において欠くことのできない寺院と思われる。しかし、行状記には何の記述も見あたらない。「念仏法語取雑録」の中にある「岐阜廻行章」の文中にも正道院の名は見あたらない。ただ「岐阜廻行章」が書かれたのが文政十二年十二月二十五日、正道院の現住・堀乗月尼のお話によれば正道院の創立が天保年間ということなので記載がないのもうなずけるのだが。

現在のところ播隆の墓は生家の中村家、一心寺、祐泉寺、そして正道院の四基が確認されているが、墓碑の存在は各地に建立された名号碑とは別の意味あいをもつ重要な足跡だと考えられるので、播隆の諸史料のなかに正道院の名前を見いだせないのは不思議な気がする。

二回の調査で確認できた播隆関係の史料は像高五〇センチの播隆上人坐像、位牌、名号に肖像の描かれた画軸、播隆所蔵といわれる鉄鉢、百万遍大数珠、それに歴代住職の記された過去帳などであ

播隆開山寺院・正道院（岐阜市）

った。堀乗月尼のお話では播隆着用の法衣もあったはずだがということだったが、二回の調査では確認できなかった。また、穂苅本の資料目録に記載されている六字曼陀羅、歌軸は確認することができなかった。堀尼は八十八歳というご高齢であり、耳もとおく、強いて寺内を点検してもらうのは無理に思われたのでそれ以上の調査は遠慮した。まだ何かが遺されている可能性は大であると思われた。

正道院にある播隆の墓標

私が正道院を訪ねたのは夏の日であった。来意を告げたが、突然の訪問であったために日をあらためて出なおしてくれとのこと、それでも言葉をかわしているうちに本堂にあげてもらえた。最初に目についたのは女の方の遺影であった。まだ新しく、聞けば後継者になるはずであった尼さんだという。尼さんになりたくて二十歳の頃から寺にいた方だったが胃癌で先に亡くなられたという。御高齢の乗月さんの心中をさっすると言葉もない。それでも乗月さんは突然の訪問者の質問に応じてくれた。

正道院は天保年間に金屋町の岡本家が播隆のために創建した浄土宗の寺、過去帳には開山播隆大和上とあり、二世から七世までの法名が記され、隆盤、隆信という播隆の弟子と思われる名もあった。播隆はほとんど寺にいなかったということで、隆盤、隆信の二人が播隆にかわって当時の正道院をあずかっていたのかもしれない。乗月尼は現在第八世、四世から尼寺となったという。

脇壇に木像の播隆上人坐像があり、一心寺の坐像とは顔つきが違うもので

正道院にある播隆の歌軸

あった。上人像はそのほかに各務原市の山田義隆宅にもあり、現在私が確認しているのはこの三体である。

出してこられた軸をひろげると六字名号の下に播隆の肖像が描かれていた。この軸は予期せぬもので、少々胸が高鳴った。これを訪問者に見せたのは私が初めてだという。さらに直径二二センチ、高さ一五センチほどの鉄鉢を出してくれた。上人の使っていた托鉢椀とのこと、銘などの文字は記されていなかった。一心寺に遺されている鉄鉢とほぼ同じ大きさのもの、手にすると意外と軽かったが遺物の生々しさを感じさせた。

お話をうかがっていると、百万遍念仏の大数珠があるというので見せていただく。出してくださった数珠の親玉には「天保十年三月吉日加納駅島屋嘉兵衛」「播隆上人代先祖代々」と記されていた。天保十年三月に播隆は兼山の浄音寺において授戒会を勤めている（「浄音寺文書」）。『加納町史』の古文書のなかに中山道加納宿の旅籠のひとつとして島屋の名がある。正道院の設立が天保年間ということで詳しくはわからないが、加納宿の旅籠・島屋嘉兵衛某が播隆に帰依して数珠を寄進したのであろう。職人作りの立派なものである。

境内の一角にある墓碑の銘は暁道播隆大律師と刻まれている。檀家はすくなく、岡本家が信徒総代を務めている。町なかにひっそりと建っている正道院であるが、堀乗月尼そして先に亡くなられた後継の尼さんらの信仰によって播隆の法灯は現在も継承されており、乗月さんのあたたかな応対に播隆さんの余韻を感じた。

法衣があるはずだと行李をさがしてくれたが確認できなかった。また、名号軸があると言われたが確認できなかった。その後の調査でもそれらは見ることができなかった。あちこちを探せば出てきそうな気がしたが、ご高齢の乗月さんのことを思うとそれ以上の探索はできなかった。

乗月さんは突然の訪問者である私に親しく応対してくれ、お茶、ぼたもち、牛乳、お菓子などをごちそうしてくれた。気をつかった私はお金をさしだしたが、乗月さんはそんなものはいりませんと、きっぱりと断わられた。私は自分が恥ずかしくなった。乗月さんのご健康と正道院の法灯がいつまでも続くことを祈りつつ寺をあとにした。

岐阜市金屋町の岡本太右衛門（良平）宅へ。その昔、三代太右衛門定継が播隆に帰依して寄進したのが正道院である。岡本家は由緒ある家柄で代々太右衛門を襲名している。岡本家系譜によれば、岡本家は二代をのぞいて初代から九代までは代々太郎右衛門を名乗っていた。そして、分家して太右衛門を襲名していた三代太右衛門定継の後継が本家の岡本家と合家して十代目を継ぎ、現在の岡本太右衛門（良平）氏は十五代目にあたる（ただし、太右衛門の名の襲名をたどると良平氏は九代太右衛門ということになる）。

岡本家を探しながら車を走らせていると、門口に釣鐘がどんと置かれた旧商家といった建物が目についた。そこが岡本家であった。由緒ある家というものは私のような訪問者には近寄り難い雰囲気がある。すこしばかり緊張して中に入ると、応対してくれたのは番頭さんふうの方、来意をつげてもまったく通じない。いわゆる門前払い、良平さんにお会いしたい……と言ったら叱られた。良平さんといわずに太右衛門の名を使ってくれ云々、引き下がるしかなかった。その日は諦めてほかへまわった。後日再訪、そのときは店の玄関口はさけて本宅

正道院の開基となった岡本家（岐阜市）

の方へまわってみた。家の方が見えたので声をかけた。家の方はなかなか現れず、何度も声をかけていると、なんとお店の方から例のおじさんが飛んできたではないか。またまた前回の再現、引き下がりつつ次の手を考える。まえのときまちがえて隣の岡本友吉さん宅へ入ったのでわかってはいたが、なんとか取っ掛かりがないものかと、分家の岡本友吉さん宅を訪ねた。縁とはそんなもので、たまたま友吉さんが在宅であった。取り次ぎの女の方が来意を友吉さんに伝えてくれた。友吉さんが現れて私の話を聞かれると、あがってくださいと言ってくれてようやく救われた。ちょっとしたドラマの一幕であった。

友吉さんと奥さんの晴子さん（良平氏のおばさんにあたる先代の兄妹）のお二人がお相手してくれる。播隆に関しては、三代太右衛門定継が隠居後名を太郎蔵とあらため、播隆に帰依して正道庵を建立、代々の菩提所としたということであった。それ以上のことは伝わっていない。年月日も不詳であった。のちに庵が院となって正道院となった。晴子さんが現在の岡本家では一番その内情に詳しい人だという。後日コピーしていただいた『岡本家歴代記』（昭和十年）にもそれ以上の記述はなく当時の様子は不明、正道院では開山播隆ということだが、一寺を建立するほどの信仰であったのならばその辺の事情が知りたいところであり残念である。歴代記によれば、五代（本家十一代）太右衛門定之は隠居後分家して名を正樹とあらため、禅宗に帰依して瑞龍寺の檀徒となっている。そんな事実を推測すれば、岡本家の播隆にたいする信仰は三代太右衛門の個人的な信仰に終わったのではないかと思われる。

お話では岡本家の菩提寺は羽島郡笠松町の東本願寺大谷派・円城寺ということで、男が死ぬと円城寺、女が死ぬと岐阜市内の上宮寺（同じ大谷派）で法要をするという。夫婦別々の旦那寺という半檀家制は江戸時代の美濃の各地にみられることで、同門で別々の寺というのではなく宗旨が別々の場合もあったという。それは檀家の減少による寺側の経済的理由によるものなのか、一軒の家に二ケ寺の僧が出入りすることになる。現在の岡本家は半檀家制の姿であり、それに加え正道院の乗月さんがお念仏をあげに来られるということだ。

正道院は檀家が少なく信者さんの力によって成り立っているとのこと。現在の岡本家に三代太右衛門の信仰を継承する者はないが、正道院の法灯が絶えんことを祈りたい。

友吉さんの計らいで播隆さんの軸を拝見することができた。中心に天照皇太神宮、右に八幡大菩薩、左に春日大明神と三行に書かれた軸、署名と大きな花押がある。書体に工夫があり、左の字を春日と読んでよいのか自信がない。揖斐川町の川村義久さん宅にある同種の軸が春日と読めそうなので春日と読んだ。この種のもので天照皇太神宮の左右に八幡、春日ともってくるのが通例なのかどうか、専門の方なら一目瞭然なのだろうが。また、岡本家のものは天照皇太神宮、川村家のものは天照大神宮、太と大の違いがある。正道院を建立した岡本家にはもっと何かが遺されていても不思議ではないのだが、確認できたのは一本の軸のみであった。

岡本家一族はその昔より鋳物師を業とする岐阜の名家であり、金屋町の地名の由来も岡本家一族に関係があるらしい。岡本家の関係者は現在も金物、鉄類関係の商売を手広く営んでいる。友吉さんご夫婦は飛び込みの訪問者である私を温かく迎えてくれた。お話が終わると茶室に招かれてお茶の接待をうけた。茶碗は楽家十一代の慶入、高麗茶碗、掛け物は某僧による○字（円相）の墨跡、花器は現代作家の手になる三島、風炉は備前、お菓子は京都からとり寄せた名のある干菓子、お二人からやきもの談義などを聞かせていただき楽しいひとときであった。友吉さんはなかなかの数寄者であられた。後日再訪したときもお茶の接待をうけ、これも

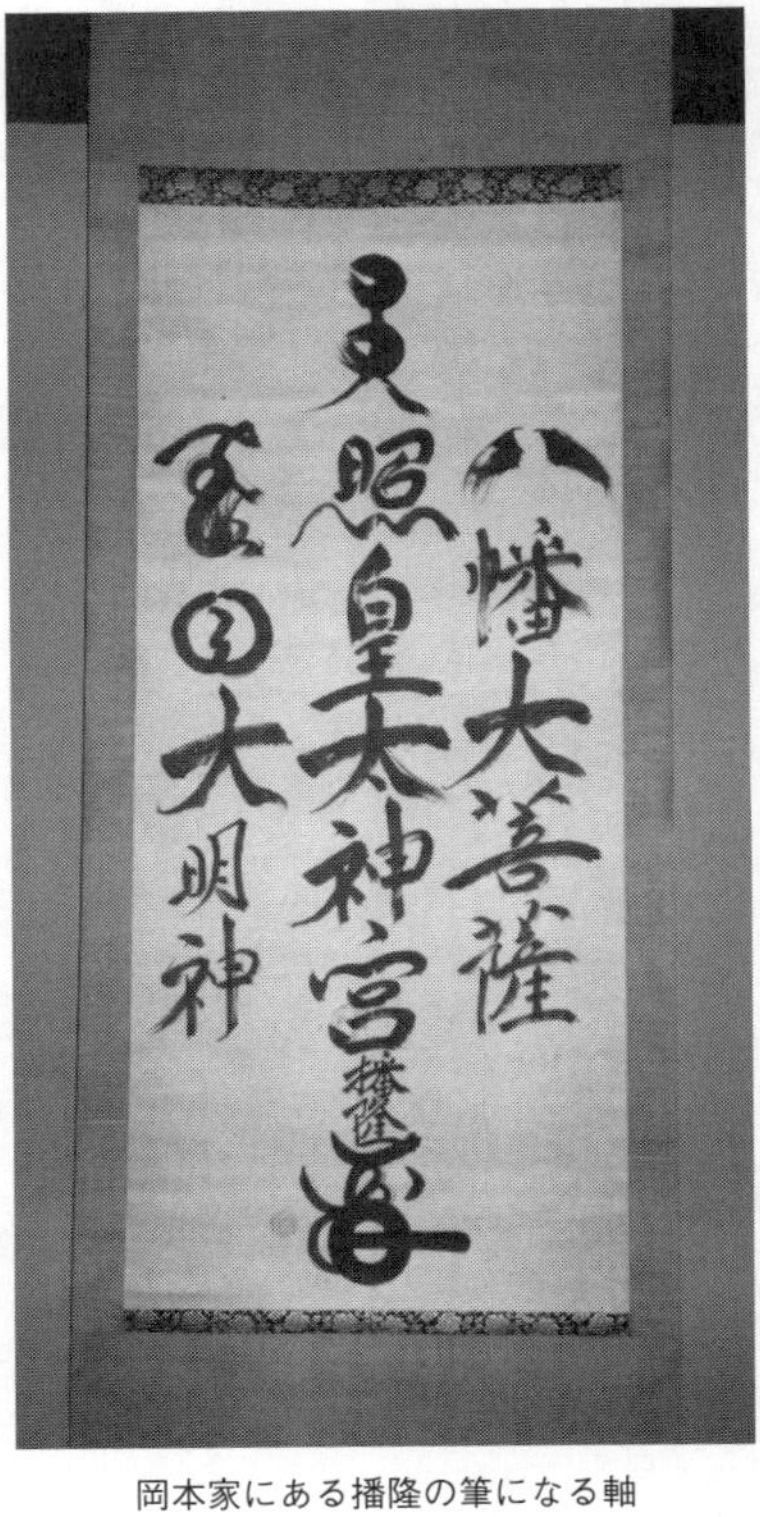

岡本家にある播隆の筆になる軸

播隆さんのおかげと、お土産にいただいた茶碗と揖斐の地酒をさげて岡本家をあとにした。

播隆の生家・中村家に三代太右衛門定継による喚鐘が遺されている。生家は代々浄土真宗の道場であったが廃止となっており、それを播隆が再興し、そのとき生家におくった喚鐘である。その銘には天保三年七月の年号がみえ、「美濃岐阜御鋳物師岡本太右エ門藤原定継」とある。正道院の建立年月が天保年間という以上の詳しいことはわからないのだが、これによって播隆と太右衛門のつながりが天保三年七月ごろにはあったことが知れる。

ここで参考までにすこし岡本家の歴史について述べてみたい。友吉さんからいただいた『岡本家歴代記』は史実的考証の努力がなされており、史記として読み応えのある書物であった。以下、その歴代記にある記述である。

宗家・岡本家伊右衛門（年号不詳）の先祖はもと河内の住人で、第七十六代近衛天皇より七十九代六条天皇につかえて和泉守藤原朝臣と名乗り、代々鋳物師を業としていた。その後、美濃にうつり転々としたのち現在地に定まった。永禄年間の頃に伊右衛門より分家した初代・岡本太郎右衛門重政は下野守と称し、織田信長・信孝、豊臣秀吉につかえて各地に出陣し、秀吉より伊勢の亀山城を賜わったが、のちに関ケ原の役で敗れて自害した。重政は茶事を好み、千利休と親交があり、岡本家には利休の書状が遺されている。

その子・主税介重義は亀山城を逃れ、岐阜に帰り隠栖した。その後、三代太郎右衛門友次から先祖の遺業にかえり、代々鋳物師を業とするようになった。そして、五代・太郎右衛門のときに分家したのが初代・太右衛門貞継、播隆に帰依したのがその三代目の太右衛門定継である。

さらに歴代記には……隠居後名を改めて太郎蔵と称し、播隆和尚に帰依して、子熊の地（岐阜市柳沢町）に正道庵を建立し、代々の菩提所となせり。嘉永三年十月十五日没す。行年六十六……、とある。そして、四代・太右衛門定継のときに太郎右衛門家を合家して本家・十代をつぎ、現在の良平氏で本家・十五代（九代・太右衛門）にいたっている。

当時の岐阜町および周辺の村々は尾張藩領であり、中山道加納宿は加納藩領の城下町でもあった。関ケ原の合戦後、岐阜城は廃城となってその天守閣、石垣などは加納城の築城に使われた。正道院および岡本家は尾張藩の領内であった。

正道院は播隆を開山とし、播隆を迎えるために太右衛門（太郎蔵）が創建したということになっている。播隆を開山とする揖斐の一心寺の現況と正道院のそれとを比べるとき、そして私が一番ひっかかるのは行状記そのほかに正道院の名が見いだせないことである。先に私は太右衛門が播隆に帰依して寄進したのが正道院だと書いたが、あくまでも私見だが、正道院は太右衛門が建立した私的な庵ではないだろうか。播隆を開山初代として建立された一心寺とはすこし事情が異なるのではないかと思われる。また、槍ヶ岳の山頂にかけられた鉄鎖と鋳物師を業とする太右衛門との関連などを想像することも可能ではないか。

ともあれ、正道院の境内の一角に遺されている播隆の墓碑に私はあれこれと思いを巡らせてみたのであった。

岐阜廻行の章

「念仏法語取雑録」は文政十三年七月に著わされた貴重な史料である。播隆の言行録ともいうべき内容のもので、当時の播隆の言動を具体的に知ることができる。

そのなかに「岐阜廻行章」があり、文政十二年（一八二九）十一月、播隆は西方寺に滞在して約二ケ月間近在をまわる。その前年に播隆は槍ヶ岳開山、続いて穂高登拝を成し、四十代の壮年期にあって肉体的にもその信仰信念においても充実した時期であった。くわえて世間は彼を歓迎し、行く先々での世評は高まるばかりであったと思われる。岐阜廻行章においても書き出しは史実の記述からはじまるが、途中から専修念仏がいかに大切か、それによって……往生ハ更ニ疑ヒナシ……只南無阿弥陀仏ト申テ往生スルハ仏ノ本願ナリト心得テ、念仏スベキ事肝要也……とむすばれ、播隆の面目躍如である。

行状記の編纂にあたり重要な仲介役をはたした岡山隆応氏は西方寺の第十九世である。岐阜市加納新本町にある浄土宗西方寺を訪ねると若い奥さんが応対してくれた。それによれば戦災で御本尊と一部の過去帳以外はみんな焼けてしまい、私たちの代（田中氏）になってから、知るかぎりでは播隆に関するものは何もないとのことであった。播隆に関する収穫は何も得ることができなかったが境内に徳本の名号碑が建っていた。徳本独特の花文字風の書体で南無阿弥陀仏とあり、背面に「文政元年十月正六日徳本行者」と刻まれていた。

文政元年といえば播隆が三十三歳のときに「諸宗皆祖念仏正義論」を書いた年である。そして名号碑に刻まれている文政元年十月六日に徳本上人は六十一歳をもって入寂しており、それを記念しての建立なのであろう。『加納町史』に文化八年八月二十一日徳本上人がこの地に巡錫、西方寺においても十念を授けたという記述があり、上人は正真正銘の生き仏だとある。播隆と徳本は年代が重なっており、しかも同じ浄土宗の念仏行者、どこかで両者の出会いがあったかもしれない。そのような口碑を市内で拾ったこともある、しかし現在判明している確かな史料から両者の出会いは考えられない。

訪問した西方寺に播隆の史料は何もなかったが、時の念仏行者であった徳本と播隆の念仏が、ここに響いたのは確かなことである。喧騒の市街地にひっそりとたたずむ西方寺はお念仏の影の濃いお寺であった。

あちらこちらと探して歩き、ようやく岐阜市溝口（東屋敷）の堀田勝広さん宅へ。堀田家の床の間にかけてあった播隆の名号軸は地区共有のもので、地区内の家で葬式ができるとその家へまわし、つぎの葬式がでるまでその家にかけておく。私が訪ねたときはたまたま堀田家にあったということだ。この地区は浄土宗が多いということで、昔は念仏講も盛んであったが今は行われてはいない。軸の箱書きには播隆上人、徳本上人と二人の名前が記されていたが、現在あるのは播隆の軸だけである。よく見かける軸よりも大ぶりの立派な名号軸であった。来意を告げると快く見せてくれた。教えられて近くの浄土宗の寺を訪ねる。住職は播隆には無関心なようでまったくの空振りであった。

近くには長良川が流れ、その県道沿いにある墓地の脇に播隆名号碑が建っている。一六〇センチほどのもので、「天保十三年二月上旬当村若連中」とある。さきの堀田家のものとこの墓地のものとは同じ播隆の名号でもその書体が違う。名号における書体の変化については別項で述べたいと思っているが、墓地のものはどちらかといえば徳本流に近いもので、堀田家のほうはより播隆流の梵字の書体を取りいれたような筆跡である。時期によってその書体が変わっていったのであろう。初めの頃は徳本流のものを書いていたのではないかと私は考えている。

各務原市にお住まいの平光円治さんは、近在の春近に両上人がいっしょに来られたという話を現地で拾われたという。その真偽についてはなんともいえませんとのこと。私が訪ねた地元の古老・大野寅市（八十七歳）さんもそのようなことをおっしゃっていたが確証はない。徳本のことは播隆も知っていたであろうが、播隆関係の史料から徳本のにおいは感じられない。同流の念仏行者で年代も重なるところがあるために後世そのように語られるようになったのではないか。大野さんのお話では百万遍の念仏も昔は勤められていたということで、ついこの間その大きな数珠は燃やして処分してしまった。見たければ、その焼け残りがまだあるはずだとおっしゃった。

溝口からほど近い岐阜市門屋門の長政寺を訪ねる。ご住職は快く応対してくれ、昔ここの住職が揖斐川町の一心寺に転任していった。播隆はここに滞在して念仏行を行った。名号軸は数本あったが散逸してしまって今は一本あるきり。もっと私たち宗派の者が播隆上人を顕彰していかねばならない、と語られた。拝見した名号軸は堀田家のものと同種の書体であった。お願いして名号軸をカメラにおさめ寺をあとにした。

往時の面影がただよう街道すじをゆっくりと車を走らせて岐阜市芥見本町の大師堂を探す。一角に石仏、石碑などの石造物群があった。その脇にふつうの民家が建っており、それが現在の大師堂であった。街道に面して播隆名号碑があり、それは自然石に「念仏講中天保三年」と刻まれた一〇五センチほどのもので、書体は長政寺のものと同じであった。お堂の方にお聞きしたところでは、名号碑と同じ書体の名号軸が以前あったのだが知らないうちになくなってしまったという。たぶん軸の字を写して石工が彫ったのであろう。『芥見郷土誌』（昭和三十六年六月）によれば、文政年間に亀山治郎右衛門夫婦

岐阜市芥見・大師堂跡の名号碑

播隆の筆になる歌軸

が全国各地の霊場霊峰をめぐった後、当地に庵を結んだのが大師堂のはじまりだという。また、夫婦そろって念仏三昧の日々をおくったという。そのことからも当時の庶民の間に念仏が広く浸透していたことがうかがえる。播隆にしろ徳本にしろ個人的な教化の成果のかげには、市聖《いちのひじり》と呼ばれた空也、仏教史に専修念仏の金字塔をうちたてた法然、あるいは踊り念仏と賦算でしられる一遍など以外にも、名もなき多くの念仏聖らによる庶民への念仏の普及という地下水脈がすでにあった。その宗旨宗派をこえた念仏の息づかいは、仏教は幕府による国教化によって江戸時代に空洞化したという通説とは反対に、より仏教が庶民化した証といえるのではないか。

大師堂の名号碑は風雪にたえて今も南無阿弥陀仏と立っていた。

同じ芥見の中町、後藤隆さん宅へ。ちょうど隆さんが在宅であった。どこかへ出かけられるところであったが、飛び込みの訪問者である私に時間をさいてくださった。播隆に関するお話は何も拾えなかったが、「後の世もこの世もともに南無阿弥陀仏まかせの身こそ安けれ」の歌軸を拝見、カメラにおさめる。南無阿弥陀仏の仏の字が中央に大書してあった。

次に訪れたのは芥見堀田の水野博起さん宅、穂苅本によれば名号軸があるとのこと、しまってあるので後日電話して確認することになる。二日後に電話をいれると、壊した古い家にあったかもしれないが昔のことに詳しい祖母も亡くなってしまい、以前はあったのかもしれないが探してみてもそれらしきものは見あたらなかったという。結局、水野博起宅の名号軸は確認できず。

岐阜市神田六丁目の円徳寺は繁華街のなかにある浄土真宗のお寺である。もと天台宗の寺で蓮如のときに改宗したらしく、移転して現在地にきたという。境内に車を乗りいれようかとも思ったが遠慮して脇道に駐車する。仕事が忙しいのでお見せすることができないが、播隆さんの名号軸はたぶんあったと思うとのこと。後日電話して再訪することになる。若いお庫裡さんからこれから訪ねる先をていねいに教えてもらいお礼をのべて寺をあとにしたのはよかったが、なんと我が愛車は駐車違反とあいなった。がっくりして警察へ、罰金一万円なり。駐車違反は初体験のことで腹がたつやら情ないやら、その日の取材を続ける気力は失せて家路へ。後日電話をいれると先のお庫裡さんがでた。つい駐車違反の愚痴が出てなぐさめられ、二本あるはずの名号軸は戦災で焼けたとのこと。老師の話では檀家の熊田誠一さんのところにも名号軸があったという。それで再訪する必要もなくなり、一件落着。

九重町の熊田誠一さん宅へ、ちょうどご主人が在宅であった。播隆さんの名前をだすと、以前播隆のことを訪ねてきた人の話となり、そのときの研究者の非礼をえんえんと私に訴えられた。うちにあるものは播隆さんのものではないので、あなたにお見せしてもしかたないとおっしゃる。非礼うんぬんの話もあり、飛び込みの訪問でもあったのでそれ以上ねばることは諦める。よって熊田家の名号軸の確認はできず、これは駐車違反の余韻であったか、くれぐれも研究者諸氏は取材先ではご注意を。

緑町の本覚寺は曹洞宗のお寺であった。境内の参道に播隆名号碑が一基、一部欠損はしているが碑面に影響はない。南無阿弥陀仏を中心に観世音菩薩…地蔵大菩薩…播隆・花押と刻まれた一三〇センチほどのもので年号はなかった。寺に声をかけると若い方が出てきて、名号碑の由来や播隆さんのことは何もわかりませんとのこと。名号碑をカメラにおさめて寺をあとにした。

金華山のふもと岐阜公園の一角に岐阜県立図書館がある。「信州槍嶽畧縁起」は松本の商人であった大坂屋佐助が槍ヶ岳の岩壁にかける鉄鎖の資金を集めるために印刷配布したものだといわれている。佐助は中田又重とともに熱心な播隆の信者であり、播隆といっしょに槍ヶ岳にも登り、いつも念仏をとなえていたので佐助念仏と呼ばれていたという。同縁起はひろく美濃、尾張、三河、信州に配布されたものだというが、現在確認されているものは三部のみ、その一部が県立図書館にある。

係の方に申しでると親切な対応で閲覧させてもらえた。この原本はもと祐泉寺にあったものが祐泉寺の無庵師から山岳史研究家・熊原政男氏にわたり、熊原氏から図書館に寄贈されたものである。そのほかに行状記が二部あったことを付記しておく。

同じ岐阜公園の脇に岐阜県歴史資料館がある。何か史料が眠ってはいないかと訪ねてみた。郷土史関係の本棚を見てまわったがめぼしいものはなかった。言葉をかわすことができた伊藤克司氏と親しくお話をするうち、伊藤氏は幼い頃にお父さんから播隆についての話を聞かされていたといわれた。それがきっかけとなって美濃加茂市内の播隆念仏講の存在が判明し、確証はなかったが播隆の修行したという修行場の口碑を拾うことができた。そんなことから伊藤氏との出会いは思わぬ発展をみたのであった。その後も伊藤氏には古文書のことなどでお世話になっている。人との出会いはどこにころがっているかわからないものである。

以上、岐阜市における播隆の足跡を追ってみた。ここで播隆が生きた江戸時代における岐阜市域の支配状況をみてみたい。幕府直轄領、尾張藩領、加納藩領、磐城平《いわきたいら》藩領、高富藩領、そのほかに旗本領など諸領がいりくみ異動も激しかったようである。そのなかで中心となったのが尾張藩であった。私が特に注目したいのは播隆と尾張藩との関係である。

播隆ゆかりの寺院である一心寺、祐泉寺、あるいは生家の中村家に残る遺物には葵の紋がついている。葵の紋は徳川家の家紋である。葵の紋にも色々とあるが、播隆のものには丸に三つ葵の徳川葵、尾州三つ葵、あるいは徳川古参の家柄である岡崎藩主・本多家の丸に立ち葵などがある。また播隆が青年の頃に尾張藩下の寺院で学んだ関係、あるいは播隆の行動を支えた信者たちの多くが美濃、尾張の者であったこと（もちろん笠ヶ岳再興、槍ヶ岳開山における地元の支持者は数多いが）などから推察して、私は播隆の背後に尾張藩の威光を感じる。その巡錫先に尾張藩下のところが多いことなどから、播隆は尾張藩と何らかの関係があったと推察する。

槍ヶ岳開山によって播隆の世評はいやがうえにも高まり、ホーム・グラウンドともいうべき美濃国にかえった播隆を迎える民衆の熱気、そのようななかで書かれたのが「岐阜廻行章」である。

城台山に一宇あり

揖斐川にそって堤防を走る。右手に揖斐の流れ、左手におだやかな山容をみせる池田山、濃尾平野がきれて山並がはじまる。めざす一心寺はその玄関口にあたる城台山にある。

美濃には三大河川、木曽川、長良川、そして揖斐川が流れており、それらは尾張にかけてひろがる豊かな濃尾平野を形成している。飛山濃水といわれる岐阜県の自然は、四季折々にその表情をかえて人々を楽しませてくれる。同じ川でも木曽川と長良川とではその流域の風情は異なり、揖斐川には揖斐峡をはじめとする揖斐川独自の顔がある。播隆上人といえば山岳修行に生涯をかけたイメージから槍ヶ岳などの飛騨山脈を連想するが、その揖斐川のおだやかな流れをながめていると上人の別の横顔をみるような気がする。

揖斐川町にはいにしえの歴史を偲ばせる町並が遺されている。播隆を開山とし今もその法灯が脈々と続く城台山播隆院一心寺は城台山の中腹にある。一心寺に触れる前に、その山麓にある長源寺について述べてみたい。

一心寺が創建されることの始まりは長源寺に関連している。長源寺は揖斐川町三輪字北新町にある浄土宗

播隆上人像

鎮西派のお寺で一心寺と同じ宗派である。『揖斐郡志』（大正十三年）には創建年月不詳とあるが、現住職の二十世・浅野真康さんにお聞きしたところでは開山は等誉上人（慶安二年入寂）でその創建年月は不明、二代の善誉上人のときの寛文四年に寺の名前が長源寺になったとのこと。無住の時期があり、播隆に関する遺物、資料などは何も遺っていないという。

行状記によれば、播隆が伊吹山で念仏修行中のある時、長源寺の信者である旧藩士・長沢某と同地極楽寺村の竹中助蔵が上人を慕って伊吹山に登り、長源寺においても別時念仏をと懇願したところ播隆はそれに応じて長源寺にやってきた。同地方は浄土真宗と禅宗の多いところにもかかわらず多数の人々が参集した。播隆は城台山の頂をあおぎ山上での念仏行を勧めた。そこで揖斐城跡の一角に小さな庵がつくられ、夜になると播隆は山に登って念仏を唱えた。長源寺での四十八日別時念仏が終わると播隆は山上の庵に移りそこを有縁の地として常住したのである。そこにも多くの人々が集まり、そのなかに旗本・岡田家の家老・柴山某がおり、彼は篤信の播隆信者であった。柴山氏は山上の庵に立派な本堂を建てた。これが一心寺の創まりである。

私が長源寺を訪ねたのは参道の白梅がおりからの雨にかおる二月も終わりの頃であった。声をかけたが寺人は不在で、留守番役の犬に吠えられての訪問であった。境内から城台山をあおぎ往時の播隆さんを偲んだ。後日電話で取材させてもらったが新しい情報は何も得られなかった。

車一台で道幅いっぱいの山道を登る。この日も白梅が寒さのなかで可憐な花を見せてくれ、孟宗竹の青もよし。播隆を開基とする一心寺はいわば播隆研究にとっての本拠地にあたる寺院である（播隆を開山とする寺院はほかに正道院がある）。何かしら心がときめく。寺に入るまえに煙草を一服、声をかけると住職の十三世・安田成隆尼（大正四年生まれ）が顔をだされ、快く応接間にとおされて掘り炬燵でお話をうかがうことができた。この地における当時の領主は旗本・

岡田氏である。美濃はその地理的、経済的条件から幕府の意図的な政策によってこま切れに分割支配されていたが、揖斐地方もその例にもれず細かく分割されていた。美濃の要地は幕領からしだいに尾張藩に移行し、美濃は尾張藩の動向に影響されていたといえる。

その昔、城台山にあった揖斐城は康永二年（一三四三）に土岐頼雄《よりかつ》によって築城されたが、天文十六年（一五四七）斉藤道三によって落城、その後山頂から下った南麓高台に平山城として改築され、その後さらに下った平地に平城として改築され、廃城となったあと城跡は岡田氏によって改修されて揖斐陣屋として使用された。ふつう揖斐城跡といえば山頂にある城跡のことをいう。播隆さんの頃は長源寺の近くに岡田氏の陣屋があり、城台山の山頂には城跡が遺っていた。城跡に立ってみると濃尾平野を一望することができ戦略的に優れた立地条件であった。一心寺の前身である庵はその城跡の一角にあった。現在その地には歴代住職の墓地があり、中央の墓碑には開山播隆和上とあり、その隣には二世隆盤和上とあった。小さな庵は先述したように天保元年（一八三〇）岡田家の家老・柴山氏によって方四間の二重屋根の立派な本堂が建立され、播隆を開山とし、御堂関白大納言女華等院から後水尾天皇御菩提のために本尊と御尊牌を下賜され、城台山播隆院阿弥陀堂と称した。その後、二世・隆盤によって阿弥陀堂は阿弥陀寺と改められた。また、五世・坂口隆説によって明治十二年に浄土宗知恩院の末寺として一心寺と改称され、明治二十四年の濃尾大地震によって堂宇が倒壊、明治二十八年に山頂から現在地の中腹に再建されたのが現在の建物である。

揖斐川町の城台山の中腹にある一心寺

初対面ではあったが安田尼は私の質問に気安く応じてくれた。安田さんは幼少の頃身体が弱くお寺へゆけとすすめられて小学校を卒業するとすぐに一心寺にきたという。それからずっとこの寺とともに生きてきた。頭の良い人は三部経など勉強すればよいが、頭の悪いものは無理して本など読まなくてもいい、念仏だけでいい、私は念仏に守られて生きてきた。小説家の新田次郎氏が取材で二晩泊まっていったが、その小説が気にいらず（小説の展開に色恋沙汰を使ったこと）新田氏に手紙をだすと返事がきて、あのようにしないと一般の読者が読みづらい云々と書いてあったという。尼僧にとって我が開山播隆上人が小説仕立てにあしらわれて心が痛んだのであろう。お話の間に席をたっては遺品、遺物を出してきてくださり、私はそれらをカメラにおさめては確認させてもらった。

春日村の笹又には播隆から教えてもらったという念仏の踊りがあったが今では誰も知る人はいない。寺には行状記の版木がある。播隆が背負って歩いたという円空仏（円空研究者の間では聖観音）を安田さんは浄土宗の人らしく阿弥陀様とおっしゃっていた。円空仏はその像容から研究者の間でも評価が分かれることがよくあるが、頭部のもりあがりから観音としたほうが妥当だと思われる。しかし、寺伝で阿弥陀さまと信じられているのならば阿弥陀さんでよい。粗末な木製の厨子におさまった円空さんはよいものであった。播隆が円空をかなり意識していたことは笠ヶ岳再興をはじめとする事跡でも明らかであるが、一心寺に円空仏が遺されている事実はその証であろう。

安田さんがおっしゃった笹又部落の念仏踊りの話はあの一遍の念仏踊りを連想させる。私が笹又を訪れたときそのことを知る人はなく、それ以上の発展はなかったが興味深い話であった。余談になるが、念仏聖の系譜をたどるなかで一遍が浮かびあがってくるのは当然で、播隆を求めての旅のなかで多くの人との出会いも貴重な体験であったが、栗田勇氏の『一遍上人旅の思索者』という本との出会いもありがたかった。播隆の教化活動に念仏踊りが加わるとすれば楽しくなるだろう。

安田さんにお願いして上人の直弟子と思われる人を過去帳から拾いあげてもらった。ちなみに、隆盤、隆芝、見岩、隆道、隆応、隆洞、隆松、隆随、隆載……など、このほかにも播隆について念仏の道を歩んだものは多い。安田成隆『山岳仏教と念仏行者播隆上人』（昭和四十五年）によれば、播隆について百八十余人が得度したという。そのなかには高貴な身分の方、その妾の子というように何らかの事情があって仏門の播隆があずかったという例も多いと聞いている。播隆は当時の支配層と何らかのつながりがあったと推察できるので、そのようなことも充分考えられる。安田さんのお話ではそのなかで本当の意味で出家し身を捧げた人は、まあ二〇人か三〇人だろうとのことであった。

関ケ原方面の足跡についても情報をあれこれと教示していただいた。関ケ原の玉地区については二、三の方からもお聞きしていたが、後日調査したところではかなりの足跡が確認できた。伊吹山での修行時代における播隆屋敷（伊吹山の山頂付近にあった播隆の念仏道場）との関連から、玉地区の足跡は重要なものである。そのほかにも羽島市の不破家、滋賀県山東町、愛知県半田市、愛知県一宮市などの情報も教えていただいた。

播隆はいつも一本歯の高下駄をはいていたので揖斐川町では高下駄を播隆さんという、また鼠色の粗末な衣を着ていたところから、はげたような服を着ていると播隆さんのようだともいう。安田さんら一心寺の者が町へいくと子どもたちからも播隆さんと呼ばれるとのこと。

行状記の「播隆院建立の事」の章に、ある時播隆のもとに一老僧がやってきて播隆にいわく、このまま一行者で終わっては後に遺される者が迷うので、律門に入って一心寺を浄土律の法城にしたほうがよいといってたち去った。このエピソードが史実かどうかは不明だが、播隆は千葉県市川市の徳願寺へ出かけてゆき和上位をあたえられ律門となった。播隆は徳本とは異なり、浄土宗門の正規の行をふんでおり、同じ一念仏行者といっても徳本とは生き方が違う。自分の家をもつか、あるいは一介の聖として信仰をまっとうするか、そのことは大きくいえば、宗祖とその後の教団の発展との問題でもある。あの遊行聖の円空さえ晩年には自寺をもった。妻子、己の情、あらゆるものを捨てさり漂泊し続けた捨て聖の一遍における時宗教団の形成など、信仰信念をつらぬくことと世俗との関係、それは善し悪しではなく流れであろう。時の流れ、大きな歴史の流れ、人事をこえた自然の流れであろう。小人の私が口をはさむことではない。浄土宗における捨世派と興律派、専門家ではないので播隆がどちらの系統に属するのか判断できないのだが、私があたった文献には播隆は出てこない。どうやらまだ播隆は教団のなかでの位置づけがされていないようだ。私が見聞きしたかぎりでは浄土宗関係者で播隆を追っている人はなく、一部の郷土史家と山岳関係者が播隆の足跡を訪ねているだけである。播隆の動きをみるかぎり捨世派というよりも興律派の念仏行者と呼べるのではないだろうか。

浄土律を守りとおすのは大変厳しいことだという。律の坊さんは着物を左前に着る、もちろん妻帯は許されない、律は寺そのものにあたえられる、今では浄土律のお寺はほとんどないとのこと。江戸期に盛んになった捨世派、興律派は信仰における革新運動である。それは宗教界の世俗化への反発であった。

掘り炬燵での安田さんとのお話は熱がはいり、昼食もとらずに気がつけばはや四時をまわっていた。ご高齢の安田さんには大変ご迷惑をおかけしたが、気安く情熱をもって語られたその姿に感銘をうけた。飛び込みの、初対面の若造を相手にされた安田尼に播隆さんの法灯の証を見た気がした。

それでは一心寺に残る遺物、遺品などについて述べてみたい。鉈が一丁。刃部二四センチ、柄部一四センチのもので、槍ヶ岳開山のときに使用したものという。各務原市の大伊木にある播隆念仏講に貸し出してあった時、火事にあって柄の木の部分は焼けてしまったという。鉄鉢（托鉢椀）が一個。径二三センチ、深一五センチ、この鉢いっぱいの蕎麦粉で一週間分、一日分は一合であったという（これと同種のものが正道院にもある）。愛用の日課の数珠は二連のもの、二連になっていると念仏の数をかぞえるときに便利である。浄土宗の数珠は二連になっているとのこと。それに如意が一個、錫杖が二本あった。また、百万遍念仏のときに使う大数珠が一連あった。本堂には木像の播隆上人座像（四五センチ）、正道院のものとはお顔がちがう。厨子のまえには位牌・当山開基暁道播隆大律師、死と一文字書かれたもの、そして名号軸が一本。

播隆着用の法衣

私が二度目におうかがいしたとき、上人が着用していたという法衣を見せていただいた。生家・中村家にあった二着のうち一着をいただいたものという。それは夏用のものか、麻の上下で鼠色、洗濯をしたのでにおいはありませんと安田さん。染みやほころびがあり生々しいものを感じた。播隆の抜け殻のように思えた。岩場での厳しい修行、吹きっさらしの念仏行、播隆の身の震えが伝わってくるようだ。ふいに安田尼が着てみますかといわれた。私は恐れおおいものを感じ、一瞬ためらったのち辞退した。そのとき、存命の播隆上人と対面したような感動、臨場感を味わった。法衣を目にしたとき、私は初めて播隆さんに会った気がした。

私はまだまだお聞きすることがいっぱいあるのではないかと思いながらも夕刻となった一心寺を出た。

一心寺は浄土宗鎮西派、その系譜に捨世派の祖といわれる称念がおり、法然の専修念仏の思想である……ただ一心に念仏すれば往生疑いなし……という一心から寺の名前が一心寺なのであろうか。一心院という名の寺は捨世派の寺院にいくつもあるということだが、一心とはもっとも単純明快で、もっとも難しいことなのだろう。

一心寺で確認した版木のなかに「永代善光寺念仏千人講」「いろは歌」などの貴重な史料があった。それらのなかには播隆の弟子をかたって金や米を集める者がいたために出したお触れの札がある。当時における播隆の名声の高さがうかがわれる。また、播隆の言行録ともいうべき「念仏法語取雑録」もある。

一心寺の本堂には二六〇センチほどの圧倒されるような名号軸がかけてある。それは播隆の師である見仏上人の南無阿弥陀仏である。それには「鎮西国師末葉沙門見仏謹書授与弟子播隆行者」と記されている。宗門における正規の師はほかにいたようだが、播隆の面目躍如たる山岳仏教、念仏修行の師は見仏上人のようである。

見仏上人の名号軸

行状記には雪のある冬に近隣七ケ村の墓地、葬所をまわって念仏行を勧めたとある。また、城台山には水がなく不便していたところ播隆が卯辰の方に向かって加持し十念を唱えると、あら不思議、山腹の木の間から清水が湧き出たという。そこは現在も清水がわき小さな池のようになっている。名づけて開山加持の清水という。

城台山一帯は近年「播隆の森」という名前で整備されハイキング・コースとして親しまれている。その山頂からは揖斐の町並が眼下にひろがり濃尾平野が展望でき、揖斐城跡に立てば山城があったいにしえを偲ぶことができる。安田さんのお話では阿弥陀堂は戒壇廻りがあるほどの建物であったという。

平成二年（一九九〇）十月十日、安田尼からお声をかけていただき一心寺の信者さんたちによる伊吹山バス・ツアーに同行させていただいた。皆さん正装されて一心寺のタスキをかけ手には数珠をもってのツアーである。一行は一路伊吹山の播隆屋敷跡に向かった。世話人の川村正太郎さんのあいさつにあった……鶴の飛ぶような日本晴れ……のなかを。大垣市の山岳関係者数名が現地で合流した。伊吹山ドライブウェイから現地まで正装した皆さんは難儀して山道を歩いた。今日は記念碑の除幕式、以前私が訪れたときにはなかった石碑が建っていた。除幕のあと読経、お念仏と続いて乾杯。一七〇センチほどの石碑には「山岳仏教播隆上人修行屋敷跡池谷ケ峰」、背面には「平成二年九月建之揖斐川町三輪一心寺住職安田成隆・副住職安田真成世話人一同」と刻まれていた。バス車中は和やかなものであった。揖斐川町の辻々には十月二十一日・開山播隆上人百五十回忌大法要のチラシが貼ってあり、心楽しい播隆さんの旅の一日となった。

ひと山越えれば谷汲さんである。谷汲さんと呼ばれて今なお親しまれている華厳寺は西国巡礼第三十三番最後の札所である。参道には茶店や屋台がならび庶民的な雰囲気がただよう参り場所である。播隆が生きていた頃はお遍路さんの鈴の音が今よりも高く谷間に響いていたであろう。そこからほど近いところに美濃の正倉院といわれている横蔵寺がある。横蔵寺には二二体の国の重要文化財がある。そして、境内の一角にミイラが安置されている舎利堂がある。ミイラは天明元年（一七八一）地元で生まれた妙心である。妙心は諸国の寺院仏跡を巡礼し長野の善光寺で仏門にはいり、特に富士行者として有名である。生食を断ち少量の蕎麦粉を清水でといたものしか食べなかったといわれ、三十七歳のときに断食称名の座禅入定をなし、ミイラとなった。ときに文化十四年（一八一七）であった。ちょうど播隆と時代が重なっており、その生き方からして播隆が妙心のことを知っていたのではないかと想像する。私が横蔵寺を訪ねたときは境内に雪のある日で、冷えびえとした堂内でミイラを拝観した。ありがたいものを感じることができなかった。

城台山のふもと、三輪町の古い町並に野田ゆきさん宅がある。来意を告げると親しく応じてくれた。ゆきさんと安田尼とは親しい間柄、ゆきさんのご主人がなくなったときには一心寺さんを呼んで大数珠の念仏を勧めたという。以前は人が亡くなるとお念仏をやったが今ではやる家もほとんどなくなった。お嫁さんも加わり、名号軸をひろげて話がはずんだ。お嫁さんは図書館にパートに出ている。名号軸はお盆のときに出してかけるとのこと。雨漏りで染みができたので表装し直したという名号軸はきれいなものだった。お茶をいただきながらの取材であった。

同じ町並に原博さん宅があった。金物屋さんである。博さんが奥に声をかけるとお母さんが出てきた。原家の名号軸は小ぶりのもので、仏壇のなかにでもかけておけそうなもの。原さん宅もお盆のときにかけるといわれた。

町並をぬけて国道三〇三号線を岐阜に向かって走ると権現山があり、国道に面して八丈岩という岩屋がある。八丈岩の下にお地蔵さまと呼ばれている石造群の一角があり、播隆名号碑はその中にあった。題目碑、山の神さま、馬頭観音などもある。名号碑は一四〇センチほどで二段の台座つきであった。台座に文字が刻んであったがわずかしか判読できず。安田さんの本によれば「文政十二年三月石工仙蔵」とある。地元の人の話では毎年七月二十三日のお地蔵さんの命日にお参りがあるという。ここは昔の処刑場であり、それを播隆さんが供養したらしい。ある郷土史家の話では谷汲さんへの巡礼街道であったために行き倒れの人を供養したともいう。雨のなか地元の古老のいる家を探して話をうかがったのだが、古老いわく……若いのに感心だな、何がおもしろいのかね……と。

揖斐川町脛永の中瀬古にあった田中又五郎さん宅をさがすのには手間どった。ようやく訪ねた田中さんの家は揖斐川の洪水にそなえて石垣、竹薮がある。近年そのような家も姿を消しているようだ。応対に出られたご婦人は快く上げてくれた。真宗大谷派という、立派な仏壇が代々この地に続く家柄を物語っている。播隆の歌軸は額におさまっていた。仏の字が中央に大書してあり、歌は「此の世にもあの世にも共に南無阿弥陀仏まかせの身こそ安けれ」。ご婦人はおじいさんから播隆が高下駄で修行し、人の登らない高い山に登ったということを聞いていた。孫が一心寺のお彼岸に弁当をもって遊びにゆく、なぜこれがこの家に伝わるのかは知らない、という。お礼を述べて家をでる。車にもどり持参のソーセージを食べて一服、揖斐川はほんの間近、堤防がなければ不安だろう。

清水城は戦国の武将・稲葉一鉄が築いた平城だが、現在は本丸跡に清水小学校が建っており、わずかに遺る石垣に昔を偲ぶだけとなった。訪ねた市田靖さん宅は倉のあったことからお倉さんと呼ばれる旧家である。奥さんは在宅であったが、私にはわかりかねるということで後日電話とあいなった。電話に出られた靖さんのお話では、播隆さんの名号軸が一本あるがその由来についてはわからない。市田家は日蓮宗であり、この付近には三十軒ほどの日蓮宗がある。本来、南無阿弥陀仏とは関係ないのだが、何のご縁であろうか。私が大垣で個展をしたとき、市田さんがお見えになりお話をすることができた。清水城で波乱にとんだ一生を終えた稲葉一鉄のドラマチックな生涯を思うとき、その歴史のかげに多くの血と涙を思わずにはいられない。美濃国は近世が生まれるためのリング場となった土地である。当時の死者亡霊の追善供養は現代の私たちが想像する以上に胸に迫るものがあったに違いない。

城跡に播隆、城台山に一字あり。

尾張野追想録

近年、各市町村において石造物関係の冊子が刊行されるようになり、また忘れ去られようとしている路傍の石仏を見直そうとする歴史探訪が活発化してくるなど、そのような動きのなかで播隆の名号碑は独特な書体で人の目をひきやすいこともあり、もうこれ以上の報告、確認はないものと思いこんでいた。そんな矢先、愛知県扶桑町の郷土史家・勝村公さんとの出会いがあった。勝村氏は尾北地方を中心とした播隆上人の足跡を調べておられ、その足で発掘された新たな情報をお教えいただいた。以下、その資料をもとに追跡調査した記録である。

江南市和田町天神にある共同墓地、その一角に三輪勝康さんの家の墓があり、そのなかの一基に九〇センチほどの石碑があった。確かに播隆さんの名号が刻んである。播隆流の書体に署名と花押、二月八日……あとは判読できず。頭をすこし垂れた可愛らしい播隆名号碑である。日付が何を意味するのか、個人の墓標として建てられたものではないと思われる。墓地の近くにお住まいの三輪勝康さん宅を訪ねたが、嫁いできたお嫁さんでは何もわからず、後日出直してお母さんからお話をうかがった。由来などは不詳、播隆さんのことも初耳、宗旨は浄土宗、古い仏壇には古文書類があったがネズミが食いあらしたりし、仏壇を新調したと

播隆の師・見仏の名号軸

きに処分してしまった。一心寺に遺る「念仏法語取雑録」に三輪隆松の名があるので、何か手掛りはないものかと過去帳を見せていただいたが不詳であった(正道院の過去帳に三輪という名を見たことがある)。近辺には三輪の姓の家が多い。名号碑の確認だけに終わった。

同じ墓地内に大脇家の一角があり、そのなかに播隆名号碑がもう一基あった。碑の表面はさわるとポロボロと欠けやすく、「文政十二年五月十五日願主・秀空暁禅室以参法師」とあり、碑高八六センチのもの。写真におさめ、その足で大脇務さん宅を訪ねる。

和田町本郷の大脇務さんの家は浄土宗、名号碑にあった願主の名は先祖の戒名であろうとのこと。その方は訳あって念仏を一生懸命やられたという。家には播隆名号軸と歌軸がある。歌は「後の世もこの世もともに南無阿弥陀仏まかせの身こそ安けれ」、ほかにもある同種の歌軸で仏の字が大書してあるもの。そしてもう一本、見仏と署名のある名号軸がある。見仏は一心寺の見仏名号軸によると播隆の師にあたる上人である。播隆とは違う独自の書体だが、一心寺の書体と大脇家のものとはすこし違うようで、岐阜県御嵩町に遺る名号碑に見仏のものがあるが、そちらの書体に似ているようだ。一心寺のものにはないが、御嵩町と大脇家のものにある署名と花押は同一のもののようである。大脇家に遺る見仏名号軸が直筆であるのか否かは判断できない。

大脇家に播隆と見仏のものが遺っていることに興味をおぼえるが当時の様子は不詳。名号碑にあった願主の方が何らかの関係で播隆とつながりがあったのであろう。大脇家に伝わる伝承は何も聞けなかったが、見仏の名号軸は貴重なものであった。お昼どきの飛び込みの訪問であったが、ご夫婦揃って快く応対してくれた。三本の軸は表装したてであった。勝村氏が最初に訪問されたときは箱の中に眠っていたが、その後すぐに表装に出されたということであった。これで大脇家のものは散逸することなく後世に伝えられるであろう。

次にまわったところは江南市勝佐町田代の共同墓地、浄土宗の十王寺というお寺に隣接した墓地であった。十王寺は無住なのか廃寺になっているのか荒れた様子であった。めざす名号碑はすぐ目についた。道路に面して並んだ石仏の端にあった。一見して播隆さんとわかる書体、「天保三年八月□日」とあり、署名、花押、一一七センチほどのもの。名号碑にはお花が供えてあったが、その前にでんと大きなゴミ収容器が置かれ写真を撮るのに難儀した。近所を数軒まわってみたが由来も伝承も拾えず、少々くたびれてしまう。しかしお天気は上々、暑いほどの秋日和、町の辻々にはおりしも開催中の愛知国体・わかしゃち国体の旗がゆれ、選手団歓迎の文字が鮮やかだ。元気をだしてもう一ケ所まわろうと車を走らせる。

江南市松竹町西瀬古の龍泉寺、以前は尼寺であったが現在無住となっている。浄土宗のお寺で少々寂れた境内に立派な播隆さんが建っていた。「文政十三年三月□日」とあり、名号が深彫りされた一五二センチほどのもの。脇には善光寺如来をまつる小堂があった。二軒ほど訪ねてみたが播隆さんのことは何も拾えず、お寺が無住になってからは地区で管理、毎月十五日にお寺で講が勤められるという。拾った話では、近くにあったイチョウの木で円空が造仏したが何かの折に散逸して今はない、寺は焼けたことがあるので古いものは何も遺っていないだろうとのこと。播隆さんの話は聞けなかったが円空さんの話は楽しい話であった。

愛知県扶桑町柏森寺裏の柏森霊園、「天保九年七月村中」と台座に刻まれた八八センチの名号碑が入り口を入った脇にあった。園内にはかすかにお線香が漂い参拝者が二、三名、播隆名号碑には花がお供えしてあった。地元の人を探して名号碑について尋ねてみたが皆目わからず、もう一ケ所あるという墓地へまわってみたが空振りであった。

天保九年といえば播隆の晩年にあたり、天保十一年に播隆は美濃加茂市の中山道太田宿脇本陣・林家で死去。九年には生家・中村家の川内道場に道場縁起、道場額を送っている（天保二年にそれまで長い間廃止されていた道場が播隆の努力によって再興されており、一所不住で山岳修行にはげむ播隆ではあったが生家のことはいつも心にあったのであろう）。また、その頃は天保の飢饉の頃でもあった。

九年前後は、念願であった槍ヶ岳の穂先に鉄鎖をかけることが折からの飢饉によって頓挫していた時期でもある。天保の頃には江戸幕府の体制がすこしずつ揺らぎ始め、八年には幕府の元役人が起こした、あの大塩平八郎の乱があり、宗教界にあっては天理教の立教が九年、播隆の念仏行は深山幽谷の世界ではなくこうした当時の世情を背景としたものであった。ちなみに播隆名号碑は現在確認しているのは八三基あるが、多くは天保年間のものである。

扶桑町柏森字乙西屋敷の江口桂さん宅へ。勝村氏の調査では名号軸があるはずである。ちょうどネギの出荷の最中であったが、来意を告げると快く応対してくれた。江口家は浄土宗で、念仏講が途絶えたときから代表して名号軸をあずかっているとのこと。播隆さんについては何も伝わってはいなかった。

その足で愛知県大口町余野二丁目の徳林寺へと走る。臨済宗妙心寺派の立派なお寺であった。名号碑は寺に隣接した墓地の入口に建っていた。碑高一〇二センチのもので、「嘉永七年七月吉日当村中願主・隆観花押石主・吉田正作」とあった。住職さんに尋ねたが不詳。このあたりには吉田の姓が多いとのこと。石主とは石の提供者か、あるいは名号碑建立の費用の提供者か……。願主の隆観は播隆の兄と同じ名前である。隆観の名は各務原市須衛町の神明神社、江南市高屋町の永正寺、江南市赤童子町の長幡寺の名号碑などにも願主・隆観とある。後述するが、一宮市浅井町の龍泉寺の名号碑にも願主・隆観の名がみえる。

この隆観が実兄なのか、それとも隆観と名乗っていた人物なのか。生家の当主・中村俊隆さんのお手紙によれば二つ違いで六十二歳で没したとのことだが、私が生家を訪ねたときの取材メモには八十歳ぐらいまで生きたとおっしゃっており、過去帳のような資料となるものは現存していないようなので六十二歳あるいは八十歳ぐらいのどちらともいえない。名号碑に遺る年号で古いものは天保十年九月、新しいものは嘉永七年（安政元年）七月、播隆の没年は天保十一年十月（五十五歳）であるので、仮に兄が六十二歳で没したとするならば名号碑の年号と矛盾することになる。中村さんのお話では、兄の隆観が播隆のいた各務原へ出向いたことがあったという。願主が播隆の兄であるのならば興味深いが、ほかに隆観という名の人物が存在していたのかもしれない（大口町内にある寺の留守居僧と思われる）。

五基のうち三基の名号碑に隆観の花押が刻まれているが、播隆さんの花押に似た形をしていることを付記しておく。

また、『一宮市史下巻』（平成二年）の付録・第一史料・金石文に播隆と徳住の名号碑が記載されているがともに願主・隆寛となっており、しかも年号は同じで天保九年十月となっている。観と寛の違いはあるが読みは同じカン、当時の漢字の使い方の慣例からいって同一人物である可能性大である。隆寛なる人物のなかで播隆と徳住、ひいては徳本（徳住は徳本の直弟子）がつながっているのが興味深い。記載されている所在地は昔の地名であった。現地一帯は戦災で焼け野原となっており、後日名号碑を求めて半日歩きまわったが確認できず。どうやら戦災で消失したと思われる。なお、播隆の名号碑の拓本が一宮市立豊島図書館に遺されており、隆寛の署名はあったが花押はなかった。


数年前に一心寺へおじゃましたときに安田成隆尼さんから一宮市の千葉司郎さんのお話はうかがっていたが、そのままになっていた。勝村氏の資料にその名を見つけ、愛知県一宮市八幡町の千葉さん宅にさっそくおじゃました。道中わかしゃち国体の歓迎ムードが市内に漂っていた。ちょうどご夫婦で在宅、飛び込みであったが快く座敷にとおされた。播隆さんの時代は一心寺の揖斐川町に住み、その頃は牛屋という姓で大垣藩の藩士であったようだ。千葉姓になってからは三代目、揖斐川町から岐阜市へ、岐阜にいたときに戦災で古いものは焼失してしまい、一宮へ引っ越したおりにあらかた整理してしまった。一心寺創建のときの功労者であったと寺の人から聞いている。今でも寺の行事などには声をかけてもらっているが年に一度お参りにいく程度のお付き合い、牛屋の先祖は寺におまつりしてあるとのこと。奥さんは一心寺のことを播隆さんとおっしゃっていた。千葉さん宅は浄土真宗本願寺派（西本願寺）である。古文書類がすこし遺っておりその中に歌軸があった。それが槍ヶ岳開山のときに詠んだ、という登頂歌の歌軸であった。

日の本に唯一かな岩かべの　槍のほ山ハ人そ恐るる
山彦の恐るるむねか槍のほハ　今に登らん我れ初かな
末の世の守りとせんや槍のほに　持仏を残す観音の像
極楽の花の台か槍ケ嶽　登りて見れハ見ん里もなし

文政十一戊子天七月廿日

播隆・花押

（解読・佐光篤）

歌は四首であった。「念仏法語取雑録」に登頂歌は五首ある。年月日は播隆が二回目の槍ヶ岳登山で開山を成した文政十一年七月二十日となっている。歌が一首たりないうえに、歌そのものも改作されている（もっとも「念仏法語取雑録」そのものが上人直筆のものではなくほかの人による記録なので、どちらが改作とも判断できないが）。書にかんしては素人なのでなんともいえないが、どことなく播隆さんの筆跡ではないような気がする。署名の播隆という字が流麗すぎるようで、今まで見てきた中でもっと楷書に近いもののようだ。花押は播隆が使っていたものと同じ形である。真贋云々については言及しない。わざわざ贋作をつくって千葉さん宅にしまっておく必要がない。播隆直筆であるか否かの問題である。後世の人の手による作ではないだろうか。その原本となった史料があったと思われる。

歌軸といっしょに数点の古文書があり、天保九年、弘化の年号があったが播隆とは関係のないものとのこと。当主の司郎さんは次男、お兄さんは隆介、お父さんは隆吉という名前だそうだ。播隆さんの隆の字が生きていた。お茶をごちそうになりながらお話を聞かせてもらう。

一宮市大江一丁目の常念寺は市街地にある浄土宗のお寺であった。境内にあった名号碑は正面の碑面が削りとられたようになっていた。かろうじて名号の一部が読みとれ、確かに播隆のもの、署名と花押は残っていた。「天保十三年二月」とあり、一三〇センチほどの高さ。住職のお話では戦災にあって剥がれたという。碑に関する由来は不詳とのこと。ちょうど南無阿弥陀仏の部分が剥がれており、私は胸をつかれる思いがした。播隆の名号碑を見てまわっているなかで（それは現地調査の確認のためであってけっして美的なものを感じるためのものではないが）、初めてああ美しいなと感じたのは岐阜県七宗町神渕の阿弥陀堂で見た名号碑であった。自然の緑の中にすっぽりと碑がとけこみ播隆の特異な書体が奇異に感じられず自然に見えたことがあった。そんなことがあってから播隆の名号が調査の対象から身近なものへと変わっていった。つい先日、一宮市立豊島図書館の書庫で巻物からするすると現れた拓本の南無阿弥陀仏にも胸が一瞬高鳴った。

一宮市浅井町小日比野本郷の龍泉寺、浄土宗の尼寺であったが近年無住となった。寺の前にお堂があり、その石仏群の中央に名号碑があった。屋根の下にあるせいか碑はきれい。八〇センチほどのもので先述したように願主・隆観とあり。「弘化二年五月講中」とある。寺の脇にゲート・ボール場があり、お年寄りがいたので話かけたが気のない返事。カメラにおさめてそうそうに退散した。

播隆の逸話として、……尾州丹羽村の西村金八という人の井戸水は、鉄分を含んで赤味をおびていたので気の毒に思い、播隆が石に名号を書いて井戸に投げ入れると、たちまち澄んだ清水になり、今日でも使用されているという……。

勝村氏の調査によって愛知県大口町下小口の西村康己さん宅の庭にある井戸

播隆の逸話がある井戸（西村家）

がそれだと教えていただいた。私が訪問したのはちょうどお昼どきで西村さんが帰宅中であった。お忙しいところで恐縮したが、熱心にお話をきかせてくれた。勝村さんが調査に来られるまで播隆のことも井戸のことも知らなかったという。現在新しい家が建っているところに当時庄屋を勤めていた西村金七の家があり、その子が播隆の直弟子・隆盤（一心寺の第二世であり当時留守がちな播隆にかわって寺をあずかり、播隆の念仏行をささえていた影の人物）である。逸話の井戸は現在も遺されており、使用されてはいないが水をたたえていた。玉石が積みあげられた、さほど深い井戸ではない。名号軸などの史料は何も遺されてはいないという。なお、西村家は浄土真宗である。

すでに廃寺となっているが、播隆が長く駐留したという放光寺は西村家のすぐ近く、庫裡本堂は二間に四間半のふつうの家屋であった。現在は空地になっており往時を語るものは何もない。金七を亡くした妻の暁智法尼らが放光庵を創立したようで、明治三十四年に寺籍を得て庵から寺になった。その後、昭和の初めごろに現在地の瀬戸市へ移転した。

近くに五条川が流れており西村家はその昔水車業を営んでいたというが、隆盤と放光寺、当時の西村家の念仏はかなりのものだった。

愛知県瀬戸市湯之根町にある放光寺はやきものの町らしい風情のある市街地にあった。このところ連日の秋日和、空よし雲よしの日が続く。本堂は可愛らしく、隣の保育園は寺の経営、現住職のお母さんからお話を聞かせてもらう。大口町から昭和の初めに移転、正確な年月はわからないとおっしゃる。浄土宗だが、勝村氏から聞くまで播隆さんも井戸の話も知らなかった。『大口村誌』（昭和十年）によれば創立不詳、開山・西村教準、檀家なしと記載されており、昭和十年にはまだ瀬戸へは移転していなかった。西村家そのものが浄土真宗であり、しかも檀家なしでは一宇の維持は困難であったと思われる。本堂の内陣右脇には播隆、隆盤、隆説、隆信、隆勤の位牌が安置されており、境内には大口から持ってきたという石仏があった。その台には隆盤の父母（西村金七夫婦）、隆盤、隆輩、教順尼といった名が刻まれ、「天保十五年二月施主・下小口村中」となっていた。名号軸などがあってもおかしくない寺なのだが、お話では何もないとのこと。安政年間の通行手形を一枚出してくれたが播隆とは関係のない史料のようだ。

位牌の隆説は一心寺の第五世、隆勤は岐阜県南濃町（現・海津市南濃町庭田）の円満寺第八世である。隆信については位牌の裏書きに「嘉永五年十二月八日寂祠堂金一円施主・円満寺前住職隆勤和上」とあるので隆勤につながりのある人であろう。正道院の過去帳には播隆、隆盤の次に出てくる人物である。隆輩、教順尼については不詳。

ついでながら、正道院の過去帳の記載によれば隆盤の母・暁智は放光庵開山となっている。開基は暁智、庵から寺になったときの初代が教準ではないかと思う。播隆さんの法灯がふたたび燃えあがれば幸いである。保育園では子どもたちがすやすやと眠り、秋晴れの空の下、陶土で少々ほこりっぽい瀬戸の町をあとにした。

山の中腹にある円満寺霊苑の看板が目に飛びこんできた。岐阜県南濃町庭田の円満寺は浄土宗の立派なお寺であった。昔は律院で修行僧も多かったという。あいにくと住職は不在、奥さんが本堂へ案内してくれる。良き仏像が数体迎えてくれた。奥さんは播隆のことはご存知なく、内陣裏に安置してある位牌を拝見する。

円満寺第八世の隆勤は正道院の過去帳に歴代住職とともにその名が記載してあり、また円満寺の文字も目につき、何かが拾えるのではないかと期待して訪問した。位牌の裏書きによれば隆勤は、加賀国丸山村出身で姓は三輪となっている。歴代住職の墓地に隆勤の墓もあり、第十世・泰然の墓標は徳本の名号碑であった。それ以上は何も拾えなかった。

長良川、木曽川をひとまたぎにした東海大橋をわたって愛知県八開村（現・愛西市）に入ると、いたるところにレンコン畑というのか田というのか、レンコンの産地であった。水害のためか石垣を積んだ屋敷が目についた。八開村西赤目の念仏講は播隆念仏講で、播隆の名号軸をかけて念仏が勤められている。今月の当番の家である田中正夫さん宅を訪ねる。ちょうどご夫婦で在宅、快く名号軸を見せてくれた。約二〇軒ほどの田中イットウ（一統）で毎月第三土曜日の午前中に勤められており、読経、念仏、最後に一枚起請文を読むという。田中イットウは浄土宗、葬式があるとお通夜に百万遍の念仏を行う。私よりあの人の方が詳しいと田中某氏を紹介される。播隆がこの地にきたとき、念仏講を続けるという約束で名号を書いてもらった。そのとき鉋屑《かんなくず》で書いたという伝承がある。講は女が中心になっているところが多いが、ここは男が中心である。なかなか良い南無阿弥陀仏であった。

この稿を執筆するにあたって今回正道院の過去帳を精読した。以前手にしたときは眺めただけ、よく読んではいなかった。現住職は十世・竹中純瑜師、まだお若く二十七歳ときく。数年前初めて正道院を訪ねたときは八世・堀乗月尼であった。岡本家の分家、岡本友吉さんから乗月の訃報はお聞きしていたが、その後は市内の本誓寺の住職・浅野義光師が兼務で九世を勤められていた。岡本友吉さん宅へ出入りしていた薬師寺の管長・高田好胤師のお弟子さんである竹中さんが縁あって十世となられた。それを機に山号をつけて播隆山正道院となった。

過去帳には今まで見過ごしていた放光庵開山・暁智尼（隆盤の母）、円満寺の隆勤の記載があり、また犬井村観音堂の教法尼の記述もあった。これらによって正道院と西村家、放光寺、円満寺、そして愛知県西春町（現・北名古屋市）西之保の犬井の観音堂がつながってきた。竹中師のお話では岡本太右衛門宅には創立のときに尾張藩に提出した古文書が遺っているという。二度目で受理されたという。その文書によって正道院創立の年など今までわからなかったことが判明するであろう。

友吉さんは本年（平成六年）十月に八十一歳で死去、瑞龍寺での葬儀に会葬させてもらったが立派な葬儀であった。播隆さんのことから若輩の私にもお心をかけていただいた。お宅におじゃましたときに晴子夫人とともに茶室・伴竹庵でお話をうかがったことが良き思い出である。友吉さんは揖斐川町の造り酒屋の出身で地酒を年の瀬になると送っていただいていた。正道院のことをいつも心配しておられた。竹中師によると友吉さんは浄土宗の人になられたそうで、戒名は定康院友誉伴竹茶遊居士と数奇な名、正道院にお眠りになられた。友吉さんは鍋屋工業の会長として経済界でも活躍された。ご冥福を祈る。

勝村さんから各務原市発行の史料のなかに播隆関係の記載があり名号軸も一本ありましたよと聞いた。史料は「前渡坪内氏御用部屋記録二」（「各務原市資料調査報告書・第七号」昭和六十一年三月）であった。各務原市は当時、幕府、尾張藩、旗本によって細かく領地が区分されていた。前渡坪内氏は旗本新加納坪内氏の内分家の一つである。その中の天保三年の記録に……播隆上人え長根塚穴之石名号石ニ被遣一件……とあった。長根は地名である。これは名号碑を建てるときに使われた石に関する記録である。市の担当者に尋ねると原本にはこの一行の見出しのみで、それ以上の詳細を記したものはなかったとのこと。名号碑の史料としては信州側に名号碑を建立したときの酒屋の記録がある。また、行状記のなかに各務原で名号碑を建立しその開眼供養に播隆が招かれたときの記述がある。名号碑を建てることはそれほど簡単なことではなく、領主の許可をもらって建てたのであろう。

各務原市前渡東町の丹羽達雄さん（大正五年生まれ）を訪ねた。来意を告げると承知され、すたすたと歩きだされた。案内されたのは前渡東町内の丹羽繁さん宅、東町は三つに分かれており繁さん宅は長平の会計さん、名号軸はその年の会計があずかることになっている。さっそく拝見、するすると播隆さんの南無阿弥陀仏が現れた。透かしてみると裏に書かれた天保二年の文字が読めた。余白をぎりぎりまで切りとって表装してあり、軸の裏に切りとった紙片が貼りつけてあった。それには「毎月十七日永代観音講中百万遍供養奉拝女人同行中」とあり。天保二年が何をあらわすのか不明だが、年号のある名号軸は珍しい。

毎月の講は勤められてはいないが、葬式があると名号軸をかこんで念仏をあげる。そのときは百万遍の大数珠が使われるという。あとは年一回の組の総会のときに出してかける。地元に伝わる話は何も聞けなかった。名号軸は弘法堂（不動山の裏）に放置してあったのを達雄さんが表装に出させ、以後会計があずかるようにしたという。

その足で長根山の「観音岩」という岩屋へ案内してもらう。達雄さんのお話では播隆が篭ったという岩屋である。山道路から三、四メートルあがったところ、すぐ上は削られて平地になり岐阜プラスチック工業の建物が建っている。山はかなり削られて建物が建てられているため一見して山の面影はない。観音岩は人が一人入るにはちょうどよい広さであった。岩壁には墨書で漢詩のようなものが書いてあったというが、現在何も遺っていない。播隆さんが篭っていたのか、ほかの行者が篭っていたのか、はっきりしたことはわからない。

不動山の裏手にある弘法堂には四国八十八ケ所の石仏群にまじって名号碑があった。しかし、播隆さんではなかった。八五センチほどの自然石に刻まれた名号は花文字風の書体だが播隆ではない。弘化四年正月の年号、署名と花押もあったが誰だかわからない。お年であったが達雄さんは精力的に案内してくれた。そのご厚意に感謝しながら帰途についた。

各務原市内にあったという播隆の草庵について、大野寛さん（市民公園前の大野書店、大正三年生まれ）からお父さんにあたる大野光堂編『播隆上人略歴』（那加村那加駅前「播隆上人奉讃会」昭和四年）を送っていただいた。そのなかに草庵の位置について具体的な記述があったのであらためて追跡してみた。

大正十五年発行の『各務原今昔史』によれば草庵の位置は……今の高等農林学校（現市民公園）の東近辺……、昭和四年の『播隆上人略歴』には……今の飛行第一連隊入口より、東へ百九十五間中山道より十五間南へ入った松林の中……、その後歳月をへて昭和三十九年に発行された『那加町史』では……今の自衛隊入口より東へ約三五〇メートル、中山道から南へ約三〇メートル入った辺の松林の中……とある。

昭和初期の飛行第一連隊の正門と今の自衛隊入口とはほぼ同じ位置にある。そこを起点に東へ……と記述にそって追っていくと変なのである。中山道がもっと南にないとおかしいことになり、自衛隊を訪ねたが確認できる史料はなかった。再度、大野寛さんを訪ねてお話をうかがった。以前うかがったときはユニー（現・ピアゴ）各務原店の駐車場あたり云々と聞いたつもりであったが、もっと東よりだったと思うとのこと。そして判明したことは、飛行第一連隊入口の入口とは正門を指すのではなく、中山道を折れて飛行第一連隊に向かう曲がり口を指す言葉で、現在の市役所とユニーの交差点のことだという。今でも私たちは交差点のことを自衛隊の入口という言い方をしますよとおっしゃった。こんなときのことを氷解というのだろう。二度ほど自衛隊を訪ねては渉外室の吉田一等空曹のお世話になって入口を探したのであったが、事実はこんなことであった。中山道と現在の旧二一号線とは重なっており、市役所とユニーの交差点を起点にして東へ……と記述どおりに追っていけば何の矛盾もないのである。自衛隊の基地は昔はもっと広く、二一号線のバイパスは基地の用地をけずって作られた。

『播隆上人略歴』の記述をそのまま辿ってゆけば交差点から東へ三五四・九メートル、南へ二七・三メートルということになる。さっそく近くの交番で現在地を確認すると、那加住吉町三丁目十五番地の左高秀夫さん宅かその東の隣接地あたり、住吉公園の北側にあたる場所であった。大野さんのお話では、そのあたりは開墾されて当時の痕跡は何も遺ってはいなかったという。市街地の一角である現在地にたってみても草深い松林の草庵を感じさせるものは何にもなく、草庵から流れる念仏は想像するしかない。

この二、三年の間に訃報が相次いだ。各務原市内を案内してくれた伊藤徳男さん、正道院の堀乗月さん、各務原市の平光円治さん、そして先述した岡本友吉さん。皆さんそれぞれが個性的であられ、人生の先輩としての味わいを感じさせてくれた素敵な人たちであった。播隆さんのご縁で出会えたことに感謝したい。

笹又の風

雪道を心配しながら家を出た。岐阜県春日村（現・揖斐川町）は揖斐川流域、揖斐川は岐阜県の三大河川の一つでありながら私には馴染みのうすい地域であったのだが、播隆上人探訪の旅をとおして次第に身近な土地となってきた。

揖斐川をさかのぼり、支流の粕川に沿って車を走らせる。朝は冷え込んだが路面に雪はなく凍結もなし。冬晴れの青空のもと山へと続く一本道を進む。道路は拡張工事のために交通規制があり、八時三〇分までに村内に入らないと昼まで待ちぼうけとなる。山里の集落を訪れるとき、一本の道がいかに生活と密着しているかが実感できる。道はドライブウェイではなく、生活道路であり生命線である。伊吹山系の山々、山肌にへばりつくようにお茶畑、川合から粕川は二手にわかれ、関ケ原方面の長谷川をさかのぼる。ハンドルに気をつかいながらも車窓の景色に魅了される。谷川の水は青く、厳しいなかにも早春のきざしが感じられた。

見えかくれする伊吹山を仰いでいるうちに古屋を通りすぎて

笹又の集落跡

関ケ原町に入りこんでしまった。初めての山道は不安である。方向転換するときに石に乗りあげてしまったが、なんとか脱出できてホッとする。たどりついた集落が古屋であった。峠道にそって建ちならぶ家々は立派なものである。人影はうすく、人のいそうな家を訪ねて案内を乞うた。

私の播隆探訪のやり方は現地主義、播隆さんがその昔立ったであろう現場に自分も立ってみる、文献や史料をあさるだけでは納得できない、また史料においても可能なかぎり原本を見るという流儀でやっている。そんなやり方は労力と時間ばかりかかるが私には一番手応えのある確かなやり方である。

伊吹山の八合目あたりにある播隆屋敷跡へは伊吹山ドライブウェイを利用すればよいのだが、山道をたどって訪ねたいと思い、春日村の笹又から登ろうとやってきた。しかし、地元の人の話では私には無理だという。道もはっきりしないし、案内がなければ迷うだけ、腰に鉈でもさげていかにゃ、山道の説明のしようがないという。播隆屋敷跡へは伊吹山ドライブウェイを利用するしかないようだ。すでに笹又の部落は廃村となっており、この古屋も人影は少なく、若い人たちは下へいってしまった。昔は笹又で播隆の地蔵祭りを盛大に行ったり、古屋でも播隆念仏講をやっていたという。小寺宗策さん宅には播隆名号軸があるということだが、あいにくと小寺さんは入院中、名号軸を実見することはできず。五年後に再訪したときにはすでに亡くなっておられ、家の方におうかがいしたが名号軸の存在については不詳で確認できず。一心寺発行の『山岳仏教念仏行者播隆上人』に掲載されている写真によれば、古屋区有のものと小寺家蔵のものとは別のもの、古屋には二本あったのか。区有のものは区長さん宅にあるということであったが、不在で空振り。実見できなかったが区有のものはまちがいなくあるようだ。小寺家蔵のものについては不詳。古屋に播隆さんを語る古老はすでになく、古屋の念仏講で詠われていたという「かぞえ和讃」が先述した一心寺の冊子に記載されている。

古屋の近くに「さざれ石公園」があった。案内によればさざれ石とは岐阜県の天然記念物に指定されている巨岩で、国歌に詠まれているさざれ石ということだ。岩には注連縄が張ってあり祠がおまつりしてあった。石碑に国歌君が代発祥の地と刻んであった。

山あいに作られた公園の駐車場に車をおき、細い急な山道を五分ほど登ると笹又の部落であった。集落のあるあたりだけは緩やかな斜面となっており、お茶畑や野菜畑が拓かれている。家屋が点在しているが生活の影は感じられない。それでも畑などには人の手がはいっており、今も畑を守る人たちがいるようだ。伊吹山につらなる山々のふところ、冬晴れの澄んだ空に展開する笹又の部落を目にした私はやすらかな息をした。人の住まなくなった廃村の光景ではあったが、それは美しかった。風は冷たく陽はきらめいていた。

地元に遺された話がある。播隆が伊吹山で修行中、長雨が続き人々は難儀し、誰とはなしに播隆が山に入ったからだとの噂がたち、笹又や古屋の住人が山をおりて笹又の南長尾というところに移ってもらいたいと願い出た。笹又に移るときは特に大雨が降った。雨笠もつけずに上人は山をおりたが雨に濡れることがなかったという。里人の驚きは畏怖と尊敬の念にかわった。播隆は煮炊きしたものや塩気のあるものは食べず、蕎麦の粉を水でかいて食べるだけ。山中の暗闇に灯を使わず、一つ歯の下駄をはき、単衣一枚に鼠色の袈裟と衣を常用して、一心に念仏を唱え続ける播隆を人々は生き仏と敬い参詣するようになったという。これと同じような伝承が滋賀県側の伊吹町（現・米原市）にも遺されている。数人の古老らにお話をうかがったがすでに先述したような口碑はきけず、ただ播隆さんの地蔵祭りが昔は盛んであった、念仏講が行われていたという程度で、春日村でも播隆はすでに遠い過去の人となっていた。

笹又の集落の上方、ちょうど部落を見下ろす位置に播隆ゆかりの阿弥陀如来像を安置したお堂があった。お堂というよりも祠といったほうが適当か、人の背丈よりもすこし低く、ブロック造りの中に蓮華座の阿弥陀如来立像がいらっしゃった。七五センチほどの石像、台座正面に「願主播隆上人講中」、側面には「文政八年八月」とあり。この石像はもと播隆屋敷にあったもので、後年、笹又の人々が笹又には神社も寺もなくこんな淋しいことはないと、部落会議のすえに当時の笹又二九戸の協力で移転したものだという。

伊吹山中にあった播隆屋敷は草庵といわれているが、三間に八間の建物であった。笹又、古屋の人々は播隆の食べる蕎麦粉や水を運んだり、播隆屋敷を建てたりして世話をしていたというが、阿弥陀像に刻まれた文政八年の二年前、文政六年に播隆はすでに笠ヶ岳再興をなしており、また後述する「川合区有文書」にもみられるように、播隆を慕う人々は笹又、古屋のみならず滋賀県側の江州、越前、美濃、尾張の広きにわたり、上人の徳を慕って集まる参詣者によって播隆屋敷はあたかも市場のようであったという。こうしたことから、播隆の世話取りをしていたのはただ笹又、古屋の人々だけではなかったと思われる。

石像は阿弥陀様であるが、笹又では昭和の初めまで播隆を偲んで地蔵祭りが勤められていた。祠の脇に伊吹山への登山口があった。見あげる伊吹の山々に冬晴れの空が青い、天気は良いがやはり風は刺すように冷たい。誰もいないと思っていたがお婆さんが畑仕事にきていた。お話によれば「笹又は古屋よりも盛んだった。家ももっと沢山あった。八月に提灯をさげて地蔵祭りをやっていたが、人が住まんようになってやらんようになった。播隆さんのことはあまり知らん。米は作っていない。炭焼き、蚕をやっていた。炭をかついでいって米を買ってきた。播隆屋敷跡へはここから半日かかる。腰に刀でもさげていかないとだめだ。今いくのは無理だ、やめといたほうがええ。人が減ってきたのは日本の景気が良くなる頃から、もう誰も住まん。昔はよく熊がいた。今は通いで畑をやっているだけだ」。下から二人のお婆さんがやってきて黙々と野良仕事を始めた。

伊吹山の播隆屋敷にあった阿弥陀様の石像

私は車にもどってリンゴ、ソーセージ、缶ジュースで昼食、ここから播隆屋敷へいくのはやめにしよう、後日ドライブウェイで出かけようと決めた。真冬の笹又はさぞ厳しい生活であったことだろう、それでもそこに人々は生活を営んでいた。つらいこと、楽しいこと、廃村の笹又に降りそそぐ陽は透きとおっていた。

古屋から長谷川をくだって春日村川合へ、谷間に人家が密集している。光明寺を訪ねたがあいにくと不在、近くの家をまわって古老にお話をうかがう。寺はもと天台宗であったのがのちに浄土宗に改宗、播隆さんについては雪が降ると寺にやってきた。それ以外は山で修行、播隆さんの名号軸が寺にあるはずだが上人ゆかりの行事は何もない。古老は熱心に播隆さんのことを語ってくれたが新しい情報は得られなかった。

川合の小寺弘永さん宅を訪ねる。当時念仏講で使われていた鉦鼓があるはず。腰のまがったお婆さんがおられた。鉦鼓はあるが息子がどこかにしまいこんで、わしにはわからないとのこと、確認できず。関市の隣の坂祝町からやって来たというと、わしは貧乏育ちで小さい頃から奉公にだされたので各地のことをよく知っている。関の歌を歌ってあげよう……関の五本松一本切りゃ四本切るに切れない夫婦松……、私は思わず笑ってしまった。お礼を述べて家を出た。

後日、光明寺さんに電話。住職の岡山隆法さん（二十七世）によれば名号軸はないとのことであった。行状記の史料提供者であり岐阜市加納新本町の西方寺の住職でもあった岡山隆応さんは光明寺の二十三世で、光明寺で没したという。

一心寺発行の冊子によれば笹又、古屋は川合村地内であったようで、川合村の住人であった直右衛門は冬になると播隆を自宅へつれてきて泊まらせ、光明寺で別時念仏を勧めたり寒修行を勧めたりしたという。また直右衛門の知人である川合の藤原善兵衛の息子が播隆の弟子となって隆悟を名乗ったという。揖斐川町清水の川村義久さん宅に遺る二本の歌軸は播隆のものだが、その箱書きには「文政九年正月川合村直右衛門」とある。

春日村川合に播隆の足跡は濃いが、昭和五十八年発行の『春日村史』に興味深い古文書の記載が二件ある。原本を確かめたいと思って春日村教育委員会に問い合わせてみたが不詳、村史編纂委員の方を紹介していただいたが結局は不詳、村史を編むときに調査したものらしいが現在の所在はわからなかった。川合区の区長さん宅に電話を入れたが要領を得ず、村内のどこかにあるのだろうがそれ以上の追跡はやめた。以下、『春日村史』の記述によった。

それは文政八年六月に春日村の者たちなどからお役所に提出された文書である（見出しには「恐れながら口書をもって願い上げ奉り候」とあるので、村人が口頭で述べたものを役人が書きとめて作成した文書と思われる。川合村名主と西山筋十三ケ村名主惣代の署名があり提出先は大垣藩）。

当時播隆は伊吹山の字名「みたらし」という所で無言の行中で、上人の取り持ちをしている江州坂田郡志賀谷村の正覚寺の話では播隆は近日中に上野村へ引っ越そうと考えていたが、上野村がその取り計らいをしなかったために坂田郡大原庄の村々の者たちは憤り、上野村は諦めて五月二十七日に大垣藩領の山の裏手にあたる大原庄の山へ引っ越した（滋賀県側の伊吹町内と岐阜県側の揖斐川町内に上野村がある）。しかしその山は険山難所で参詣者が難儀迷惑するため、すこし西寄りの大垣藩領の字名「池ケ平」でしばらく修行させてもらいたいと大原庄の村々より書状ならびに一礼をもって頼みにきた。大原庄の人々は去年より上人の取り持ちをしており、山は昔から大原庄の村々が入山料を納めて入山している由緒ある山でもある。また不破郡宮代村からもどのようなことがあっても山元には難渋をかけないと一礼をもって頼みにきた。先述したように由緒ある山の関係でもあり、当方としても黙って見すごすこともできず、何とぞ御慈悲の御勘考をもって、きたる七月中上人池ケ平にて修行できますようお願い申上げます。恐れながら右の通りにお計らいくだされば有難き仕合わせに存じ奉り候、以上。

字名「みたらし」がどこなのかは不詳、「池ケ平」が播隆屋敷をさすのか否かも不詳。当時の播隆をとりまく具体的な様子がうかがえておもしろい。

もう一件の文書は文政九年四月のもので、江州側の講中から春日村にあてた「一札の事」というもの。

また今年も池ケ平にて上人夏中修行したいので役所（大垣藩）のほうにお願いしてもらいたい。山中にて修行中は我々が世話取りし、けっして迷惑はかけません。今後ともこの一札をもってお許し願いたい。池ケ平への出入り、あるいは場所替えの折にはかならずお知らせいたします。

江州講中惣代大清水村、相撲庭村、野一色村、市場村、志賀谷村、中むら（旧伊吹町、浅井町、山東町の内）の署名があり、提出先は春日村となっている。なお、文書の読み下しにあたっては美濃加茂市の郷土史家・佐光篤さんのお世話になった。

当時播隆の取り持ちをしていたのは江州大原庄（旧滋賀県山東町西部から伊吹町春照、浅井町相撲庭にひろがる地域）の村々の人々であった。御小物成山、おろし山という言葉が文書にもあるが、播隆の修行地が美濃側の大垣藩領であったために春日村をとおして役所に願い出るということになったようだ。別項で述べるが、伊吹山で修行する播隆を支持していたのはたんに春日村の人々のみならず、山麓周辺の滋賀県、岐阜県の各町村にわたっており、行状記には……江州越前美濃尾張の四ケ国より群る人ぞ市の如く山の如し……とある。

池ケ平という所では文政八年に続き九年にも修行しており、それ以後もこの一札をもってよろしくお願いする云々とある。池ケ平が播隆屋敷をさす地名なのか否か、今の時点ではわからない。伊吹山は古来より修験の山であり山中いたる所に修行場がある。播隆が修行した場所は伊吹山の各所にあるようで、円空が修行した平等岩、岩穴と呼ばれる所、関ケ原では目醒の滝と呼ばれている滝などがある。いわば伊吹山そのものが播隆にとっての修行道場であり寺院であった。

ここで文政年間における播隆の動静を見てみたい。三十代から四十代にかけての播隆である。文政元年には播隆の僧籍は山城国（京都）の一念寺にあったようで蝎誉上人のもとで修行、行状記によれば同三年三月に大和国（奈良）阿辺ケ峰において見仏上人と再会、この頃岐阜県不破郡垂井町の南宮山奥院にて修行、伊吹山とのつながりはこの頃からであろうか。岐阜県美濃市の藤田家には文政七年八月銘の托鉢椀が遺されており、同年秋には南宮山奥院にて修行、同年十二月六日には母が死去している。文政八、九年には春日村川合区有文書、関ケ原町玉の元庄屋・奥田家蔵文書などの史料から伊吹山での動向が知れる。この間、文政六年には笠ヶ岳を再興、同年八月の播隆による再興記の署名には山城国念仏行者播隆とあるが、播隆は山城国念仏行者から伊吹山の念仏行者へ、そして槍ヶ岳開山へと向かってゆくのであった。

帰路、交通規制にひっかかり一時間半の待ちとなった。春日村の風光がそうさせたのか、焦ることもなくゆったりとした気分で待機した。廃村となって久しい、笹又に吹く風のきらめきを思い出しながら。

春日村から下った池田町田中に引っ越された川村正太郎さん宅を訪ねる。夕暮れどきではあったが、来意をつげると快く応対してくれた。川村家の菩提寺は光明寺、立派な仏壇がおまつりしてあった。正太郎さんは一心寺の信者さんとしても熱心で、平成二年九月に建てられた伊吹山の播隆屋敷跡の記念碑建立に尽力された。先述した箱書きに「文政九年正月川合村直右衛門」とある歌軸を所持している方である。お話をうかがったところ、それらは現在揖斐川町清水の川村義久さん宅にあるとのこと。何かの縁で川村正太郎家が播隆さんの遺品をあずかるようになっていたのだが、箱書きにある直右衛門の子孫にあたるという川村義久家が引き取っていったという。正太郎さん宅には現在、播隆につながる人が書いたと思われる軸と播隆上人作の念仏起請文がある。

軸には「忍可」と記され、厳しい修行に生涯をかけた上人を偲ばせる。播隆拝唱道人と読める署名がある（くずした文字のため、古文書に詳しい人たち複数に判読していただいた）。一心寺にあったものに、「堪忍」というものがあり、同じように播隆道人書之とある。また、関ケ原町で見たものにも播隆拝唱道人書之と読めるものがあった。

一心寺にある「死」と書いたものには播隆の署名がある。

播隆の作といわれている念仏起請文は木版刷りのものであった。一枚起請文とは法然のものであるが、播隆は宗祖法然が遺した一枚起請文にならい、播隆作ともいうべき念仏起請文を書いた。木版刷りということは広く流布させるためのものであり、当時播隆のもとに集まった人々に配布していたものと思われる。伊吹山での修行中のこととして、行状記の文中に……十念に日課に説法に請がままに師は一枚起請文を説示し玉へば……とある。そのとき配ったものが正太郎さん宅に遺されているものだろうか。行状記には……大師（法然）の一枚起請文を三度拝誦して……という記述もあり、自分のものと法然のものとを使いわけていたのか、そのあたりの詳細はわからない。法然のものをよりわかりやすく播隆さん流に説き示したのであろう。内容的には播隆のものの方が原本よりすこし長く、平明な文体である。阿弥陀仏の本願を信じただ一心に南無阿弥陀仏と唱えればかならず往生する、智恵学問もいらず、高俗男女善人悪人の区別もなく、疑う心なく念仏申すことだと説く。文政八年正月二十四日とある。

播隆の心には法然があり、その先には善導（中国の浄土教者）、そして阿弥陀如来がいた（播隆のまわりから一遍、空也といった名前は聞こえてこない）。法然は五千余巻といわれる大蔵経を五遍まで読んだといわれる比叡山きっての学僧智者であったが、信仰遍歴のすえに善導と出会い、ただ専修念仏によって浄土宗を開いた。それは聖道門から浄土門へ、自力から他力へ、あるいは貴族を主客とする仏教から在家庶民を正客とする仏教へ、法然の出現は日本仏教史における分水嶺であった。浄土宗において一枚起請文は経典と同格視されるほどのもので、大蔵経を味読した法然からはきだされた三百字たらずの文章であるが、今に生きる法然の遺訓である。それは法然入寂の二日前に弟子に遺されたもので、法然の教えの神髄をまとめたもの、それには法然の手印まで遺されている。その本文末尾に曰く、智者のふるまいをせずして只一向に念仏すべし、と。しかし、これほどわかりやすく難しいことはない。ひたすら念仏すべしといえども、すでに法然在世中に異義を唱える者があり、一念義と多念義、諸行本願義、念仏一類往生義（西山）、諸行念仏二類各生義（鎮西）などと法脈は枝分かれして、それらの教義上の分派とは別に白川、嵯峨、紫野、大谷門徒といった先達の信仰を中心にできた集団もあった。

播隆は宗教遍歴の末に宗派、寺院を捨て、山岳に念仏行の場を見いだすのであるが、文政元年播隆が生家に送った「諸宗皆祖念仏正義論」にはその間の様子が述べられており、その信仰信念が吐露されている。播隆は念仏申す者として直接法然とつながり、阿弥陀如来と向かいあっていた。川村正太郎家に遺されている播隆作の念仏起請文は、法然の心で播隆が書いた一枚起請文といえよう。

正太郎さんご夫婦は熱心にお話を聞かせてくれた。正太郎さんの特技は木刀を作ることだそうで、宮本武蔵が使っていたものを復元したという木刀を拝見。奥さんの趣味は御詠歌を詠うことだという。私が玄関で奥さんと話をしていたところに正太郎さんが帰ってこられたのだが、私を見て息子さんが帰ってきたのかと思われたらしい。ちなみに二人の息子さんは剣道五段と三段という。栃の実の餅と手製の数珠までお土産にいただき、いたく恐縮。本降りとなった雨のなかをホットな心で家路についた。

揖斐川町清水（小柳団地）の川村義久さん宅へ。義久さんは大工さん、ちょうど雨のために在宅であった。来意を告げると家にあげてくれ、木箱におさめられた上人の遺品を出してくれた。播隆さんの話は聞けなかったが、心ゆくまで拝見させていただいた。箱書きには「文政九年正月川合村直右衛門」とあり、歌軸が二本、名号軸が一本、天照皇大神宮の軸が一本、その他一本であった。

一心寺刊の冊子によれば、歌軸の歌は……月か日か鏡となかをながむれはいのちながしとよめるうれしさ……、解説では結婚式の掛軸とある。播隆の署名はないが播隆のものとして伝わっている。真ん中に大きく丸の字を使って図案化してある。ほかの歌軸は……後の世も此の世もともに南無阿弥陀ほとけまかせの身こそ安けれ……、法要の掛軸という。これにも署名はない。この軸だけ新しい表装であった。これも真ん中に大きく仏の字を使って図案化されている。これと同類の歌軸がほかでも数本確認されている。

名号軸は小さいものであった。署名と花押があり、軸が傷んでいた。天照皇大神宮の軸は右に八幡大菩薩、左に春日大明神とある。書体は異なるがこれと同種のものが岐阜市の岡本太右衛門家にある。署名と花押が片隅に小さくある。これも軸が傷んできている。上部が破損していた軸は字が薄く、南無阿弥陀仏と読めそうであるが判読できず。こんなときは特殊なフィルムで撮影すれば一目瞭然であろうが残念であった。ふだんは奥さんが仕事にでかけ昼間は留守とのことだが、今回は雨に拾われたかたちで川村義久さんの家のものを実見することができた。

行状記の奥付に……発行者・岐阜県美濃国大野郡小衣斐村棚橋智仙……とある。小衣斐村は現・大野町小衣斐であるが、この棚橋家を求めて車を飛ばした。大野町は一心寺のある揖斐川町に隣接する町、小衣斐に車をとめて畑仕事をしていたご老人に尋ねてみた。小衣斐に棚橋はないとのこと、念のためにもう一人、やはりないとのことであった。電話帳には大野町内に七軒の棚橋、順番に当たってみたが収穫なし。気力がうせて大野町以外は当たらず、それ以上の追跡は断念した。

大野町麻生の林賢司さんからお電話をいただいた。岐阜新聞に播隆さんのことを書く機会があり、史料収集の呼びかけに応じたものであった。林さんは東海古城研究会の会員で郷土史に詳しい方、由来は不詳だが名号軸が家に一本あるという。さっそく拝見させていただく。播隆の書体で南無阿弥陀仏、署名と花押あり。花押の下に朱の丸印が押してあった。お話をうかがったが林家と播隆の関連はわからず、名号軸の確認だけに終わった。

あれから、笹又ということばの響きに親しみを覚える。肌をさす風に光が零れていたような気がするのだ。

南宮山から伊吹山へ

国道二一号線、昔ならば中山道を生活道路として毎日通行する岐阜の者にとって、伊吹山は身近な霊峰である。澄んだ空にその白峰を見せるとき、雪化粧した伊吹の山容に私たちの心は洗われる。そんな伊吹山の近くに建つのが南宮大社である。

岐阜県垂井町宮代に鎮座する南宮大社は南宮山の山麓に位置しており、その歴史は古く、主祭神を金山彦神とする美濃国の一宮である。初見の史料は『続日本後紀』の承和三年（八三六）、現在の社殿は天下分け目の関ケ原合戦のときに炎上したのを三代将軍・徳川家光のときに再建されたものである。播隆の行状記には南宮山の記述がある。

行状記によれば播隆は南宮山奥の院に何度も参篭している。そして、その念仏修行中のお告げによって播隆は伊吹山へと向かう。行状記の記述をそのまま史実として信用することはできないが、播隆の事跡を考えるうえにおいて参考となる。年代的な確証はないが、播隆が南宮山奥の院に参詣、参篭したことは事実であろう。行状記を読むと四回、文章の解釈にもよるが七日無言の別時、一夏九十日の参篭などと念仏三昧の様子が述べられている。それらがいつのことなのか、はたして正しく年代順に記述されているのか疑問である。行状記に年号が出てくるのは一ケ所のみ、「再び師弟面

垂井町宮代に鎮座する南宮大社

会の事・併南宮山参籠の事」という章の冒頭に文政三年三月云々というもの、この年号をそのまま採用してもよいのか疑問である。ただ播隆が再三再四、南宮山において念仏修行したということは疑いのないことだと思う。

行状記は播隆に随従した直弟子・棚橋智暁師の遺稿をもとに後年同門の岡山隆応師が史料を提供し、第三者に依頼して書かれたものである。その後記において筆者はより確かな史料、情報の収集を呼びかけており、行状記が満足できる播隆の伝記でない旨を付言している。しかし、現在判明している史料のなかでは一番まとまった伝記であり、その事跡の形容、修飾の軽重を頭にいれて慎重に味読することで播隆の生涯を知ることは可能である。発行は明治二十六年、没後五三年である。

行状記のほかに南宮山参籠の史料としては、文政八年三月二日の日付で生家に送られた「濃州一宮南宮奥院山篭記」がある。生家・中村俊隆さんの家を訪ねたときに播隆関係の文書類を見せていただいた。それによれば、文政七年秋の末、あるいは初冬から山上の別当所の坊舎に滞在して厳しい念仏行を勤めている。さらにその前年の文政六年に南宮山奥の院に参詣したとある。この山篭記と行状記との間にはズレがあるが、ともに南宮山奥の院での山篭が播隆を考えるうえにおいて重要な念仏行であったことが知れる。

行状記「有縁の地をトし玉ふ事」の章に、播隆は念仏三昧の旅立ちにあたり西方願王大悲弥陀尊に願をかけたところ、美濃と尾張の二ケ国と出た。喜びいさんで中山道を近江から美濃へと巡錫し寝物語の里で名高い辺りへきたとき、南宮村の某夫と出会い、南宮山奥の院の神社、また本尊観世音菩薩を紹介され、播隆はこれぞ我が有縁の地と喜び、さっそく南宮山奥の院に参篭したという。また、槍ヶ岳に奉納する仏像を大阪へ迎えにいったときにも参篭したようで、七日間の無言の別時云々、一夏九十日の念仏行云々などとあり、行状記の記述をそのまま採用すれば四回の南宮山参篭ということになる。

播隆が生家に送った「濃州一宮南宮奥院山篭記」にある年号付きの記述はそのまま採用してもよいと考える。この山篭記によれば播隆が初めて南宮山奥の院の山上に参詣したのが文政六年、同七年秋の末、あるいは初冬から念仏山篭、このとき近郷近国の老若男女が山上に群がり、近在の僧たちもその宗旨宗派をこえて集まったという。同六年に播隆は笠ヶ岳再興を成しとげており、すでに当時の世評は高かったと思われる。現在判明している史料などから推察すれば、播隆が南宮山に姿を現わすのは文政六年、その年の七月二十九日に笠ヶ岳登山道が完成して登山、笠ヶ岳再興をはたす。八月二十二日には『迦多賀嶽再興記』を著わし、その署名に山城国念仏行者と記している。また文政九年三月二日「関ケ原町玉・奥田家文書」にも城州の一念寺の弟子とあり、播隆が南宮山に山篭し伊吹山に向かった頃は山城国の念仏行者としての播隆であったと思われる。笠ヶ岳再興後、播隆は南宮山そして伊吹山へと錫をのばした。それは文政七年の末から八年、九年前後の頃と考える。

笠ヶ岳再興を成した播隆は有縁の地として南宮山奥の院に錫をとどめ、南宮山から伊吹山へ、播隆の念仏行はますます厳しく、播隆を慕う人々は山上へと参集し、その世評はいやがうえにも高まっていった。

今までに何度も南宮大社の前を通っているが参詣するのは初めてである。最初は国道二一号線から新幹線のガードをくぐり新しい鳥居をぬけて神前に、二度目のときは往時を偲ぼうと中山道から昔の鳥居をくぐって社前へ。国道筋を車で飛ばしては味わいがない。「中山道・美濃路の追分の町垂井町」の看板を見ながら美濃路をたどると、当時の松並木が遺っていた。時代をへた松並木はやはり存在感がある。うれしい気分で中山道と美濃路の分岐点、追分へ。美濃路をたどると名古屋の熱田に出るわけだが、美濃路は中山道と東海道をむすぶ重要な街道であった。追分から中山道をたどって垂井宿に入る。鍵形の道など当時の町並を今に残す垂井は宿場時代の面影が濃厚である。寛政十二年(一八〇〇)には旅籠が四五軒もあったというから、中山道と美濃路の追分の垂井宿は南宮大社の門前ということもあってたいそうな賑わいであったことだろう。宿場の鳥居をくぐると名所「垂井の泉」がある。参道を横切るのは国道と新幹線、しかし南宮山に鎮座する南宮大社と垂井宿は負けてはおらず、その存在をしかと守っていた。

南宮山は養老山地と伊吹山地の間に位置しているところから古くは美濃の中山と呼ばれており、標高四一九・二メートルの山容は登ってみると見ためよりは大きく広さを感じさせる。山麓にある南宮大社は立派なもので、私が訪れたのは平日であったが十数名の参拝者があり、ドンドンと大きな太鼓の音が境内に響いていた。どうやら車のおはらいのようである。南宮大社は今も人々に支持されている神社である。参拝をすませ、拝殿の受付で奥の院について尋ねる。奥の院と呼んでいたのはたぶん高山神社の下方、現在のハイキングコースの脇に遺っている石垣のある所ではないか、昔そこには坊があったが今はない。仏教的なものは明治になったときに真禅院さんの方へ移したとのこと。明治以後、神仏分離によって仏教色はなくなり、奥の院はなくなったようだ。

南宮山ハイキングコースをたどって山を登る。松、杉の木立のなかを松葉をふみしめながら進む。南宮山は古来禁制山であったので里人は勝手に入山できなかったという。また、南宮大社は美濃国一宮として江戸時代には年貢、課役が免除されていた、四百五石の朱印地を有していた。登る人は誰もなく、だんだんと汗ばんできた。史跡「一ッ松」あり。受付でもらったパンフレットに……おもひいづやみのの御山のひとつ松契りしことはいつもわすれず（『新古今和歌集』）……。しばらくゆくと「高山神社」「子安神社」があった。この高山神社は南宮大社の奥宮である。石垣の上にぽつんと鎮座、さっぱりしたものであった。その近くには岩片が散乱しており、その一つに如法経と刻まれた石碑があった。経塚である。そして山頂、所要時間は約四十五分であった。

山頂の石柱には「毛利秀元陣所古跡」、東屋の休憩所で一息つく。雨が降りだしそうな曇天、下界はなんとか見わたせたが視界は悪く、濃尾平野が一望できる山上なのだが少々残念。播隆は山篭記においてその眺望をたたえているが、山頂に掲示されている展望図によれば遠くに御嶽、伊勢湾、そして揖斐川、長良川、木曽川、お城は大垣、岐阜、犬山、小牧、名古屋城とある。また関ケ原合戦陣形図もあり、天下分け目の合戦の様子が示されていた。播隆はこの山上で眼下にひろがる古戦場に向かって念仏を唱えたのであろうか、山篭記に……昼夜念仏三昧ニ入リ……空晴シズカナル時ハ絶頂へ登リ念ジュシ……。

登ってきた道を下る。一ツ松をすぎた辺りに、登りには気がつかなかった石垣を見つけた。受付で聞いたのはここのことであろう。石垣の上は笹や雑木が繁ってはいたが敷地のような広がりがあった。奥の院と呼ばれていたのはこのことではないか、院・坊の跡だと思われた。うれしくなって周辺を歩きまわりカメラにおさめた。すると風がにわかに強くなり、ビュービューと吹き荒れるではないか。踏み荒らされて怒っているのか、あるいは歓迎の風なのか、私はいっとき播隆の息吹の片鱗に触れた気がした。下山すると風はおさまり、梅が満開であった。

『垂井町史』(昭和四十四年十一月)によれば、神仏習合の頃の南宮大社には社僧と呼ばれる僧侶がおり、中世の頃から社僧の居堂ともいうべき院・坊があった。それらの名称、数は変遷があったようで、江戸時代の元禄期前後になってほぼ十五坊に落ち着いたようである。そのうちの社僧十坊は清僧と呼ばれ、死喪に関係せず肉食妻帯をしなかった。そのほかの五坊は葬儀を取り扱う。ちなみに安永五年(一七七六)の史料にみえる社僧十坊とは、常林坊・円乗院・真禅院・知足院・利生院・十如院・元上院・威徳院の八坊、そして山上奥の院として宝珠院・千手院の二坊である。また、かつて南宮山では山篭と称して勤行、護摩が行われていた。一時中断していた時期もあったが復活し、山上奥の院(宝珠院・千手院)では高山本地堂で御祈祷を行った。延宝八年(一六八〇)の史料には、高山観音堂両院勤行・高山本地堂勤行・高山勤行・高山僧衆勤行といった名称の年中行事が月の十八日に勤められていた。

播隆が南宮山に山篭をする以前から、南宮山においては清僧らが修行する歴史があった。山篭記に……我モ其御山へ勤篭ノ志願ヲ頼ミ、許容ノ事速ニ相済ミ、山上ノ別当所ノ坊舎ニ錫ヲカケテ……、この坊舎は宝珠院か千手院であろう。宝珠院は現在山麓の真禅院に観音堂として存在している。清僧らの記録は遺されていないようである。当時の南宮山には播隆を受け入れる下地があったのである。

南宮大社から車で一、二分走った山麓に朝倉山真禅院がある。まず目につくのは三重塔、自然にかこまれた寺院であった。境内には本地堂、観音堂、薬師堂、護摩堂、弁才天堂、十王堂などの諸堂が整然と並んでいる。諸堂の名称が寺のパンフレットと町史とでは違いがあり、町史には釈迦堂、千手堂、念仏堂、聖天堂という記載がある。千手堂は山上の千手院なのであろうか。寺の歴史は古く天平十一年（七三九）創建、のちに南宮大社との神仏習合により寺号を神宮寺と改め、天台宗の寺院として南宮大社とともに歩み、明治初年の神仏分離令にさいして真禅院の秀覚らは先見の明をもってそれまでの堂塔坊舎を統廃合し、里人らの奉仕もあって明治四年三月までに現在地へ移転した。当時国内を吹き荒れた廃仏棄釈の動きからして、過激な廃仏もなく行われた秀覚らの分離運動は注目にあたいする。また、それをなしえたのは里人らの信仰篤い土壌があればこそと思われる。こうして山上奥の院の堂宇坊舎は真禅院の境内に移転された。現在、南宮山の山上に遺るのは奥宮としての高山神社、それに子安神社のみである。

住職の中川正規師から見せていただいた昔の絵図には宝珠院をはじめとする院坊など、神仏混淆の賑やかな南宮山の様子が描かれていた。住職のお話によると、今の観音堂は山上にあった宝珠院の建物で昔は高山観音と呼んでいたという。宝珠院と書かれた木札が遺っている。高山観音という言葉を聞いて、私のなかで今まで不透明であった山上奥の院が明確となった。関ケ原町玉・奥田家文書に……宮代村高山ニ於イテ暫ク逗留致サレ……、行状記に……南宮山奥院と申す神社ありて本尊観世音菩薩と申すは世に比類なき霊仏なれば……南宮山の奥の院の観音大士の霊尊なるを聞伝へて歓喜参篭……、そして……或夜の霊夢に大悲観世音の御告げあり、近江の伊吹の嶺頂にて一千日の別時念仏を行すべし……と。播隆は南宮山奥の院、高山観音の山篭から伊吹山での修行へと錫をすすめたのである。

播隆の南宮山での山篭を讃えた二篇の記録が穂苅本にあるが、秀如拝と象背山下・貫忠敬白の二人の名前が真埠院の過去帳にあった。秀如は宝珠院の歴代二十二世にあたる清僧で文政十三年八月九日亡、貫忠は常林坊の十世で天保五年九月二十二日亡とあり。象背山は真禅院の創建時の山号である。境内の諸堂をカメラにおさめて寺をあとにした。

真禅院で見せてもらった南宮山の絵図があるということで垂井町のタルイピアセンター（歴史民俗資料館・歴史文献センター）を訪ねる。建物の名前がおもしろい、なかなかシャレた建物であった。目的の絵図は担当者が外出中で後日コピーを郵送してもらうことになった。資料館をのぞくと空也上人木像（複製）が目にとまった。宮代念仏講中所蔵の厨子に入った一尺にみたない小像であったが、あの名高い京都の六波羅蜜寺の空也上人像に似た造形、リアリティのある空也像である。あばら骨が見え、鐘鼓を打ちならし念仏を唱えて遊行する姿は万巻の宗教書よりも説得力がある。空也と播隆の姿がダブった。空也のうしろに多数の民衆を想像するのは私ひとりではあるまい。

垂井町岩手下町の石黒啓喜さん宅を訪ねる。石黒家は真宗大谷派だが、一心寺の記録にその名があったことから所有の名号軸の存在が判明した。家人の話ではその由緒は何も伝わっていないとのこと。一心寺に記録が遺っているので、播隆さんの弟子であったのではないか。石黒家には三本の名号軸があった。そのうちの二本は仏壇にかけることができるほどの小さなもの。三本とも名号の脇に署名と花押がある。大きいほうの軸に裏書があり、「万徳円満名　一切功徳尊　現益一切人　得安穏快楽　濃州不破郡岩手村　文政十年九月一日　石黒儀平治」とあった。さらに、小さいものにも「万徳円満　功徳名号　現益一切　衆家徳尊　濃州不破郡岩手村　石黒儀平治」とあり。年号の記された名号軸は珍しく、播隆がこの地方で念仏行していた頃に関係ができたのであろう。

文政九年に播隆は第一回の槍ヶ岳登山を試み、同十一年には槍ヶ岳開山を成しとげている。播隆は文政七、八、九年にかけて南宮山、伊吹山修行を行っていたと思われ、その前には笠ヶ岳再興、その後には槍ヶ岳開山と、休むまもなく厳しい念仏修行に明け暮れていた。おのずと多くの人々が山上の播隆のもとに参集したことも納得できる。行状記の記述をそのまま引用すれば、……木食一飯木綿地の単衣一枚と鼠色の袈裟と衣を着用し玉ひて昼夜眠らず炊事食だちにて睡眠を恐れて百目蝋を頭頂に点燃玉ひ業障懺悔必得上品と最と声高らかに念仏三昧に入玉へば……。木食草衣の不眠不臥による念仏行の様子、それは比叡山における千日回峰行者を連想とさせる。三本の名号軸にまつわるドラマがその昔あったのであろうが、ただ播隆さんの筆跡だけが遺されている。それはあたかも、国道を通行しているぶんには中山道垂井宿の町並を知らずに通りすぎてしまうように。応対してくださった奥さんは私のことを忘れていた。数年前にいちど家を訪ねたが不在で、名号軸を見たくて仕事先まで出かけたことがあったのだが。

なお、播隆が文政七年の末、南宮山で山篭中の十二月六日に母が死去。播隆は郷里の富山を出てから生涯一度も生家に帰っていない。文政九年十一月二十二日、母の三回忌にさいして「追福之書」を生家に書き送っている。

播隆屋敷と呼ばれている伊吹山の山篭跡を訪ねようと、関ケ原町の伊吹山ドライブウェイに出かけた。以前、春日村の笹又から山道を歩いて播隆屋敷跡へいこうと計画したが、道案内が必要なうえ一日がかりになるということで断念したことがある。全長一七キロのドライブウェイで標高一三七七メートルの山頂までゆける。私が出かけたときは一二キロ地点の上平寺駐車場までの開通であった。雪の少ない年の三月、山肌に所々雪が遺っていた。伊吹山は強風、ときおり雨と雪が吹きつけていた。前に一度、円空さんが修行したという平等岩を見るために登山道を歩いて登ったことがある。初めてのドライブウェイ、慎重にハンドルをにぎる。駐車場に車をとめ、車止めをまたいで歩きだす。播隆屋敷跡よりも上にある「風穴」という岩場を探しながら。屋敷跡はだいたいの見当がついているが、風穴の位置はあいまいであった（風穴のことを岩穴と呼ぶ人もある）。播隆が播隆屋敷という山上の草庵に移るまえは風穴で修行していたと聞いている。途中に史跡・金明水があった。その昔、日本武尊が八ツ頭の蛇を退治したとき、ここの水を飲んで勇気万倍したという御神水。大岩不動の碑あり。拝して水を飲む。一四キロ付近の屛風岩あたり、見渡してみたが皆目わからず。ドライブウェイから山の斜面を登り、一時間ほど斜面をいったりきたり、すべったり転んだり、雪もちらつき散々であった。所在の確認があいまいであった。ドライブウェイ付近とはいえ少々不安、諦めた。山中に独り、これが闇となればなおさら、山中の修行は想像以上であろう。ともかく風が強い。服装は充分だが指先がかじか

伊吹山の播隆屋敷跡

んでいた。後日、風穴の写真を伊吹町史編集室の福永円澄氏に見せてもらったが、かなり深く広い岩穴であった。風の穴というぐらい、冷たい岩屋であるらしい。

行者杉と呼ばれている播隆屋敷は、ドライブウェイ一〇・二キロ地点の県境から林道を歩いて一五分ほど入ったあたりの杉木立のあるところ。林道を歩いていると砂が風に吹きあげられてメガネにあたる。風圧がすごく、負けないようにして歩く。目的の杉木立はあっけなく見つかる。杉の大木が数本、その間にわずかな平地があった。脇には水溜まりのような水場があり、山の頂に水が湧くのかと不思議であった。ここに三間に八間の草庵があったが今は何もその痕跡をとどめていない（平成二年九月に一心寺の人々によって記念碑が建てられた）。周囲にはクマザサが群生、草庵がすっぽりと入る空間である。林道の反対側に山道があり、一心寺発行の冊子によれば一方は伊吹山頂へ、そしてもう一方は下界の藤川、玉、関ケ原へと下る道である。風が吹き、雪片が飛ぶなか往時を偲び手をあわせる。

播隆屋敷は岐阜県側の春日村の区分になる。池谷の長尾と呼んでおり、記念碑には池谷ケ峰と刻まれている。三間に八間の草庵が春日村の笹又、古屋の人々によって建てられたということだが、当時播隆のもとへは、伊吹山麓の広範囲にわたる地域から信者が集まってきており、それら多くの人々の協力があったと思われる。そこには石像の阿弥陀如来があり、台座に「願主・播隆上人・講中・文政八年八月」と刻まれている（石像は現在笹又のお堂に安置されている）。笹又の部落の人々は蕎麦粉と水をはこんで上人の世話取りをしていたという。伊吹山での播隆については、岐阜県側の春日村と滋賀県側の伊吹町に同じような伝説が遺されている。伊吹山には円空が修行した平等岩をはじめ多くの修行場があり、それら山中の各地を巡って播隆は修行したと思われる。関ケ原町の「目醒の滝」にも播隆が修行した話が遺っている。

伊吹山（一三七七メートル）は独立した峰ではなく伊吹山地の南端にある主峰、岐阜県と滋賀県の両県にまたがり、古来より伊吹修験の盛んな霊峰であった。奈良時代に役行者が霊場を開いたともいわれ、平安時代には三修上人が入山して山林修行者の指導者的存在となり、伊吹百坊と称されるほどであった。また、古来より薬草の自生地として「延喜式」に記されている。「伊吹もぐさ」は現在も特産品である。薬草と修験道とは密接な関係があり、行者によって薬草を用いた病気治療が施されていた。

行状記に「伊吹山千日別時の事」、「再度伊吹登山の事」という章がある。千日なので三年、そのまま採用できるか否かは別として、年譜にあてはめれば文政八、九、十年に相当する。九年八月には信州に出かけて第一回槍ヶ岳登山を行っており、千日別時の正確なことはわからない。行状記によれば、木食一飯不臥単衣一向専称の念仏行、群がる人々は江州、越前、美濃、尾張の四ケ国におよび、播隆は日課、十念、説法に勤め、また一枚起請文を拝唱していたという。このとき使われた一枚起請文は法然のものではなく、同様な内容ながら播隆作の念仏起請文であったらしい。その木版刷りの念仏起請文が池田町の川村正太郎さん宅に遺されており、文政八年一月二十四日の日付がある。一月二十五日は法然の命日、その前日に播隆は書いている。

参集した人々のなかには名古屋の光覚院（高岳院）、円福寺の住職らもおり、請われて播隆はそれらの寺で別時念仏を勧めている。光覚院については以前触れているので省き、円福寺について述べてみる。名古屋市熱田区神戸にある円福寺は熱田神宮の近くにあり、東海道の「七里の渡し」(宮の渡し)の近くでもある。時宗のお寺、戦災で記録は焼失しており、播隆のことは不詳とのことであった。

光覚院住職の強いすすめをうけて播隆は関東十八檀林に出かけ宗脈の行を修めたと行状記にある。その後、再び伊吹山に山篭とある。このとき、不思議な紫の雲がたなびき云々と記されている。一心寺発行の冊子には伊吹山の岩穴(風穴)での御来迎云々の話が記載されており、また伊吹山頂より御来迎をおがむという図が記載されている。ついでながら、播隆は晩年になって徳願寺(現・千葉県市川市)へ出かけ和上行を修めており、二度ほど関東へ宗門の行を受けに出かけていることになる。

帰路は気分的に楽だ。風のなかを車にもどり、座席で一息。これほど強い風は初めてであった。ドライブウェイを下山、便利な道路ではあるが伊吹山を近くで眺めるときは無惨な傷跡に見える。何よりも伊吹山に生息する動植物にとっては生活圏を分断する道路であり、それこそ死活問題である。その恩恵をうけて下界に到着。

ひたすら念仏行に打ちこむ播隆、播隆作の念仏起請文にいわく……只一心に阿弥陀仏の本願を信じ、阿弥陀如来たすけたまへとおもふ心にうたがいなく、南無阿弥陀仏と申せは、かならず極楽に往生すべし……、そこまで播隆をかりたてた信仰、その過程を知りたいと思うのは私だけではあるまい。文政元年に播隆(当時三十三歳)が生家に書き送った文書「諸宗皆祖念仏正義論」について述べてみたい。

それによれば、何かの理由によって播隆は上方に上ったものの、かねてより出家の望みがあった家の宗旨である一向宗には入ることができず、日蓮宗との出会いによって一年ほど修行、しかし元来が念仏宗門であったために日蓮宗を離れる。以後、諸宗念仏法門を遍歴し、そののち浄土宗に入門、浄土宗の各派各寺院を巡り歩いたとある。生年の天明六年から文政元年の三十三歳まで、その間の播隆の正確な年譜はよくわかっていない。史料として確かだと思われる「林家文書」によれば、文化元年、十九歳のときに名古屋の尋盛寺にはいり、同十一年、二十九歳のときに関東十八檀林のひとつであった東京の霊山寺において浄土宗の宗門伝戒伝法を受けたと思われる。見仏上人、蝎誉上人との出会いの時期がよくわからないが、文政元年には蝎誉上人のもとで修行していたと思われる。また、文政六年の『迦多賀嶽再興記』、同九年の「奥田家文書」によってその頃の僧籍は一念寺にあったことがわかる。

播隆の一宗一派にとどまらぬ宗教遍歴は真摯な求道心のあらわれである。「念仏正義論」に……我常住念仏宗ト定置也……と、一宗にかぎるのは広い日本において一里四面が自分のものだというようなもので、諸宗兼学、一切の経典の魂は南無阿弥陀仏にあり、自分はいつも念仏とある。仏法は南無阿弥陀仏に集約される、自分は念仏宗。そして、その道は易行の自力である。易行の道ではあるが自力で歩くのだと播隆は説く。ただ一心に念仏を唱えるだけという易行、しかし播隆は寺院、宗門という安泰にとどまらず山岳という厳しい環境のなかに自分をおいた。山中の闇から播隆はいう、念仏申すべしと。

自説を述べたあと、その体験から各宗門の現況を遠慮なく切ってゆく。まず、己の籍がある浄土宗から、真言宗、禅宗、天台宗、律宗、日蓮宗と。若い時期に日蓮宗にいたせいか、日蓮上人を引っぱりだして云々という箇所が目につく。日蓮宗の項では念仏と題目について論じ、……念仏モ題目モ仏ノ本願ナレバ、ナンゾカワルベキヤ……念仏ト題ハ一ツナリ……と。念仏と題目は心と体のようなもので一つのもの、両者に優劣などはない。そして、さらに念仏の功徳について論じている。念仏正義論は途中から欠落しており、現存しているのはここまでである。

一心寺の「念仏法語取雑録」にある「八宗嫌捨之愚録」は簡単明瞭に、日蓮宗には我慢僧あり、一向宗には邪見僧あり、禅宗には雑戯僧あり、浄土宗には無骨僧あり、真言宗には執著僧あり、天台宗には睡眠僧あり、大念仏宗には打捨僧あり、時宗には愚闇僧あり、と。辛辣な現況批判、播隆が見た当時の宗教界である。浄土宗に籍をおいてはいたが、播隆は常住念仏宗、その道は易行の自力である。山岳が播隆にとっての寺院であった。人々は山上の播隆のもとに参集した。念仏は易行、山上は自力が必要であった。

国道二一号線を西に向かって走ると伊吹山、東に向かうと御嶽、その霊峰は美濃、尾張の人々の脳裏に鮮明である。尾張出身の覚明がそれまで一部の限られた者たちの霊山であった御嶽（三〇六七メートル）を中興開山し広く民衆に解放したのは天明年間のことである。その後、江戸の普寛が続き、御嶽信仰の講社は幕末期に五百余といわれるほど盛大になった。播隆は御嶽登拝の隆盛を見聞きしていたに違いない。播隆が山に登るのは現代の我々がイメージする登山ではなく、山上における禅定が目的であり、その後に続く人々に登山道を開拓するためでもあった。現在、いくつかの播隆念仏講が里に遺ってはいるが、登拝を目的とした講の存在は確認していない。念仏と登拝、播隆さんにおいては念仏が残ったということであろうか。

笠ヶ岳再興、槍ヶ岳開山の道中、播隆は信者の人々とともに幾度も山上において御来迎の奇瑞を拝している。三〇〇〇メートル級の山上世界は俗界とは異質の別世界、今日のようにメディアが発達していなかった当時、登頂した人々が目にするその山上世界はまさに初めての光景に違いない（私たちは実体験のまえに写真、テレビなどで疑似体験をしている。私が初めて体験した三〇〇〇メートルの登山もすでにその光景を情報、知識として知っており、初体験が確認行為であった。当時の人とくらべると薄味の感動ではないか）。播隆らが山上世界に西方楽土につながるものを感じたとしても不思議ではない。ましてや御来迎、阿弥陀如来の降臨を拝したとなれば、その感動はいかばかりであろう（それをブロッケン現象だと説明しようとする現代の私たちのほうが皮相なのではないか）。私は播隆が山上をめざしたのはただ禅定のためばかりではなく、そこに現実としての西方楽土を見たからではないかと想像している。

播隆が御嶽の登拝信仰を意識していたか否か、興味のある問題である。一心寺に播隆さんの念持仏であったという円空仏が遺されているが、覚明が背負って歩いていたという円空仏が覚明ゆかりの寺に伝わっている。円空さんを介して播隆と覚明がつながっていたのである。

これより北国海道

美濃路に続いて、しばらくいくと中山道の松並木が見えてくる。岐阜県関ケ原町野上には二ケ所、数本ずつではあるが往時を偲ばせる松並木がある。垂井町に遺る美濃路の松並木、そして野上の松並木、わずかな存在ではあるが現代の交通網のなかで風情のある木陰を感じさせてくれる。野上をすぎると中山道は国道二一号線と合流して関ケ原の町中に入る。中山道の関ケ原宿は現在も町の中心をなし、さながら中山道をトラックや乗用車が走り抜けているようであった。東西にのびる二一号線にたいして南北に走るのが国道三六五号線、北に向かう三六五号線がほぼ昔の北国海道にあたる筋、南は伊勢街道である。現在遺っている町並、また道幅の広さからも中山道時代の活況が想像でき、新幹線、名神高速道路、ＪＲ東海道線、国道が並行する光景は日本の動脈を感じさせる。関ケ原は今も昔も交通の要所である。

関ケ原といえば天下分け目の合戦で有名な関ケ原合戦、豊臣と徳川がその運命をかけた一大決戦、豊臣勢の西軍・石田三成と徳川勢の東軍・徳川家康の激戦は伊吹山麓周辺を舞台に慶長五年（一六〇〇）九月十五日に行われ、東軍・徳川勢の勝利に終わり、その後の歴史は徳川家二百数十年による幕藩体制へと動いた。さらにもう一つの天下分け目の合戦である壬申の乱（六七二）も関ケ原を中心に展開し、天智天皇の弟、大海人皇子とその子・大友皇子、すなわち叔父と甥による血肉をわけた戦いは後の天武天皇・大海人皇子の勝利となり、天武天皇は天皇中心の律令国家建設を強力におしすすめた。関ケ原は日本における二つの天下分け目の合戦の舞台となったのである。美濃国、関ケ原は歴史における東西の接点となったところであり、また東西文化の合流地でもある。そして現在は日本の動脈、交通の要である。

関ケ原宿から北へ向かう国道三六五号線、北国海道一帯は当時の戦場となったところ、宿場の住人、里の農民たちは幾万、幾千という将兵らがくりひろげる激闘をどんな思いで眺めていたことだろう。家を焼かれ田畑を荒らされ、兵火のおさまるのをじっと待った。関ケ原合戦絵図を子細に見ると首のない死体がころがっており、切りとった首をぶらさげた兵の姿もみえる。近代戦にはない白兵戦の悲惨な戦いであったと思われ、世の無常を感じない者はなかったであろう。町内の各所には史跡・関ケ原古戦場の石柱がいたるところに建ち、切断された首を始末した首塚が東西二ケ所にある。関ケ原町陣場野にある関ケ原町歴史民俗資料館を訪ねた。館の脇が公園になっており、史跡・徳川家康最後陣跡があった。ここで家康は部下が取ってきた敵の生首を実検（誰の首であるのかを確認すること）した。家康は若い頃から熱心な念仏者であった。多いときは日課念仏六万遍（一日に念仏を六万回唱えること）のときがあったというから、けっして並みの信仰ではなかった。浄土宗は徳川家の帰依宗ということで江戸時代はその恩恵に浴し、家康が力をいれた増上寺はいつしか大寺院となり、承応元年（一六五二）には学僧が三〇〇〇人もいたという。ついでながら、関ケ原宿本陣・問屋を勤めていた相川家から後の臨済宗妙心寺派の禅僧・至道無難が合戦の二年後に生まれている。

飛びこみの訪問であったが歴史民俗資料館の藤井宏三氏は快く応じてくれ、貴重なご教示をいただいた。藤井さんは町史の編纂にもたずさわり、以前に同館で播隆を取りあげたことがあったという。そのとき町内外の資料を探索され、詳しくお話をうかがうことができた。新たな史料として『関ケ原町史』（平成五年一月）にも記載されているが「関ケ原町玉・奥田正臣家文書」を紹介していただいた。原文は奥田家に返却されて同館にはなく、写真撮影された原文を見せてもらった。

後日送っていただいた文書をいつもお世話になっている美濃加茂市の郷土史家・佐光篤さんに協力してもらい読み下す。以下、その内容について……これは「願い上げ奉り候う口上の覚え」という文書で、城州（京都）下鳥羽村の一念寺の弟子播隆は当時見仏上人の弟子で諸国修行のため宮代村の高山（南宮大社の山上にあった奥の院）にしばらく逗留、その後粕川山に篭り当村からも多くの者が参詣したとある。文書は文政九年三月二日となっているので、その頃の播隆の僧籍は一念寺にあり、見仏上人の弟子として修行のため諸国を巡錫、垂井町の南宮大社奥の院にしばらく逗留。粕川山という名前の山はなく、それは春日村の粕川流域の山々、春日村川合、古屋、笹又方面をさす言葉であろう。当村とは玉村（関ケ原町玉）のこと。播隆は何宗といわず自分の宗門を大切にして、お上の定め、領主・竹中様の言うことに背かず、家内むつまじく暮らすようにと諭され、村方の者たちはよくこれを信仰し、このうえは当村にも逗留してもらいたく村方一同お願いする次第である。日ごろ邪念の者も自然と良きように感化されるだろう。また、他村からの参詣人があるときはお許しいただきたい。本年の暮れまで松梅院に滞在させてもらいたい。なお、播隆上人は一念寺発行の旅中の送状を所持しております。どうぞ宜しくお願いいたします、以上。そして、末尾に玉村の庄屋と横目の署名と印。『関ケ原町史』によれば、松梅院は玉村に当時あった真言宗のお寺で明治になってから廃寺となったようである。現在、松梅院の跡には北部集落センターが建っている……。

この奥田家文書によって文政九年に播隆の僧籍は一念寺にあり、また見仏の弟子であったことが判明、同年三月から同年の暮れまで玉村の松梅院に錫をとどめていた可能性もあるが、同年八月に播隆は第一回の槍ヶ岳登山を行っている。また、春日村の「川合区有文書」には同年夏中伊吹山の池ケ平において山篭修行云々とあるので、播隆は一ケ所にとどまらず各地を巡っていたようだ。「川合区有文書」「奥田家文書」を読むと、伊吹山麓の村々の人々によって播隆が熱心に支持されていたことが具体的によくわかる。そして、播隆の動きに呼応してこのような文書がお上に提出されていたのであった。

関ケ原宿から北へ分岐する北国海道はほぼ現在の国道三六五号線に沿った道筋ではあるが同一ではない。往古からの北国海道に並行する国道三六五号線は現在の新北国街道というべきものである。国道を走ると右手に伊吹山ドライブウェイの入口、左手には近年開通したバイパスの入口が見えてくる。その先に玉の集落があり、どんどんと進めば滋賀県の木之本へ、木之本で鳥居本から北上してきた北国海道と合流、さらに進めば越前にぬける。滋賀県側の鳥居本から北上する北国海道にたいして、関ケ原から木之本へぬける北国海道を北国脇往還と呼ぶ場合がある。名こそ脇だが実質的には北国海道よりも脇往還の方がよく利用されていたという。北国海道は関ケ原の合戦では西軍の敗走路となり、近世には越前福井藩などの参勤交代路として利用されるなど、東海と北陸をむすぶ重要な街道であった。

北国脇往還の玉宿は、宝暦三年（一七五三）には戸数百軒ほどあった、山あいの小さな宿場で、旗本・竹中領である。伊吹山麓の斜面に町並が形成された坂のある宿場であった。村人の多くは人馬継ぎ立てによる賃銭稼ぎによって生活をしていたようだ。

関ケ原町玉の吉田つるよさん宅では、立派な仏壇に名号軸がかけてあった。つるよさんは播隆さんのことについては詳しくなく、逆に私が播隆の解説をする。快く写真撮影させていただいた。名号軸には播隆の書体で南無阿弥陀仏、署名と花押があった。近くの円通寺にある播隆名号軸はつるよさん宅にあったものとのこと。人気のない町並を探して高野晴男さん宅へ、ここも吉田家と同じような一尺程度の名号軸が仏壇に安置されていた。書いた筆がちがうのか字の太さが吉田家のものよりも細い。このあたりは浄土真宗の仏光寺派、応対していただいた奥さんは私の話をメモされ、播隆のことは何も知らないという。玉にある浄土真宗仏光寺派の円通寺を、最初訪問したときは不在、帰りがけに寄ったときも不在、本堂が開いていたので勝手にあがらせてもらう。本堂正面の左の外陣に播隆名号軸が掲げてあった。骨太な文字で南無阿弥陀仏、そして署名と花押。話を聞きたかったがその日は諦めた。再度の訪問で住職さんにお会いできたが詳しいことは聞けず、名号軸は吉田家にあったものを寺がもらいうけたもの。

先述した「奥田家文書」のある玉の奥田正臣さん宅へ。来意を告げると奥さんが快く応対、ちょうどご主人の正臣さんが在宅中でお話をうかがうことができた。虫干しのために古文書類の束が部屋いっぱいに広げてあった。播隆の文献については、誰かが見つけ出したのだろう、このほかに古文書は蔵に沢山しまってある、どこにあるのかわからないとのこと。部屋いっぱいに広げられた古文書の山を前にして、私は目的の古文書を実見することを諦めた。奥田家は庄屋を勤めていたという。新たな情報は聞けず、お茶をごちそうになって家を出た。

児玉作男さん宅には播隆関係の軸があり、三度目の訪問でようやく見ることができた。作男さんのお話によれば、児玉家は昔、造り酒屋であったという。江戸末期に仁和寺から酒七石を献上してほしいという文書が遺されており、そのとき仁和寺から下付されたという刀が一振り保管されていた。軸の書は「八龍」と読めばよいのか、八の字は鳩が二羽向かいあっているように形象化されており、龍の字は蛇がからみあって龍を表現しているようだ。その下に添書があるのだが、くずして書いてあったので私には判読できず。後日、写真撮影したものを拡大して美濃加茂の佐光さんにお願いした。佐光さんら数人の古文書を読むグループによると、「八幡の使いにあらば正直に道をも守れ人……草葉の陰作りあらしてあらん……守…播隆道人書之」、……部分は不詳。書体の感じから、明治以後に書かれたものではないかという意見があったという。写真による判読なのではっきりしたことは言えないとのこと。色気のある達者な筆であったので、私には播隆さんらしい信仰的なものは感じられなかった。

一道を尋ねた人たちは誰も播隆のことを知らなかった。ひとり吉田藤樹さん（七十八歳）は播隆さんを知っていて、一枚歯の高下駄をはいて岩場をすたすたと登ってゆかれた、お不動様の滝で修行された、山には蛇や猿が沢山いたなどと語ってくれた。

沢頭荘次さん宅にも播隆関係の書があるはず、家を訪ねると代休日ということで荘次さんが在宅、お話をうかがうことができた。播隆は里に下りてきて風呂に入った、子どもたちと遊んだ、播隆関係の書は関ケ原町歴史民俗資料館に寄贈した。そして『不破の地名』（昭和六十三年）という本を出してこられた。それには「目醒の滝」という文があり、……念仏を唱え、不動様に祈った…高下駄をはき、冬でも一重の納衣すがた…子らに、虫など殺すな、父母のいうことを聞け……などと記されていた。荘次さんに「目醒の滝」への道を教えてもらう。歴史民俗資料館で確認した沢頭家の書は額装され、「楽仏寿」、楽は来とも、寿はいのちながしとも読めるのではないかと藤井さんは説明してくれた。池田町の川村正太郎さん宅にある書の署名・播隆拝唱道人と同じような、播隆拝唱道人書之と読める署名があった。児玉家、沢頭家、川村家、一心寺「堪忍」の署名は同一人物による筆なのか否か、私には同じ筆のように思えるが断定はできない。

玉の部落から小一時間歩いたところ、伊吹山ドライブウェイの二キロ地点から谷川にそって登ると目醒の滝が見えてきた。山中に人気はなく少々不安であった。滝は二段になっており、難儀して一段目から二段目にはい登る。小さな滝だが勢いがあり、脇に社があった。社のなかにお不動様が鎮座しているのだろう。中は見ることができず、拝をする。歴史民俗資料館で見せてもらった写真では、台座に……文政九年願主・播隆上人講玉村・惣中江祭具七月……と記されていた。三〇センチほどの青銅製であるという。毎年二月二十六日に不動祭が勤められる。現地で行うが、雪の多いときは玉の集落センターで行う。一五軒ずつ輪番で勤め、家々に餅をくばる。しかし、すでに不動祭を勤める里人に播隆さ

播隆の修行場跡「目醒の滝」での不動祭

んの影は薄いようだ。地元の人は目醒の滝とはいわずタキツボ（滝壺）と呼んでいた。玉では日照りのときはタキツボの水をさらうと雨が降るといい、滝には白蛇が棲んでいるという。その昔、播隆が念仏修行したというタキッポ（目醒の滝）の写真を撮り、今の時期は蛇が出ないので安心しながら下山した。

玉にある関ケ原町北部集落センターは小学校跡地に建てられ、グラウンドと記念碑が遺っている。「奥田家文書」にある松梅院は集落センターのところにあった。町史によると明治以後廃寺となったようで、「奥田家文書」によれば文政九年に播隆が松梅院に滞在したことがあったようだ。松梅院を管轄していたのは滋賀県山東町の光明院、春日村の「川合区有文書」に出てくる正覚寺も光明院の配下となっており、何らかの関連性が感じられる。光明院には円空が伊吹山で修行したときに同寺に滞在して彫ったといわれる不動明王の円空仏が遺されている。光明院に播隆が巡錫したことは充分考えられる（山東町志賀谷に播隆の足跡がある）。すでに寺院の痕跡はなく、松梅院と関係があるのかないのか、集落センターの近くに二基の墓標が建っていた。

北国脇往還玉宿は山あいの小さな宿場であった。最初に玉を訪れたとき、里の掲示板に二月二十六日の不動尊祭のお知らせが貼ってあった。道幅は狭いが町並に往時の面影がかすかに感じられ、帰り道の常夜灯に明かりが灯されていた。

北国海道への分岐点あたり、中山道関ケ原宿の関ケ原町西町・円龍寺は浄土真宗大谷派、この寺には播隆による「南無聖徳太子」の軸があるはず。以前一度訪ねて拝見できず、二度目の飛びこみ。やはり拝見できず、縁がないようだ。あっさりと諦める。資料館で写真を見せてもらっているので、あることは確かである。

関ケ原宿から今須宿へと中山道をたどる。国道二一号線と並行しながら、何度も国道を横切った。この辺りの里人には関ケ原の合戦よりも壬申の乱のほうが風土に根ざしているようで、道中おおくの史跡が点在していた。国道から松尾の集落へ入ると、春日神社であるが古来より名月を観賞する名所として知られた「月見の宮」、大海人皇子（天武天皇）を祭る「井上神社」があり、さらに進むと名高い「不破の関跡」がある。不破の関は壬申の乱の翌年に設置され、およそ百年後に廃止されたが国家有事のさいにはその都度関が固められた。伊勢の鈴鹿、越前の愛発《あらち》とともに日本三大関所として有名だが、廃止後の荒廃とした関跡の風情が多くの文人らに歌われてきた。壬申の乱のとき両軍が川をはさんで戦ったという藤古川、大友皇子（弘文天皇）を祭る「若宮八幡宮」、大友軍の霊を祭る「矢尻地蔵堂」、「弘文天皇御陵候補地」と続き、壬申の乱のとき両軍の流す血で川が黒くなったという「黒血川」山中の集落の町並をすぎたあたりに源義経の母「常盤御前の墓」、このあたりでは一番の難所といわれた「今須峠」しばし播隆探訪を忘れて中山道を楽しむ。関ケ原宿にみられる道幅の広い街道と山間の道筋、変化にとんだ中山道の道中である。

国道の脇にならんで今須宿の町並がのびる。中山道美濃十六宿のうち西側のはずれにあたる宿場、静かな町並をゆっくり走ると「車返しの坂」。その昔、不破の関が荒廃し板びさしから月が見えると聞いた都の公家が、その風情を歌にとこの坂までやってきた。ところが、迎えた里人たちは荒れ果てていては申しわけないと修復してしまった。それを聞いた公家は落胆し、一首を遺し、そのまま牛車を返して都に帰ってしまったという……葺《ふき》かえて月こそもらぬ板庇《ひさし》とくすみあらせ不破の関守……。現在の坂は国道とJR東海道線によって途中から寸断されている。

さらにすこし進むと近江国に入る。美濃と近江の国境、そこが名高い「寝物語の里」、何でもない史跡であった。国境といわれるのは五〇センチほどの溝、その溝をはさんで美濃側には一本の石柱、近江側には新しい立派な石碑が建っている。行状記にも……中山道を経て近江地より美濃地に移る、世にも名高き寝物語の近辺まで来給へば……とある。川とか山といったものが自然の国境になっておれば物語は生まれなかったであろう。その昔は人家が続き宿屋がくっついて建ち並んでいたため、壁ごしに美濃と近江の人が寝ながら話ができたところから物語は生まれた。義経が都を追われて奥州へ落ちのび、それを慕って静御前がこの地までやってきた。近江側に宿をとった静御前は溝をへだてた美濃側の宿から義経の家来の声を聞き、そのまま国境をはさんで寝ながら語りあかしたという伝説がある。語りあかしたのは静御前ではなく常盤御前だという説もある。なお、寝物語の話を男女の色恋沙汰とする俗説もあるようだ。

播隆探訪がすこし脇道にそれてしまったようだ。今須宿から南におれて山あいの道をゆくと関ケ原町今須新明、天満宮の脇の路傍に播隆名号碑がある。南無地蔵菩薩の石碑とならんで碑高・七五センチほどのもの、南無阿弥陀仏の右に天下和順、左に日月清明と刻まれ、文政十年七月上（旬）建之とあった。近くの家を訪ね、老婦に名号碑の由来を聞いたが不詳、播隆の名前も初めて聞いたという。

今須貝戸の吉村定さん宅へ。庭の手入れをしていたのが定さんであった。夕暮れどきの訪問となってしまったが来意を告げると快く家にあげてくれ、目的の名号軸を拝見することができた。達者な筆さばきで技巧にこだわらない信仰者の書、見ていると清々とする。気で一気に書くのだと思う。南無阿弥陀仏の脇に上今須安楽講中とあった。資料館の藤井さんのお話では今須谷講中と記された名号軸もあるはず。定さんによればもう一本の方はボロボロで、さわると欠けてしまうという。無理に拝見せず、一本だけ実見する。吉村家は曹洞宗、定さんは家人らと一心寺へお参りにいったことがある。地区では毎月地蔵講を勤めているとのこと。播隆の話はここでは聞かない。吉村家では法事のときなどに播隆さんの名号軸を床の間にかけるという。もう外は真っ暗、お礼をのべて家を出た。

玉から県境をこえて滋賀県に入る。国道三六五号線を走ると伊吹町藤川、藤川は北国海道の宿場であった。先へと進み国道から北へ折れると伊吹町大清水、数軒訪ね歩いて尾木源一さん宅へ。おばあさんに来意を告げると、最近変な人が多いので主人が帰ってくるまで待ってくれといわれた。待つ間、伊吹山を眺める。青空に伊吹の峰が映え、周囲の梅林が満開でほのかな香りがただよう。ほどなく源一さんがもどってきて家にあげてもらう。尾木家には名号軸が二本、ともに二六センチほどの同じ書体のもの。播隆の名号の書体は大別すると二種類に分けられる。徳本上人などにみられる細めの花文字風のものと、播隆独自の播隆流ともいうべき雄剛な筆跡のもの（梵字風）。尾木家のような小ぶりのものは徳本流のものが多い。名号軸に関する由来は不詳。尾木家は四、五代前に関ケ原から大清水に越してきたという。源一さんは伊吹山を指さし播隆屋敷、風穴の位置を教えてくれた。また、同じ大清水の宮川政雄さん宅にもほかから買って手にいれた名号軸が一本あったという。政雄さんはすでに亡くなり、家を出た子どもさんが名号軸を持っていかれたので大清水にはない。後日、政雄さんの長女宅に電話する。名号軸は長男である弟宅にあるとのこと、何か事情でもあるのか詳しくは語ってくれず。それ以上名号軸を追跡するのはやめる。

伊吹町の町史編纂室を訪ねた。そこで福永円澄氏にお会いし、あれこれとお話をうかがった。伊吹町寺林の小林春一さん宅には昭和四十年頃まで木食の名号軸があったが、ネズミにかじられて消失してしまったという。また、伊吹町伊吹の神戸弥さん宅には播隆のものがある。町内にはまだ知られていないものがあるだろう。確証はないが、円澄さんは播隆が伊吹山中の数多い修行場を巡り歩いたことだろうと語られた。その足で神戸弥さん宅へ、神戸家は真宗大谷派、仏壇のなかに播隆の軸があった。三三センチほどのもので、「帰命尽十方無量光如来」とあり、署名、花押。

梵字風の名号軸
（関ケ原町）

花文字風の小幅名号軸
（米原市）

これと同種のものが富山県福光町の森本家にあった。森本家にはこの十字名号軸のほかに「南無不可思議光如来」の九字名号軸がある。南無阿弥陀仏の六字名号軸以外のものは珍しい。軸に関する由来は不詳とのこと、カメラにおさめる。

伊吹山が間近、今、セメント会社が山を削っている。

県境をこえて滋賀県山東町までくると、美濃国と近江国の風土の違いを感じる。山東町志賀谷の風光は岐阜県民の私に他県にきたことを実感させた。志賀谷の志賀神社は小高い丘にあり、その奥に金毘羅社があった。目的の名号碑は金毘羅社の裏手、岩の台座に一六五センチほどのものであった。岩の上には小銭があり、お参りする人があるようだ。道を尋ねた古老は播隆の名前は知っており、名号碑の由来などは聞いていない、あの碑はお産によく効くのだという。お産のときにお参りする話はほかの人からも聞いた。お産と播隆、その昔何か由来があったのかもしれない。神社の脇には薬師堂があった。

里の辻で佐分猪智蔵さん（八十歳）に会う。来意をつげると道案内をしてくれ、歩きながらお話を聞かせてもらった。鹿取保一さん宅へ、佐分さんが同行しているので早い。家にあげてもらい軸を拝見、するすると南無阿弥陀仏の文字、播隆さんであった。ここも由来などは不詳であったが大切にしておられた。箕浦健二さん宅、佐分さんが取り次いでくれるのであっというまに名号軸が出てくる。三〇センチほどの小さなものであった。播隆さんの話は聞けず。佐分さんにつれられて墓山にある墓地へ。箕浦家の古い墓標と

十字名号軸「帰命尽十方無量光如来」（米原市）

して名号碑が遺っていた。碑高六〇センチほどのもの、目立たないものだがしっかりと守られていた。夕刻の冷たい風の中をありがとうございました。猪智蔵さんと出会えたおかげで、すたすたと取材ができた。これも播隆さんか。「川合区有文書」にある正覚寺を訪ねたときも、道を尋ねた男の方に道案内していただき恐縮した。寺は無住となっていた。真言宗智山派、本尊は不動明王、関ケ原町玉の松梅院と同じく光明院の配下である。ここに播隆が巡錫した可能性は大である。私が確認した滋賀県内の足跡は伊吹町、山東町における以上の足跡だけであるが、まだ伊吹山の周辺には未発掘の史料が埋もれていると思われる。行状記には近江、越前の文字が散見され、福井県にもその可能性がある。天保六年二月四日生家に出した手紙には、前年の初冬の末……北国寒風ノ荒雪ヲシノキテ……越前丸岡城下の安楽寺に泊り護城山において冬安居の念仏三昧とある。北国海道を利用して越前にぬけたのか、福井県丸岡町（現・坂井市）に巡錫している。

私が受けた戦後の教育における歴史観では、江戸時代はかなり評価が低く、身分制度の士農工商などによるお上の支配、鎖国という言葉のイメージからうける閉鎖的な体制、人々は窮屈な生活を余儀なくされ、世界史からとり遺された島国日本、自由のない封建社会で息をしていた時代という印象が大方であった。興味をもって近世・江戸時代関係の本を読みはじめるとそれらの先入観が次第にくつがえされていく。本稿の主題から外れてしまうので触れないが、今私の頭のなかにある江戸時代は、なるほど江戸時代、やっぱり江戸時代……である。明治維新をへて近代化という欧米化の道をものすごいスピードで突進していった日本、もちろん戦争という大きな試練にぶつかりはするが、私のなかで長い間疑問であった、明治の開国、昭和の敗戦のときに欧米による植民地化、あるいは領土の分断といった事態にいたらなかったのは、たんに歴史の偶然ではなく日本のアイデンティティ（存在証明・主体性の確立）が強固であったためと思う。そのアイデンティティは江戸二百数十年の歴史があればこそ、けっして三百年近くも時間が沈滞していたわけではない。日本の文化が、ちょうど酒が時間によって醸成されるように江戸という時代をへて確立されていたのだと考える。

江戸期の宗教には鎌倉仏教のような傑出した宗教者が出ず、幕府によって仏教が国教化されたことで空洞化した時代といわれることが多い。確かにそのような面はあったが、庶民はお上にあわせつつ自分たちの信仰を持っていた。理屈ぬきで仏教が庶民の生活のなかに浸透した時代、仏教と民俗が融合した時代といえるのではないか。播隆が専修念仏によって山岳修行したのも、当時の沈滞した仏教界という現実はありはしたが、逆に人々は播隆に宗旨宗派をこえて参集したのであった。それは神学というような西洋的な信仰のありかたではないが、無宗教と一言でかたづけられるようなものではない、もっと大らかなもの。話が大きくなりすぎてしまったが、今私は江戸時代を見直しているところ。私たちは民主的な教育を受けてきたというが少々疑問、真に自由ということは難しいことである。

播隆上人講による不動尊像

石川英輔『大江戸えねるぎー事情』によれば、江戸文化の爛熟期だった文政十三年（一八三〇）の遷宮のときは五百万人、当時の人口の六分の一の人々が伊勢におし寄せたという。道筋の人々が施しをするのが一般的であったため、お金がなくても乞食をしながら伊勢参りができた。伊勢参りはたぶんに遊山的な要素があったので街道筋は賑やかであったことと想像できる。中山道は東海道の三分の一程度の旅客数だったといい、急ぎの旅のものは中山道を選んだという（戸羽山ヒロシ『考証・中山道六十九次』）。播隆を考えるとき、まず念仏、そして山岳、さらに中山道。播隆の影は中山道に色濃い。今ふうにいえば、播隆さんの二つのキーワードである念仏と山岳に中山道を加えてみたい。

美濃国足跡余聞

播隆さんの足跡をたどる先々に円空の影がちらつく。円空と播隆とはおよそ百年の隔たりがあり、円空が没して九十一年後に播隆は生まれているのだが、播隆のなかには円空さんが存在していたようである。一心寺には播隆が背負って歩いたといわれている円空仏が遺されており、円空の修行跡である伊吹山、美濃の山中、そして笠ヶ岳登拝など、円空の跡を追うように播隆の足跡が遺されている。文政六年における播隆の笠ヶ岳再興記には円空の名が記されており、この頃にはすでに円空との出会いはあり、播隆が飛騨に修行の地を求めてやってきたときに円空を知ったのであろうか。飛騨には数多くの円空仏が遺されているが、当時は今以上に円空さんの余韻が濃厚であったと思われ、円空と播隆の出会いは容易に想像ができる。現代における私の播隆探訪の旅先においても、しばしば予期せぬ円空仏との出会いが幾度もあった。当時の宗教界における高僧ではなかったが庶民の生活のなかに生きていた円空に播隆は共感をおぼえ、信仰上の先達としてその徳を慕っていたと思われる。

そしてもうひとり、播隆とほぼ同時代に生きた念仏行者・徳本上人の影もちらつく（その高弟である徳住上人も）。播隆の名号碑ではないかと近づくと徳本の名号碑であったり、播

一心寺に遺る円空仏
（寺伝に播隆の護持仏とも）

隆と徳本が同じように地元で語られていたりすることがたびたびあった。文政元年、播隆三十三歳のときに徳本は行年六十一歳をもって死去、両者の出会いは不可能ではないが現実にはなかったようである。徳本は同じ浄土宗の念仏行者であったがその名声は高く、将軍家直参の家臣らにも直接念仏申すほどの行者であり、その世上における評価は徳本のほうがはるかに高かった。現在の浄土宗教団においても徳本の研究はなされているが、播隆はまったくの無名といってよい。播隆の名が語られるのは宗教界ではなく山岳関係、登山史における槍ヶ岳開山という側面でのことである。徳本上人の名号も独特の書体で、遺されている名号軸、名号碑は播隆よりも多い。播隆探訪の先々で私は徳本（あるいは徳住）の南無阿弥陀仏をよく見聞きした。

円空と徳本という二つの山にかこまれて播隆という山がある。三人三様の特色ある信仰者であるが、ともに江戸時代に空洞化し活力を失ったといわれている仏教界にあって、民衆のなかに生き、庶民とともに歩んだ聖《ひじり》であった。私は播隆の足跡を追っていくなかで円空を見、徳本を知ることができた。そして、歴史にその名を残すことはなかったが国教化、制度化された仏教界の狭間にあって、庶民のなかで生きた無名の信仰者たち・聖と呼ばれる人たちをも想像することができた。

昭和四十五年発行の『美濃民俗・第三六号』に円空研究家・谷口順三氏の「美濃の円空仏……播隆上人の出会い」という興味深い一文がある。その中で谷口氏は一心寺に遺る播隆の念持仏であった円空仏に触れたあと、岐阜県羽島市内の某家に伝わる話を紹介している。羽島市は円空生誕の地を主張する円空ゆかりの土地である。某家の当主の話として、天保三年の頃、一枚歯の高下駄に錫杖をとどろかせ声高に念仏を唱える播隆が某家を仮の念仏道場として邸内の薬師堂で里人に布教したという。江戸時代より代々医業を営む当家には薬師如来の円空仏をまつる薬師堂があり、播隆はそこの薬師さんがとても好きだったという。どのような縁で播隆がこの地に立ち寄り某家に巡錫したのかは不詳だが、ここでも播隆と円空が重なっていた。一心寺の安田成隆さんの話では、某家の当主が訪ねてきて、当家には播隆がたびたび泊り、播隆の手紙、名号などの軸が三、四幅あると語られた由。現当主にお聞きしたところでは手紙は確認していないという。名号軸は現在なく、長野県松本市の玄向寺にあるものと同種の、「諸悪莫作衆善奉行」「往生之業念仏為先」と書かれた軸が二幅あるということであった（後日拝見させてもらったところ、玄向寺にある筆跡とは異筆のもので、播隆の署名と花押はあったがどうやらほかの人の筆のようである）。手紙を確認していないので定かではないが、天保三年という具体的な年号は手紙によるものかもしれない。

某家を訪ね現当主から親しくお話をうかがった。家は濃尾大震災で倒壊、現在の建物はそれ以後に建てられた明治期のもの、邸内には薬師堂（医王堂）、茶室などもあり、威厳のあるお宅であった。一心寺を訪ねた先代の名は成隆、その長男は隆という名、播隆さんの隆の字であった。現当主は次男、竹鼻城主の血縁という家系、宗旨は浄土宗という。当家には文人墨客が集まっていたらしい、播隆と医業、どのような関係でたびたび泊ったのであろうか。当時の当主が熱心な念仏者であったのであろうか。播隆の新たな情報は聞けなかったが、当家に伝わる江戸末期の「華岡流手術記録」を見せていただいた。それらの文献は医学史料として貴重なものと思われ、当時としては珍しい外科手術の生々しいものであった。

かねてから一度訪ねたいと思っていた「呂久の渡し」、中山道赤坂宿と美江寺宿のあいだにあった揖斐川（呂久川）の渡し場である。行状記に……大野郡呂久村の渡船場のかねて知べの馬淵林之助氏を訪問玉ひて……云々とあり、一夜の宿泊の様子が記されている。馬淵林之助は熱心な播隆の帰依者だったようで、馬淵家に何か遺されていないかと期待して出かけた。

岐阜県巣南町（現・瑞穂市）は「富有柿発祥の地」碑が建つ富有柿の産地、そして輪中地帯でもある。揖斐川の堤防道路の下に呂久の集落がある。現在の川筋は大正末から昭和にかけての河川改修工事によるもの、それ以前は河川の氾濫に呂久の人々は悩まされていた。集落のなかを中山道の町並が続き、今も遺る家々の石垣が往時の苦労を偲ばせる。堤防道路の車の往来とはうらはらに呂久の中山道はひっそりと当時の面影を遺していた。車を駐車して街道筋を歩いてみる。しばらくゆくと小簾紅園、そのバス停は「和ノ宮前」という。中山道といえば和宮《かずのみや》降嫁の大行列による通行、その大掛りな通行は各宿場に数多くのエピソードを遺している。

幕末の文久元年（一八六一）、公武合体の政情による天皇家の娘・和宮の徳川家への嫁入り、歴史の流れが生んだ人間たちのドラマ、その絵巻物のひとコマが和宮降嫁の中山道通行であった。その行列はたいそうなもので、呂久の渡しは十月二十六日のことであった。江戸幕府の命運をかけた和宮降嫁には厳重な手配、警備が敷かれた。周辺の村人らがかり出され、その行列は約二万人、前後四日間におよぶ大通行、護衛隊は前後二隊に分かれ、前衛は行列の二キロ先、後衛は行列の二キロ後といった陣容、街道筋は掃除、整備が行われ、病乱の者や乞食は外に出さない、当日とその前後三日間は煙をたてない、見通せる範囲での田畑の耕作は中止する、男は見物してはいけない、女子どもは家の入口から二、三尺で平伏して拝見すること、大きな音や高い音をたてない、犬や猫、鶏にも気をつける、当日に出火があっても街道の一里四方は早鐘をつかない……等々、その御触れは徹底しており、人馬ともどもその労力、提供させられた物品等、街道周辺の負担は大変であった。かくて和宮の行列は赤坂宿本陣を午前八時に出発、呂久の渡しには午前十時ごろに到着、大垣藩の用意した船に乗って呂久川（揖斐川）を渡った。このとき、船中にあって悲哀にくれる和宮の目に映ったもの、それは岸辺の色鮮やかな楓の紅葉であった。その紅葉を手にした和宮は……落ちて行く身と知りながらもみじ葉の人なつかしくこがれこそすれ……と詠んだという。

呂久の渡船場跡の標識が建つ小簾紅園には和宮の歌碑があり、小さな公園になっている。近くを流れる小川からはかつての呂久川を想像することはできず、説明がなければ呂久の渡しは見すごしてしまう。河川改修工事以前の呂久川の川幅は平水で約九一メートル、大水で約一八二メートルあったといわれるが、現在の地形からその姿を想像することは難しい。小簾紅園は巣南町（現在は瑞穂市）指定の史跡となっている。

さらにゆくと、浄土宗の即心院があった。播隆と同じ浄土宗の寺であったので、飛びこみで訪問した。来意を告げると住職の立木真澄尼（七十六歳）が親切に応対してくれた。正道院の故・堀乗月さんとは若い頃から親しくしていたそうで、昨年末の放火による全焼を残念がられた。馬淵林之助の名前を出すと御存知で、馬淵家の現当主は馬淵純逸さんということであった。馬淵家は檀家、昔は寺のために力をそそいでもらっていた。この地区で播隆さんの話は聞かないが、徳本のことは知っている。この寺には徳本の名号軸や米粒の名号（米粒に南無阿弥陀仏と書いてある）がある。周辺の民家にも徳本の名号軸がある。ここで徳本は念仏教化したということであった。残念ながら播隆さんの話は拾えなかったが、林之助の家を知ることができた。私のなかで播隆と徳本が重なった。立木さんとあれこれ信仰談義、ココアをごちそうになって寺を出た。

巣南町呂久の馬淵純逸さん宅へ、不在であった。近所の人に教えてもらい仕事先の鶏舎へ。ご夫婦でお仕事中であった。行状記にある馬淵林之助の記述を見てもらう。古い家柄なので古文書類はたくさんあったようだが今は散逸してしまっている。軸類はすこしは遺っているが、しまってあるので……。無理はいえなかったが、馬淵さんのご厚意で家に遺っているものを調べてもらうことができた。迷惑な訪問者であったが二人で探索、しかし播隆関係のものは何も出てこなかった。馬淵さんのお話では、昔はこのあたりの大地主で、村長を勤めたこともあったという。当時の有力者であったようだ。

呂久の渡しは今になく、ただ往時の播隆さんを追憶するのみであった。

先述したとおり、私が播隆さんと最初に出会ったのは円空探訪で訪れた美濃市の山中、片知渓谷にいたる板山の藤田武夫さん宅である。片知山の中腹にある岩屋観音堂への登り口にある藤田さん宅には円空さんからもらったという托鉢椀があるが、じつはこれが播隆のもので、播隆と円空が同一視された伝承であった。このことについても先述したので詳しくは触れないが、文政七年八月と記された木製の托鉢椀には播隆の銘と花押もあった。板山の里には円空仏が数体遺されており、円空は片知山の観音堂に篭って修行したという。峠を越えれば美並村へと通じ、板山はいってみれば円空の里でもある。播隆は円空の篭った観音堂で修行したようで、円空の徳を慕って播隆がやってきたのか、たんなる偶然なのか、ここでも播隆と円空が重なっている。播隆は文政七年八月五日に六十六名という多人数で四回目の笠ヶ岳登拝を行っており、八月前後は飛騨に滞在していた。椀の日付は何を意味するのであろうか。藤田さん宅の托鉢椀は私にとっては片知渓谷の美しさとともに思い出深いものである。

美濃市といえば美濃和紙の産地として名高い。その昔ながらの技法も細々ではあるが連綿と今日に伝わっている。板取川、長良川の清流、素朴な人形劇の大矢田神社「ひんここ祭り」、そして円空さん、美濃の山々はやわらかさを感じさせる。

美濃市吉川町の来昌寺は浄土宗西山禅林寺派、その門前に播隆名号碑が建っている。岩で組まれた台座のうえに碑高二メートルほどの名号碑、「天保三年四月講中」と刻んであった。ちょうど住職さんが出かけるところであった。名号軸もある。伝承的な話は何も聞いていないとのこと。庫裏に声をかけるとご婦人が応対してくださった。昔は大数珠を使って百万遍のお念仏をやっていた。軸はしまってあるので出せない。寺には円空仏があり、拝見させてもらう。二五センチほどの観音座像、柔和なお顔であった。由来は不祥、もとも

来昌寺に遺る円空仏

と寺にあったものではなく他所からきたものらしい。昨日、教育委員会の紹介でやってきたカメラマンが円空さんを粗雑にあつかって撮影していった。ご婦人はその不遜な態度に腹を立てていた。この種の話は円空探訪の先々でよく聞かされた。取材する者は心するべし。

教育委員会で教えてもらった市史関係者の内木茂氏、電話でお聞きしたところでは、市内の石造物の調査をしたが来昌寺以外に播隆名号碑は見あたらなかったという。飢饉、疫痢が流行ったときに上人がやってきて念仏をすすめたとのこと。

最初に来昌寺を訪ねてから七年後、ふたたび来昌寺を訪問した。現住職・秋山成美師に親しく応対していただいた。前のときは二十二世・秋山瑞善師、今回は二十三世・成美師であった。『美濃市史・史料編』（昭和五十四年）に来昌寺文書「播隆行者招請のこと」（天保二年・歴代雑記より抄）とあり、史料確認のために再訪となった。『暦代雑記』は和綴の冊子、歴代住職の名前から記述がはじまり天保四年で終わっており、十七世・然空《ねんくう》の筆である。播隆については二ケ所、天保二年一月二十七日より二月三日までと、天保四年四月の記述があった。今回も原文の解読を佐光篤さんにお願いした。また、岐阜県歴史資料館の伊藤克司さんにもご意見をうかがい参考となった。過去帳によれば然空湛誠上人は安政元年十二月二十一日に死去している。寺の記録としてまとめて書きあげたもののようである。天保四年四月名号石建立の件は天保三年四月のことである。『暦代雑記』によれば天保二年一月二十七日より二月三日まで播隆行者を招請、そのおり寺の修造はしなかったが境内の掃除等の手伝い人はことのほか多く、参詣人が群参したとある。しかし、一両年は念仏勤行も盛んであったが次第に

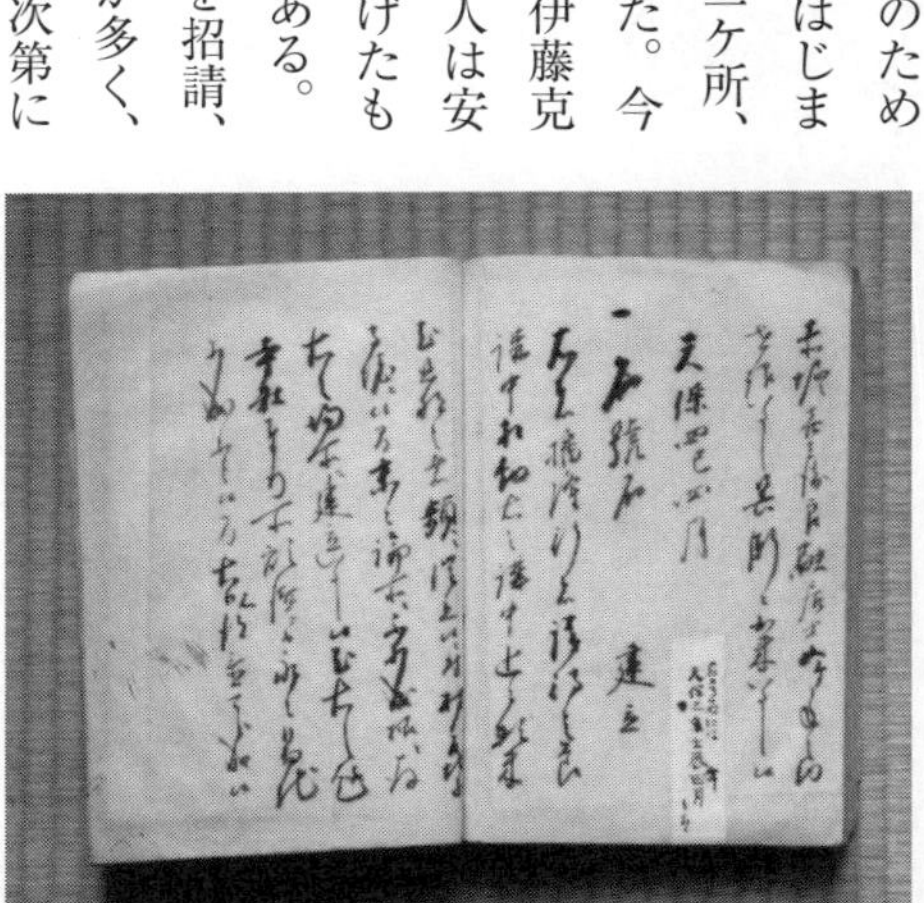

『暦代雑記』にある名号碑建立の件《くだり》

すたれてしまったようで、元来他門の者ばかりで念仏講の継続はおぼつかなく、住職は己の信心が大切である。このことを教訓として、外より請待あっても費用がかかるばかりで念仏繁盛とはいかず、結局は寺の信者に負担がかかるのみで、このようなことは遠慮したほうがよろしい、以上のような内容であった。

この項目は史実として採用してもよいと思われる。内容についてはおもしろく、播隆さんがやってきて念仏が盛んになったということだけにとどまらず、集まってきた人々は宗門を問わず群参、しかし年月とともにその熱もさめ、念仏講の維持もおぼつかなくなり、結果として寺の信者さんに負担をかけてしまったというもの。寺を維持管理していくお坊さん側の苦心がうかがわれ、信仰の世界とはいえ人間くさい文書である。

天保二年ということで播隆の招請と天保の飢饉の関連を想像したが、世にいう天保の飢饉は同四年から七年にかけて起こった全国的な大飢饉のことで、その前兆はすでに三年頃からあったのかもしれないが、来昌寺招請の二年一月頃は直接の関連はないと考えられる。また、門前の名号碑は三年四月とあるので、これも直接的には関連がないと思う。播隆が招請され、その盛りあがった信仰の熱によって建立されたものと考える。仮に飢饉との関連があれば文書にその旨記述されたと思う。

文政十二年から天保三年の間は播隆にとって比較的平穏な時期であったと思う。美濃を中心に各地を巡錫して歩いた。すでに伊吹山禅定、笠ヶ岳再興、槍ヶ岳開山をなして世評は高く、行く先々で熱烈に歓迎された。また、時代の流れも文化文政の華やかな時代から天保へと移行しているときであり、あの風狂の画家・葛飾北斎が有名な「富嶽三十六景」の連作を生みだしたのは天保二年頃といわれている。宿願であった生家の川内道場の再興が許可され、貴重な仏具等を生家に送っている。

天保四年四月の項には「名号石建立」の記述がある。誰の筆なのかわからないが「名号石には天保三年四月とあり」と書かれた紙片が貼ってある。門前の名号碑には三年四月と刻んであるので、然空のまちがいであろう。

その内容は、播隆行者を請待したとき講中の者が出しあい、寺の信者らの催促もあるので、将来争いとならぬように村人らとともに寺境に建立した。その旨は寺社奉行所にも届けてあり、先長く土地問題が起こらないよう心得ておくように。

記述の内容から、勝手に名号碑を建てたのではなく、寺社奉行所の許可もとり、将来地元と建立場所の土地問題が起こらないように留意していることがうかがわれる。名号碑建立についての史料は行状記に一ケ所、美濃国の各務原での名号碑開眼の話があり、信州の「上長尾村小文治の書出帳」の、建立したときの酒代の記録だけである。この名号石建立の項目は貴重な史料である（後年、『各務原市資料調査報告書・第七号』の「前渡坪内氏御用部屋記録」に名号碑の記述を見つけた）。

『暦代雑記』には「播隆行者招請のこと」と「名号石建立のこと」の二ケ所の記載があった。文書は当時の住職・然空が記述した実録であり、史実として採用できるものであった。『暦代雑記』を前に秋山成美さんと信仰談義、まだ拝見していなかった名号軸を見せていただく。床の間にかけてあった南無阿弥陀仏はまさに播隆さん、気分の良い筆致であった。

その後、必要があって再度来昌寺を訪れたおり新たに三点の冊子が出てきた。一冊は十五世・感空順応上人による『御遠忌諸記』、あとの二冊は十七世・然空湛誠上人のものであった。その一冊は『然空遺書』、こんな時すらすらと古文書が読めればそれらしいのだが、細心の注意をはらってページをめくる。天保七、九年の年号があり、播隆関係ではないようだ。もう一冊の表紙は欠けており、下の部分の記の字は読め、その上は雑と読めば読めそうであった。『……雑記』としておく。月ごとの行事が記述してあり、信者さんらの名簿、そして……の儀というように各事柄についての心得、説明といったものが記され、文末に十七世・然空湛誠識、天保十二丑六月とあった。

先の『暦代雑記』が寺の歴史を記録したものならば、この『……雑記』は寺の現況について然空が述べたものといえそうだ。秋山さんの話では、然空はこれを書いた一ケ月後の天保十二年七月に隠居しているとのこと、次の者に教え伝えるために心得もふくめて書き遺したのではないか。文中に播隆さんの名前を見つけた。秋山さんに念のため全ページをコピーしていただく。播隆之儀……と続く項目はわずかに四行、またまた佐光さんに相談する。

その内容は、播隆の儀とあるのは播隆念仏講（他宗門ばかりの）のことだと思われる。その人数が少なく、講を維持していくのが困難なため、御忌十夜梵念仏講以外はかかわらないように寺の信者に申し入れた。講を始めたが運営していくのは難しい、そのことをよく心得ておくように。

『暦代雑記』からもうかがえるが、天保二年に播隆がきて宗門をこえて盛大に念仏講が結成されたが、しだいに衰退していったようで天保十二年にはこのような状況になってしまった（この文書は来昌寺の運営という視点から住職が書いたもの。他宗門ばかりの念仏講のため、直接寺の財政にプラスとはならなかったかもしれないが、念仏繁盛という点ではプラスであったかもしれぬ）。

寺の由緒沿革によれば、来昌寺は念仏の大道場として美濃地方の中心的な寺院であった由。このたびの取材によって来昌寺の播隆関係の文献は二点となった。山門前の立派な名号碑はまるでお堂のように建っていた。

岐阜県美山町日永（現・山県市）の東林寺、長良川の支流・武儀川にそって国道四一八号線を走る。美山町は木の町、山あいの良きたたずまいであった。夏の雨にうたれて山の青、木の緑がやさしい。目的の東林寺は無住であった。この後にまわる谷合の善導寺の末寺、浄土宗西山禅林寺派、人気のない境内に多くの石仏、石碑、墓碑などが一ケ所に集められていた。欠損しているものもあり廃仏毀釈のせいかと思ったが、あとから聞いたところではこの地区に禊教《みそぎ》が流布したとき廃棄されたそうだ。東林寺は禊教の進出によって檀家が減りさびれた。石仏と雨、静寂、そしてカタツムリ。参道に播隆と徳本の名号碑が向かいあっていた。ともに頭部が一部欠損しており、播隆のほうは真ん中から縦に、徳本のほうは横に割れていた。播隆名号碑は一五〇センチほど、針金でしばってあった。文政十三年三月とあり。近所を訪ねたが播隆の話は何も拾えなかった。ほかで聞いた話では徳本の名号軸を所有している人がいるそうで、かつては徳本、そして播隆と念仏の影響が色濃い土地であったようだ。明治時代に禊教、天理教が入ってきた。近くに天理教の教会があった。

続いて美山町谷合の善導寺へ、町の中心地にあった。庫裏では子どもたちが書道を習っていた。あいにく住職は不在、播隆さんのことは何もわからないという。門前の一角にほかの石碑とならんで立派な播隆名号碑、岩で台座が組まれ碑高一九〇センチほどの深彫り、「文政十三年九月十方施主当山三十四世慈空代建之」とあった。善導寺、先の東林寺、そして来昌寺、ともに浄土宗西山禅林派である。浄土宗は大きくは鎮西派、西山派に分かれ、現在は知恩院を総本山とする鎮西派が大勢をしめている。同じ浄土宗だが現在は教団間の組織的な交流はないという。播隆は宗派をこえた念仏行者であったが狭義には鎮西派である。毎年八月には石碑の前でお不動祭りが勤められるという。境内の灯籠に円空上人代と刻んであったのには驚いた。それは昭和の円空さんで、善導寺の歴代には二人の円空名のある住職がいる。

帰路、念のため教育委員会によってみたが無駄であった。美山町の名号碑は文政十三年三月と九月である。同じ西山派の美濃市来昌寺に播隆がやってきたのが天保二年一月、天保は文政十三年の十二月十日に改元されているので、文政十三年九月から四ケ月後が天保二年一月となる。元号は異なるが美山町と美濃市に播隆上人が巡錫したのは同じ時期といえるのではないか。

『美山町史』（昭和五十年）に天保の飢饉に関する興味深い史料があったので紹介したい。天保八年に幕府へ出した「御救御手当願」によれば……別紙書面の人数、この節にては一同飢渇に及び、もはや歩行も相成り難く、平臥まかり在り候てい、実に嘆かわしき次第に御座候……、その別紙書面によると葛原村の人口一六五二人のうち飢餓人数九六〇人、椿村二三三人のうち一三四人などと具体的な数字がならぶ。村人の半数以上の者が身動きできぬ飢餓人であった。また天保十年に尾張藩へ出した柿野村の文書には……流行病などにて多分に相果て、いかようとも死に残り候者どもは……木の実、草々等を食物に仕り、ようやく命を繋ぎまかり在り候……一村皆々死期間近く相成り……すでに亡村に及び申すべくと……この上は、御上様の御慈悲に御すがり申し上げたまわり候ほか、更にいたし方これ無き旨……、うち続く飢饉にくわえ病気が蔓延、一村皆々死期間近という。天保十年とは一八三九年、それほど昔のことではない。お上に借金をしてその場をしのごうとしているのだが、ということは、あるところにはあった、絶対的な飢饉ではなく、構造的に飢えるところが飢えていたのである。

全国的な飢饉が始まった天保四年、播隆は再び槍ヶ岳をめざし、四年、五年、六年と槍ヶ岳登拝、飢饉のなか槍ヶ岳の穂先に鉄鎖をかける悲願のため各地を巡錫。天保十一年には鉄鎖が槍ヶ岳に運びこまれ、その年の十月二十一日、美濃国中山道太田宿にて行年五十五歳をもって死去せり。御来迎、大往生であったという。

【追記】

これは『尾張野追想録』の追記である。追想録の資料提供者である愛知県扶桑町の郷土史家・勝村公さんから新たな資料提供の連絡をいただいたので調査に出かけた。

愛知県大口町の地蔵堂にあるという名号碑を探していると、五条川のほとりに名号碑があった。似てはいるが播隆の書体ではなく徳住であった。場所は大口町御供所、近くの人に尋ねてみたが要領をえず、川のほとりにほかの祠（『大口村誌』によれば津島社）とともに整然と鎮座していた。碑高九〇センチほどの徳住名号碑、徳本流の花文字風の南無阿弥陀仏、天保十三年三月・御供所村中とあり。徳住は徳本の高弟、岡崎市の九品院開山で四十歳のときに徳本に弟子入りして名を徳住と改めた。徳住も播隆に劣らず浄土律を守った厳しい行者であった。天保十三年に死去しており播隆と同じ時代を生きた。その名号碑が各地に建っている。豊田市幸町の祐蔵寺では徳住講が今でも毎月勤められており、徳住と播隆の名号軸が並んでかけられている。思わぬところで徳住さんと出会った。

この辺りで地蔵堂は秋葉様として知れわたっており、それで地蔵堂といって道を尋ねても、とおりが悪いはずであった。大口町奈良子の秋葉三尺坊地蔵堂は五条川のほとりにあった。まず目に入ったのは秋葉山霊場の看板、堂といってもその境内は広く、さびれた様子だが山門もあり、お堂と神社が仲良く並んでいた。境内の一角に名号碑がしっかりと建っていた。碑高一九五センチほどの深彫り、天保十五年六月二十八日とあり。そして、願主・隆観とあった。『大口村誌』（昭和十年）に秋葉様の留守居僧隆観なる人願主となり……、とあり。今まで何の手掛かりもなく、播隆の実兄と同名の隆観なる人物のことが皆目わからなかった。秋葉様の留守居僧なる人物ということで、願主・隆観は播隆のお兄さんではないようだ。しかし、それ以上のことはわからない。村誌によれば、名号碑の石は美濃宝積寺（現・各務原市鵜沼宝積町）辺りのものを運んで作ったという。現在無住の地蔵堂は近くにある曹洞宗・桂林寺の末堂、何か話が拾えないかとそちらへまわってみたが、出てきたのは若い嫁さん、住職不在の空振りであった。地蔵堂は今でも秋葉様の祭礼日には火除けを祈る参拝者で賑わうという。誰もいない境内で蚊にさされながら写真を撮った。

笠ヶ岳再興とその周辺

雨のなか一路上宝村（現・高山市）へと車を走らせた。私の飛騨行きはなぜか雨の日が多い。円空さん探訪のときもそうであったし、二回の播隆さん調査のときも。飛騨の印象は雨、その雨に濡れた山々の青、緑の情感が心に焼きついている。雨のなかをひた歩く播隆、その破れた衣からしたたり落ちる雨のしずく、聞こえてくるのは口のなかで唱える念仏の声と錫杖の音のみ。飛騨の山中を雨に濡れることもなく車を飛ばす私に、念仏を唱える播隆も、それを迎える里人らの心も想像の彼方である。現代に生きる私が播隆探訪の旅などと言ってみたところで万分の一も追体験できない。わずかに当時を追想するのみである。高山市から国府町（現・高山市）をぬけ、大坂峠をこえて上宝村へと向かう県道、窓外の景色を楽しみながら車を走らせていた。

上宝村の平瀬にさしかかると大きな石碑が目についた。道路脇に建つ石碑は南無阿弥陀仏であった。特徴のある筆跡に播隆名号碑かと思ったが、よく見れば徳住の署名と花押が刻まれていた。二メートルもあろうかと思われる立派な名号碑であった。かたわらの案内によれば天保飢饉供養塔とあった。側面に天保十三年二月とあり、播隆が死去して二年後のもの、碑の立派さが天保の飢饉の惨状を物語っているようであった。予期せぬところで徳住の足跡を見た。

播隆と同時代を生きた徳住の名号碑
（天保の飢饉の供養碑）

上宝村教育委員会へ立ち寄り播隆のことを尋ねてみたが新しい情報は聞けず、応対していただいた松田俊彦氏から地元で播隆に詳しい栃尾中学校長の岩本康隆氏を紹介してもらう。播隆が切り開いた当時の登山路はすでに途絶えており、以前有志らによって辿ってみたことがあったが今では消滅したようになっている。笠ヶ岳の登山ルートとしてはかなり険しいものであったという。登山経験のない私にはそのときの険しいルートという意味が実感として理解できなかった。後年、槍ヶ岳から笠ヶ岳へと縦走してみたが、夏山とはいえ初めての三〇〇〇メートル級の登山をガイドブック片手に単独で行い死ぬ思いであった。そのときは登山路がわかれば踏破してみようなどと軽く考えていた。今から思えば登山路が消滅していて命拾いした。

上宝村本郷にある本覚寺は笠ヶ岳登山の先人たちにとっての根拠地であったようである。昭和三十四年発行の熊原政男『登山の夜明け』によれば、昭和五年に松井雪花氏によって本覚寺から播隆の「迦多賀嶽再興記」、およびその他の史料数点が発見された。文政六年(一八二三)に書かれた「迦多賀嶽再興記」は日本山岳史に遺る最古の文献という。その他の史料とは文政八年の本覚寺住職・椿宗和尚による「大ケ嶽之記」、「迦多賀嶽再興勧化帖」、「迦多賀嶽詩之序」、椿宗和尚が文政六年八月の笠ヶ岳登山のときに奇しくも御来迎(ブロッケン現象)を拝した人々の名前などを記した「迦多賀嶽再興記後記」、「再興勧請施主名簿」などの記録だと思われる。

本覚寺を訪ねたときはちょうどお昼時であったので、車のなかで一時間ほど待機する。応対に出てきたのは若いお嫁さんであった。蔵にしまってあるので今お見せすることはできないとのこと、飛びこみの訪問なので仕方ない。境内を散策、寒念仏供養塔が目についた。後で知ったのだが、供養塔の碑面は寒念仏供養となっているが、脇に日本でも最大級の百姓一揆であった大原騒動の義民、善九郎と喜十郎の法名がお上をはばかって刻んである。当時十八歳であった本郷村善九郎が最愛の妻おかよに書き送った遺書を見たことがあるが、それは時代をこえて胸に迫るものであった。首を打たれるときの善九郎の毅然とした態度に並みいる役人らも感嘆してやまなかったという。

播隆ゆかりの本覚寺（高山市上宝町本郷）

上宝村の本覚寺は平安時代から続く天台宗の寺院であったらしく、鎌倉時代の文永年中に道泉が臨済宗の寺として中興開山したという。高山市の宗猷寺の末寺である。現存する史料によれば文永年間（一二六四〜一二七五）に道泉が初めて笠ヶ岳に登り、ついで元禄年間（一六八八〜一七〇四）に円空が、天明二年（一七八二）六月に南裔が高原郷の名主・今見右衛門公明らを案内役として北洲（宗猷寺）と嶺州（本覚寺）をともなって登っている。しかし、その後登山路は廃れてしまっており、文政六年六月頃に播隆がまず登山し、本覚寺の椿宗と相談して地元の今見右衛門公明らの尽力によって登山道が整備されたのが同年七年二十九日であった。ここに笠ヶ岳再興となった。その様子は「迦多賀嶽再興記」「大ヶ嶽之記」などに述べられている。

笠ヶ岳の山名の由来については、「大ケ嶽之記」によれば往古は傘ケ嶽といわれていたが、傘とは天の恵みを避けるものゆえに登山にさいして雨雪の難あり、字義よろしからず、ゆえに迦多賀乏嶽と改められたとある。また、滋賀県の多賀大社の多賀大明神を勧請し迦多賀嶽大権現と称し云々とあるところから迦多賀嶽となったようである。また、人の肩に似ているところから肩ケ岳との別名もあり、椿宗は大ケ嶽とも記している。現在の山名は笠ヶ岳となっている。近江国の多賀大社と播隆の関係は現在のところ詳らかではないが、播隆の行動範囲内ではある。

椿宗和尚はなかなかの人物であったようで、安永八年（一七七九）高山に生まれ本覚寺嶺州和尚の弟子となり、本覚寺十五世の住職として宗務に精励、社会事業として駒鼻峠を改修して交通の便をはかり、また蔵柱川の水をひいて本郷耕地の灌漑に尽力するなどした。そして播隆の笠ヶ岳再興の良き支援者であり、飛騨と信州をむすぶ飛州新道開拓の熱心な協力者でもあったという。笠ヶ岳再興はただ播隆ひとりの力によるものではなく、そのかげには椿宗らをはじめとする里人らの協力、一介の念仏行者を受けいれるだけの時代相、宗教的土壌があったのである。私の予定としては本覚寺から笠ヶ岳を眺望するつもりであったが、雨のために視界はきかず空振りとなった。

行状記によれば、播隆が見仏の弟子として修行していた当初は仏岩と称していたようである。笠ヶ岳に奉納された阿弥陀如来の台座の銘に……見仏上人弟子…播隆仏岩行者……とある。播隆の幼少年期、青年期、および出家の頃の確かな事跡は伝承の域を出ない。史料によって語ることは今のところ無理がある（中山道太田宿脇本陣に遺る「播隆聖人由緒書」がわずかに文化年間における播隆の足跡を語るのみ）。文政元年三十三歳のとき、播隆の僧籍が山城国伏見の一念寺にあったことは生家の中村家文書から明らかであり、文政年間中は一念寺の蝎誉上人、あるいは見仏上人の弟子として念仏修行に打ち込んでいたことは複数の史料から判明している。

「迦多賀嶽再興記」によれば文政四年三十六歳のときに播隆は飛騨国にやってきて上宝村岩井戸の杓子の岩屋（釈氏窟）に参篭する。その昔円空が修行したとも伝えられている杓子の岩屋は笠ヶ岳再興の発心の地となる。「迦多賀嶽再興記」に……塩穀ヲ断テ無言ノ別行相違ナク相勤メオワンヌ……とあり、杓子の岩屋における木食草衣による無言の行の様子が記されており、次いで笠ヶ岳登頂を成し、登山路が廃れて登拝する人がないのを残念に思い、さっそく本覚寺を訪ねて椿宗に相談、天明年中に登頂した南裔、登山の協力者である今見公明ら里人の快諾を得、登山道の整備がなされて文政六年七月二十九日、ここに笠ヶ岳再興となった。その後の伊吹山禅定、槍ヶ岳開山へと向かう播隆の登拝信仰の起点ともいえる岩井戸の杓子の岩屋、登り口の集落を訪ねて古老二人にその所在を聞いたのだが、子どもの頃に登ったきりで最近の様子はわからない。以前、小説家の新田次郎が取材にきたという。新たな情報は拾えなかった。小雨の中だいたいの見当をつけて入山、マムシでも出そうな足もとを気にしながら山中を歩いたが、不案内な他所者の私には無理なようで結局諦めた。残念だが仕方ない。数年後この稿を書くにあたって再度飛騨地方を訪ね、登り口の万葉しげさん（七十八歳）からお話をうかがった。今は木にかくれて見えないが、昔は本郷から杓子の岩屋はよく見渡せた。岩屋の下を馬が通れる山道がついていたという。岩屋は杓子の形をしており、石垣が積まれ、内部の岩壁に播隆が書いたといわれている南無阿弥陀仏の南無の字がまだ遺っているという。円空さんの話は知らない。こんな齢なので案内してあげることはできない。たいした距離ではないが道は廃れてわからないだろう。若いあんたなら行けんこともないだろうと、

杓子の岩屋での播隆上人供養祭

山道の説明を聞いて出かけた。前回よりもねばってみたが到達できず、ただいまと帰ってきたときの格好悪さ。またまた今回も断念、ほかの予定もあって諦めた。山を知らない私には無理か、昔の人に笑われそうだ。岩井戸の観音堂は集落のなかにあり、お堂の前に播隆名号碑があった。碑高一〇二センチほど、年号は刻まれていなかった。万葉さんのお話では月の十八日に今も観音講を勤めているとのこと。

岩井戸から高原川の風光を眺めながら笹島へ。すたすたと歩く播隆と高原川の流れがだぶる。行状記によれば、天保の飢饉にあえぐ村人らが鎌や竹槍をふりかざして播隆のまえに立ちふさがった。近年の飢饉凶作は播隆が神聖なる山域を犯したゆえと暴徒と化した里人に襲われそうになったのである。播隆はその時すこしも動ぜず声高に念仏を唱えて人々を感化し難を逃れたという記述がある。

途中、南裔が「万古不易」の文字を書きつけたという字書岩の巨岩があった。現在は南裔の字に代わって乃木大将の「皇威輝八紘」の文字が刻まれていた。万古不易のほうが巨岩にはふさわしい。

上宝村笹島の集落は現在八戸のみ、家を訪ねてお話をうかがった。ご婦人のお話では笹島の観音堂は円通堂ともいい、案内の木札には薬師堂とあった。観音堂には史跡一里塚の木柱があり、お堂の脇には登山口の起点となる石仏があった。旧暦の一月十八日と四月二十八日には観音堂の祭礼が勤められるという。播隆さんのことをあれこれと尋ねてみたが得るものはなかった。播隆らが再興した登山道は笹島の観音堂を起点にした笠谷沿いのコースである。現在は廃道同然になっており笠ヶ岳登山には利用されていない。当時地元の村では再興を喜び、今後ともこれを無にしないようにと本覚寺に一札を納めている。

穂苅本の中に穂苅貞雄氏が当時のコースをたどりながら、播隆らが一里ごとに安置したという石仏を探す体験談がのっている。それによれば地元の熱心な有志によっても石仏の探索が行われてきたようで、「観音堂」「山の神」「セ畑」「横平」の四体と、山頂から一五〇〇メートル下方の這松の点在する南西尾根のガレ場（礫地）に一体、計五体の石仏、一里塚が確認されているという。

「迦多賀嶽再興記」によれば、釈氏窟（杓子の岩屋）を発心の地と定め、笹島の円通堂（当時は円通堂と呼んでいた）までを歓喜地と定め、それより山頂までを浄刹九品の蓮葉台になぞらえ、十地果満、念仏三昧の霊山と定むと記されている。円通堂の石仏を起点に一里ごとに石仏を安置して一里塚とし、登山路碑を設置したのであった。そして頂上には阿弥陀仏銅像（現在は村上神社の播隆塔に安置されている）を、釈氏窟には阿弥陀三尊（現在は散逸して遺っていない）を安置した。「再興勧請施主名簿」にはそれらの仏像などを寄進した人々の名前が記録されており興味深い。

播隆は山頂までの山そのものを蓮葉台になぞらえており、その蓮葉台に阿弥陀如来を迎えようとしたのではないか。そして本当に、現実のものとして御来迎を拝することになるのであった。文政六年八月五日御礼報謝の笠ヶ岳登山には播隆をはじめとする一八人が登拝したのであったが……一心念仏ノ中、不思議ナル哉、阿弥陀仏雲中ヨリ出現シ玉フコト三度也…大円光ノ中ノ廻リハ白光色、次ノ輪ハ赤光色、外輪ハ一面ニ紫光色ナリ、円ナルコト大車輪ノ如シ、雲上ニ照リ輝カセ玉フ、金体ヲ拝シ奉リ、有リ難キ思イ言葉ニ尽シ難シ……、と「迦多賀嶽再興記」に記されている。山頂において念仏礼拝中に播隆の一行一八名は御来迎を拝したのである。阿弥陀如来は七度出現した。その間の様子を読むと、播隆は二度目の出現のときに初めて拝したのだが、まだ拝していない者もいたため残念に思い、皆がさらに心一つに念仏を唱えるとそれに応えるように続いて出現し、全員が阿弥陀仏の御来迎を目のあたりにするのであった。

山を下った播隆は本覚寺において「迦多賀嶽再興記」を著わし各地を巡錫して浄財を集め、一年後の文政七年八月五日の同月同日に総勢六六名にて笠ヶ岳の山頂に阿弥陀如来像を安置、途中登山路碑として石仏を一里ごとに設置するのであった。この六六名という数は六十六部からきているのか、その中には廻国の行者が二名ふくまれていた。「大ケ嶽之記」によればこの時にも御来迎の奇瑞によくするのであった。これを単に気象条件の成せるわざと片付けるわけにはいかない。播隆らにとっては正に阿弥陀如来の出現そのものであったのである。

この笠ヶ岳再興において播隆は己れの信仰を確立したのではないか。それまでも道心堅固な求道者であったし、それゆえに伽藍に安住することなく山林に道を求めて専修念仏に励んでいたのであるが、笠ヶ岳再興によって現実のものとして阿弥陀如来と対面したのである。高山の山頂は人と天との接点であり、神仏と交流する場である。世俗にまみれた私のようなものであっても、その頂に立てば何かしら神霊的なものを感じるのである。播隆は笠ヶ岳再興の御来迎によって信仰形態をつかんだのではないか。専修念仏の体現、体感としての登山、登拝という行為によって凡夫である私たち世人にも阿弥陀の世界を感得させようとしたのではないか。播隆にとって阿弥陀の御来迎は観想のものではなく現実のものであった。再興の後、南宮山、伊吹山、槍ヶ岳開山・開闢《かいびゃく》と播隆の足は速く、錫はとどまるところを知らない。

また、……暁天ヲ待テ山頂ニ詣シ、勤行終レバ雨降リヌ、是ハ当夏ヨリ旱バツ勝ニシテ、田畑枯焦シ、諸民ノ嘆キ一方ナラザル故ニ、先達テ登山ノ時ニ、来ル五日迄ニ山開大願成就ナレバ、六日ヨリ国中一同エ慈雨ヲ玉ワルヨウト願置ク処、願ノ通リ雨ノ降リケルコトハ、誠ニ今度再興山開ノコト、当大権現ノ神慮ニ相吐フコト匂げ顕然タリト、喜ビ勇ンテ山ヲ下リケル……、旱魃で雨が降らないので笠ヶ岳再興にかけて願をかけたところ、願いどおりに雨が降ったという。御来迎の奇瑞といい、雨乞いの不思議といい、播隆の登拝信仰は確固たるものになった。そして、麓の村では毎月八日と日を定めて念仏講が結ばれたのであった。

「迦多賀嶽再興記」でもそうだが、……檀那寺ノ教化ヲ信心ニ承ハリ……、とあるように播隆は参集した人々を己の宗派に引きいれるようなことはせず、自分の寺を大切にせよと言っている。宗旨宗派にとらわれることなく、ただ仏とつながる念仏を忘れるなと主張している。そのような姿勢であったので他宗派にも受け入れられたのだと思う。他宗派の寺にとっても播隆を招請することはマイナスではなく、かえって寺の活性化につながったのである。

播隆は修行道場を寺院に求めず山岳に求め、一所不住の木食草衣、岩窟深く称名念仏の苦行に生きた行者であったが決して己ひとりの信仰ではなかった。つねに庶民とともにあった。それは高山の登頂だけではなく登山道の整備であったし、念仏講の拡大でもあった。浄土宗の教団における播隆の位置づけはまったくなされていないようである。徳本が捨世派の行者として位置づけされていることを考えると少々不遇のようである。播隆を捨世派とするか、あるいは興律派とするか、『浄土宗大辞典』あるいは『浄土宗全書』などを調べてみても不詳であった。また、槍ヶ岳開山というだけでは播隆は語れない。捨世派、興律派の明確な定義づけはないようだがそれらともすこし違うようだ。念仏の行者、念仏聖、その特徴として登拝信仰と念仏講。

播隆さんと円空さんの足跡は各地で重なっているが、笠ヶ岳においても播隆の再興より百三十数年前に円空が登っている。「大ケ嶽之記」に、……元禄年間、濃陽弥ロク寺ノ開祖円空聖人、当郡五ガク練行ノ時、就中大ケタケハ、阿観百日密行満願ノ霊跡也、即チ手ラ大日如来ヲ彫刻シテ安置セラレタリ……とある。この五ガクがどの山岳をさすのか断定はできないが、もと上宝村金木戸にあった円空仏の背銘には頂上六仏とあり、焼岳、錫杖岳、乗鞍岳、穂高岳、双六岳、笠ヶ岳の山名がある。乗鞍には円空さんの伝承が遺っているし、いま一般に「平湯口の乗鞍開山」といわれているように笠ヶ岳と乗鞍はまずまちがいない。五ガクに槍ヶ岳が入るのか否か、資料がないのでなんともいえない。円空は笠ヶ岳において百日の密行を行い大日如来の円空仏を安置した(円空仏は散逸して今はない)。現代のような登頂のための登山ではなく、円空もまた信仰の登山であった。気品のある雄大な山容から円空が百日の密行の場として笠ヶ岳を選んだのもうなずける。

『円空研究・四』(昭和五十年)所収の上田豊蔵氏「上宝村と円空」には、笠ヶ岳登山を計画していた円空は長雨のために双六川が氾濫して思うにまかせぬとき、善女龍王を造仏して祈願し念願を果たしたという伝承が記載されている。円空の笠ヶ岳登山は双六川からのコースをとったのであろう。笠ヶ岳開山の道泉による登山路は詳らかではない。先述した頂上六仏と記されている十一面観音像と善女龍王像はもと金木戸にあったが全戸離散のために現在は上宝村長倉の桂峰寺に安置されている。この二体とともに移された今上皇帝像の背銘には元禄三年九月二十六日とあり、さらに……当国万仏十マ仏作己……とある。これは円空愛好家の間でよく使われている円空十二万体造仏説の根拠となっているものである（私はこの背銘を十二万体造仏説に結びつける円空愛好家に疑問を感じている）。三体とも良き円空さんである。私の感傷であるが、飛騨に遺された円空仏を見てまわると飛騨を愛していた円空さんが浮かんでくる。そして、そんな円空さんを温かく迎えた飛騨の里人らの姿を。

円空にとって笠ヶ岳は五岳練行のとき阿観百日密行満願の霊跡であり、また岩井戸の釈氏窟に参篭したという確かな史料は遺されてはいないが、その可能性は大である。播隆が円空と出会ったのは飛騨であったのかもしれない。円空は都の仏師の系譜に属さぬ異端の仏師とも称されたりするが、庶民のための仏師、里人のために神仏を彫り出すありがたい仏師であった。円空仏はいつも民衆とともに生きてきた円空さんであった。播隆の行く先々にいつも円空さんが先回りしていたといってもよい（ただし、信州側には円空仏が少ない）。伽藍を捨て山林に修行の場を求め、直接民衆のなかに入りこんで念仏講を広めた播隆に円空さんが微笑んだ。一心寺には播隆が背負って歩いたという円空仏が遺されている。

「迦多賀嶽再興記」に次のような記述がある……一ノ肩八分目ニ岩窟在リ、拙老ハ此窟ニテ精進別行シテ、三日ノ間山頂エ上リ勤行シ、一日一夜ハ立禅定致シ……。一日一夜は立禅定、立ったまま念仏を唱え続けていたのだろう。天保五年、播隆は槍ヶ岳に五十三日間も滞在して修行している。体力は神仏からの授かりものであろうか、山に挑戦するとか征服するとかのレベルではないのである。

笠ヶ岳の山頂から播隆は槍ヶ岳を眺望したであろう。私が笠ヶ岳の山頂で迎えた御来光はちょうど槍ヶ岳の後方から朝日が登り、その頂を染めながら陽が昇っていった。笠ヶ岳再興のときに槍ヶ岳開山を心に誓ったのであろうか。

当時の播隆周辺の史料に槍ヶ岳の文字は見当たらない。この後すぐに槍ヶ岳へと播隆は向かわず、美濃の南宮山、伊吹山での参篭という足跡などが遺されている。

笠ヶ岳再興は播隆の信仰形態の確立とその後の歩みの基点となったものといえよう。

昨夜は栃尾温泉と平湯温泉の二つの露天風呂に入った。栃尾温泉の露天風呂は蒲田川の河原にあったもので、道路から見える露天風呂であった。雨が降っていたが、闇の河原で湯につかりひとりご満悦であった。奥飛騨温泉郷は野趣にあふれ湯が豊富であり、いたるところに露天風呂がある。温泉巡りが趣味だという男性と知りあう。一日に何ケ所も湯に入るという、ここを出たら平湯温泉にゆくというので同行する。

平湯温泉のはずれ、安房峠の登り口あたり、神の湯という露天風呂であった。山中の露天で渓流と残雪あり。湧き出る湯に圧倒されてしまった。暗闇のなかで露天風呂の醍醐味を味わう。旅先の楽しみは温泉、予算の関係で土地処の名物、料理は最初からあきらめている。宿は車、その日の宿泊先は栃尾温泉の某空き地であった。缶ビール一本が伴侶だが、車窓の夜露をながめて眠るのはなかなかリッチなものである。ただ寝つかれないときは夜が長い。

播隆らが笠ヶ岳の山頂に奉納したという阿弥陀仏が安置されている播隆塔は村上神社にある。家並は祭礼の装い、門口には幕がひかれ提灯がかけられていた。神社の拝殿では数人の男たちが餅を切っていた。境内の一隅に播隆塔があり、拝をして写真を撮る。下山させられた阿弥陀様、盗難をおそれての処置であろう。すでに登拝信仰も廃れてしまっているので仕方のないことである。播隆が宿願の槍ヶ岳山頂に敷設した鉄鎖も明治年間に盗まれてしまったという。

毎年五月十一日に行われる播隆祭は飛騨側の北アルプスの山開きとして勤められ、温泉郷のいで湯まつりも兼ねている。新平湯温泉の尾ノ上園地を会場に仮の祭壇が設けられ、播隆塔の阿弥陀仏をお祭りして神事が勤められる。私

笠ヶ岳再興のときに山頂に奉納された
阿弥陀仏

が出かけた年は山岳救助隊員ら地元の関係者をはじめ、行政、観光、報道関係者、未来博のせいか観光客も多く、予想していた以上の盛況であった。阿弥陀様を前に神官さんが祝詞をあげ、神仏習合の神事が執行された。信州側はウエストン祭が上高地で行われるが、山岳史的にはウエストンよりも播隆をより顕彰すべきであろうが、ウエストンの名前は知られているのに播隆はほとんど知られていない。これも日本的といえば日本的か。小雨のぱらつくなか晴間をぬって伝統芸能の「へんべ取り」「鶏芸」が披露された。

一尺五寸余といわれる銅製の厨子に鎮座する阿弥陀仏銅像そのものは掌にのるほどの小さなもの、城州伏見下油カケ町の吹田屋弥三郎・母つる・妻てるが寄進した。寄進者が遠く山城州なのは播隆が山城国一念寺に関係していたからである。厨子の扉を開いて間近に拝させてもらう。

会場で栃尾中学校長・岩本康隆先生にお会いする。生徒を引率して播隆の説明をされていた。地元の熱心な播隆研究家、美濃加茂市の祐泉寺で播隆のお墓をさわったときに播隆の遺骨が確認されたとお話しすると大変喜ばれた。岩本先生に下の公民館で行われていた盛大な直会に連れていかれ、樽酒と食事をごちそうになった。その後、栃尾中学校の校長室で学校給食をいただきながら親しくお話をうかがった。先生がお書きになった播隆の資料をいただいた。岩釈氏窟には人を案内して何回も登った。岩屋には五つの穴があり、その一つが修行場で岩壁には播隆の書きつけた南無阿弥陀仏の南の字がまだ読めたという。先生はなかなかの名物校長さんらしい。思わぬ展開となった播隆祭であった。

平湯峠を越えて国道一五八号線を高山へと車を走らせた。雨のため一度も北アルプスの連峰を、笠ヶ岳を眺望することもなく上宝村をあとにしたのであった。

高山市愛宕町の大雄寺は播隆が巡錫したゆかりの寺院である。大雄寺は東林山香荘厳院大雄寺といい、創建当初は飛騨における最初の本願念仏道場として吉城郡上広瀬村追分（現・高山市国府町上広瀬）にあったが、天正十四年（一五八六）に高山城主・金森長近の命によって現在地に移転した。高山に移った大雄寺は文政十年（一八二七）に院号・香荘厳院を賜わり、徳川家康の尊牌と御影を安置し菩提寺として葵の紋を用いるようになった。

山門に動きの鈍いノミの跡を残す作像だが立派な仁王像があった。六角堂と呼ばれる観音堂が門前にあり、境内には日本で一番大きいといわれる徳本の名号碑が目についた。名号碑は三、四メートルほどの石というよりも岩のようなもので、文化十三年八月二十八日の銘がある。『高山市史』（昭和二十八年）に引用されている『紙魚のやとり』には大雄寺における徳本の教化の様子が述べられている。信州方面から巡錫してきた徳本の一行はおよそ二十名ほど、大雄

高山市・大雄寺の徳本名号碑

寺における教化は……当国未曾有之群参、高山町に菓子・豆腐売切候次第……というほどの大群集で、当時の徳本の人気は絶大であった。そして上人染筆の六字石碑建立が熱狂的な雰囲気のなかで行われたのであった。

当時の記録は『徳本行者全集』に具体的な数字で記載されている。「日課授与名号識」によれば大雄寺の五日間で……大幅名号・四幅、中幅名号・十一幅　中△名号・二十二幅、小幅六万称・三幅……六万辺名号・二百拾人、五万辺名号・壱人、万辺以上・五十壱人、千辺以上・六百六十六人、小幅名号・九千九百四十六枚……、それらの史料から徳本念仏講ができると一〇〇人以上の講中には大幅名号、五〇人以上は中幅名号、五〇人以下には小幅名号というように名号を授与、また日課念仏の数によっても名号が授けられていたようだ。静かな境内にたたずむ名号碑は無言であった。本堂をのぞくと天井などに葵の紋があり寺格の高さを感じさせたが、徳本は浄土宗における捨世派の行者、世俗的なものを捨てた念仏聖であった。若いお嫁さんが応対、あいにくと住職さんは外出中。まもなく戻ってこられるとのことで小一時間ほど時間をつぶして再度訪問、すこしばかりお話をうかがった。現住・田中玄了師によれば大雄寺と播隆とは関係がなく、行状記に記載されている大雄寺の箇所は徳本と立道上人の事跡を播隆のことのように語っている創作ではないかとのご意見であった。立道上人とは京都の嵯峨正定院立道上人のことで、本尊開眼のときに四十八日別時念仏を勤めたという。また、行状記に記載のある加賀屋清五郎は上二之町の酒屋さんではないか、谷九とは日下部家のこと、谷新は家が途絶えてしまったという。それ以上のことはお聞きすることができなかった。

行状記には「大応寺別時の事」の章がもうけられており、……飛州高山大応寺は朱印の大地にして京都知恩院の宮能化の地位なれは……とあり、播隆が槍ヶ岳において別時中……美濃国兼山浄音寺住職立戒……という僧が大応寺の使者としてやってきて、本堂建築落成の入仏供養のため四十八夜の別時念仏に招きたいと言ってきた。行状記の大応寺は大雄寺のこと、立戒は浄音寺のその頃の住職であった龍海のことと思われる。大雄寺の駕籠などを用意しての本格的な迎えにたいして、播隆はそれを固辞して……破れたる袈裟衣と単衣一枚着用にて鎗が嶽修行中の侭なる衣服……

で大雄寺に出向いた。出迎えた大雄寺の住職はそんな播隆の姿勢に恥じ入り、ますます播隆の徳を慕ったという。

行状記によれば、大雄寺において播隆は四十八夜別時念仏を勤めたとある。また、……四十八日結願を告させ玉ひし後元大応寺の入仏供養を勤め終りて広瀬村大応寺元寺に於て一七日別時御営みの上へ再び高山大応寺へ引取玉ひける……とある。この元大応寺、大応寺元寺とは国府町の大雄寺跡のことと思われる。念のために国府町の教育委員会に出向き、大雄寺が高山へ移転したあとの状況を聞いてみたが不詳であった。ただ、『国府町の文化財』(昭和四十七年)のなかの「大雄寺跡」の項目に六間に五間の地蔵堂があったという記述があり、元大応寺あるいは大応寺元寺とはそのことを指しているのではないかと思われる。

昔の面影を漂わせている上二之町の町並、観光客の行きかう高山観光の中心地に造り酒屋・二木家があった。玄関を入るとお店の忙しさが伝わってきた。気がひけたが来意を告げると主人が親切に応対してくれ、家系図を調べてくれた。二木家は加賀屋清五郎ではなく加賀屋長右衛門であった。

日下部民芸館の暖簾をくぐって受付へ、本宅を教えてもらう。日下部家は高山の名家である。応対のご婦人に来意を告げたが、飛びこみの訪問では無理であった。

高山市郷土館を訪ねる。学芸員の谷畠博之氏がていねいに応じてくれた。行状記によれば……谷九谷新及加賀屋清五郎三氏の招待に応じ各家別時を勤め玉ひ、日課三万宛授け玉ひて……とある。谷九は谷屋九兵衛のことで日下部民芸館の日下部家のこと、播隆を招待して別時念仏を勤め、しかも毎日念仏を三万回唱えるというほどの熱心家、探せば名号軸ぐらいは出てきそうな家である。谷畠さんに谷新こと谷屋新兵衛を調べてもらったが不詳、『高山市史』の「高山町年寄日記」に……文化十四年…谷屋九兵衛代新兵衛……なる記述があるので谷新は谷九親戚筋にあたる家ではないかと思われる。加賀屋についてはそれらしい家を三軒ほど教えていただき、後刻まわってみたが結局は不詳であった。『高山市史』の史料には加賀屋清五郎の名前が記載されている。行状記によれば加賀屋は播隆の肖像画を画工に描かせたと記述されている。また、笠ヶ岳再興のところで述べた「再興勧請施主名簿」にはこの三人のほかの名前も記録されており、播隆と高山の町方の人々とのつながりを感じさせる。

郷土館で『飛騨春秋』の編集人・桐谷忠夫氏にお会いした。私たちの話に加わられ、これから私が探索しようとしていた丹生川村の横山六兵衛の古文書についての情報を教えていただいた。平成三年八月の飛騨春秋に後藤吉郎氏による「飛騨国大萱村・横山六兵衛家の記録」が掲載されているとのこと、さっそく谷畠さんが探しだしてコピーしてくれた。三人でひととき話がはずんだ。

史料にある高山の町衆を探索していけば何か播隆の史料が見つかるかもしれない。史料発掘は根気と精力の問題、今回の調査はこれで打ちきる。その足で国府町の教育委員会へ、西岡親男氏に応対していただき遺跡調査報告書を一冊いただいたが、新たな情報は拾えなかった。

行状記に……飛州高原の棒屋方まで…同村棒屋何某方…棒屋の主人諸共現場の始終を……などと記されている棒屋、地図などを調べてみても該当しそうな地名もなく、上宝村教育委員会を訪ねてみた。上野誠一氏が応対、村史編纂室へも問い合わせてくれたが答えが出ず、後日調べて連絡しますとのこと。ほんとうに後日、郵送で返答が届いた。何の肩書きもない者が飛びこみで訪問したのだが、ていねいに回答していただいた。こんなことを文化的というのではないか。近ごろは箱物行政といわれるほど、どこへ行っても立派な建物が増えたが、かんじんの中身、人材が問題なのである。数人から意見を聞いたが詳細については不明で推測程度の意見として……お寺の出先（当時の岩井戸部落の寺役の家）……、という回答をいただいた。

高山市鉄砲町の了泉寺には播隆の歌軸が遺されている。浄土真宗大谷派の寺院、後日知ったことだがその昔国府町宇津江から移転してきたという。応対に出てくれたのは老婦、歌軸は蔵にしまってあるとのことであったが、無理をお願いすると探し出して見せてくれた。住職の弟さんが白川村でお寺をやっており、そこにあったものだという。煤で真っ黒であったのを洗濯して表装したというが、きれいなものであった。歌軸は……忍徳たる事ハ持戒苦行も及べからず……、署名と花押あり。忍の字が図案化されて大きく、力のこもったよどみのない筆跡であった。この寺と播隆とは関係が何もないという。歌軸の確認だけで新しい情報は聞けなかった。

宗教はその道を信仰していないとその味わいがわからない。知識として頭のなかにあっても実際に信仰していないと体感できないし納得できないという面がある。よくわかるけれど腹におさまらないでは駄目で、よくわからないけれど腹におさまるようでなければ。そのへんの兼ねあいが難しい。宗教論争はいつも何かしら虚しい。当時の宗教界一番の碩学といわれた法然が仏典を何度となく網羅し、易行道で絶対他力の浄土門に転進するさまは飛躍そのものである。そのあたりは解説書をいくら読んでも理解できない、説明のできない納得の世界である。宗教心のない第三者には飛躍そのものである。

浄土宗の門外漢である私にその宗教用語、信仰的な意味あいを正確に理解することは難しいことである。時として見当はずれなことを述べているのではないかといつも不安である。播隆さんをわかろうなどと不遜なことは考えていない。この『南無の紀行』を書くことですこしだけでも播隆さんに近づけたらと思っている。

播隆の浄土宗教団における認識、位置づけはほとんどなされていない。槍ヶ岳開山ということで一部の山岳関係者の間で認識されているにすぎない。世間的には新田次郎『槍ヶ岳開山』という小説によって一部の読者に知られているのが現状である。

民芸運動の創始者として有名な柳宗悦は木食仏には興味をもったが、円空仏には初めの頃関心を示さなかった。柳氏は『宗教随想』の「上高地の額」という小文に……もしエストンが播隆上人を知っていたら、大なる先駆者として絶大な賛辞と敬意とを上人に献げたであろう。エストンを認めるのはよいが、播隆上人を忘れる日本人の浅さを想う。

槍ヶ岳を見ると、いつも私にこの嘆きが湧く……もし播隆上人が西洋に生まれていたら、彼は遥かに多く、また深く認められていたであろう。そうして、もし西洋人で、日本登山者伝を書く人が出たら、きっと播隆上人を忘れずに記すであろう。あるいはこれを待って日本人が初めて上人を認めるようになるのかも知れぬ。こういうことがたびたび起こるので、私の嘆きは絶えない。一度は西洋崇拝の足を洗ってはどうか……、と。

浄土宗は江戸時代に教団としての大成期を迎える。徳川家康は熱心な念仏者であり、徳川家の帰依とそのバック・アップによって浄土宗の基盤は発展し安泰となる。幕府の宗教政策によって保護されたことで教団は安定し、寺院の生活は保障されたのだが、そのぶん安逸をむさぼるようになる。そんななかから捨世派あるいは興律派と呼ばれる一群の人々が現れ、教団の刷新とまではいかないが一服の清涼剤となったようだ。捨世派のなかに徳本、徳住らは位置づけされているようだが、播隆の名前はそれらの文献には見い出せない。その事跡からすれば当然捨世派あるいは興律派の念仏行者として取り上げられるべきものと思うのだが、浄土宗大辞典の捨世派、興律派などに播隆の名前はなく、なんとか見つけた唯一のものは山嶽崇拝の項目に……また江戸後期の僧幡隆は槍ヶ岳を開いた念仏僧として知られる……のみであった。浄土宗教団における播隆の評価はまだ低いものと感じられた。

教団が時の権力に接近することによって次第に民衆への教化がおろそかになるのは歴史の常である。江戸時代になると浄土宗は香華御宗門として栄え、徳川氏の威光を背に教団としての栄華を誇るようになった。増上寺は徳川家の庇護のもと絶大なる権威をもつようになり、関東十八檀林の整備のもと浄土宗教団は確固たる地位を手にいれる。それとともに教団は形骸化し、寺院と僧侶は俗化の傾向をたどり始め、その信仰は空洞化していった。そんなとき、あるべき信仰の姿を求め、法然の精神にたちかえり、通常の出世、世の名利を捨て身をもって専修念仏を実践しようとした一群の人々があらわれた。俗を離れ、静寂の地に道場（捨世地、捨世派の寺院）をもうけて念仏行に打ちこんだ人々を捨世派と呼び、戒律を厳守することで宗風の刷新をはかろうとした人々を興律派と呼んだ。捨世派はつまるところ戒律におのずと厳しく、明確に捨世派と興律派を分けることは困難と思われる。また、捨世派ということから世間と離れているものではなく、むしろその求道の姿勢は積極的な教化、布教となって民衆の心をつかんだ。興律派は浄土律を生み、その寺院を律院という。また、捨世といってもその多くの僧侶は檀林修学を終えた僧たちであった。

捨世派は称念をその祖とし、以後その遺風は以八、弾誓などに受け継がれた。徳本は弾誓、澄禅につらなる流儀といわれている。興律派は浄土律の開祖といわれている霊潭を先駆とする。捨世派、あるいは興律派というけれども定まった規律があるわけでもなく、その活動内容は多岐にわたっており、はっきりとした定義があるわけではない。系統だった流儀というよりも各人各様、どちらかといえば単発的な個人的な活動であった。それらは当時の教団では少数派、異端のようであったかもしれないが、宗脈からいえばかえって正統であったといえよう。

私の推察ではあるが、播隆は若い時期に教団の中で修学し、ある時期から念仏行者として教団を離れて山岳へと向かった。その姿は先述した捨世派、興律派のグループに属するのではないかと思われるのだが、現在のところ浄土宗門においては位置づけがなされていないようだ。行状記、あるいは「務台家文書」などに播隆は天保十年に関東の徳願寺（千葉県市川市）において修行し和上となり律宗となったとある。務台家文書に……誠ニ行ハ厳敷事、一生涯木食ニ而、塩気ヲ断……昨年律宗ニ御成被成候ヨリ……朝ハ粟粥、四ツ時ニ食事被成候、去レ共木食ニ而、五穀ヲ断、塩気ハ不被上候、古今稀成大行也……などとあり、生涯とおして木食戒を厳守していたようで、持律の修行僧として一生を終えた。

ただ播隆の場合、先述したように山岳登拝という信仰形態が顕著である。あるいは富士山講、御嶽講のようなものを笠ヶ岳再興、伊吹山禅定、槍ヶ岳開山開闢などをとおして考えていたのかもしれない（槍ケ嶽念仏講と記された名号軸がある）。槍ヶ岳開山、そしてその登拝道の整備を成したところで死去、志なかばであったと思われるが、播隆自身はいつ死んでも大往生できるだけの信仰を常に生きていたと思う。

岐阜県丹生川村（現・高山市）の教育委員会を訪ねると今井隆氏が応対してくれた。「横山家文書」のことは村史編纂室へ行こうと別の建物に案内してもらう。数人の方がお仕事中であった。山里の一角で、村という行政単位が郷土史のために数人の先生をかかえていることに感心した。税金はこういうところに使ってほしいもの、それもたっぷりとお金をかけて。「横山家文書」の原本は横山家にあるらしく、ここには記録したものが保管してあった。今井さんが播隆関係の部分をコピーしてくれる。私たち二人の話を聞いてお仕事中の先生方も話に加わられ、播隆のこと、山登りのこと、渓流釣りのことなど……、ひととき話がはずんだ。播隆に関する新しい情報は得られなかったが、今井さんらにお礼をのべて村史編纂室をあとにした。

「横山家文書」を遺した丹生川村大萱の横山六兵衛こと横山言局は、名主や山見役などを勤めたこのあたりの有力家であった。高山街道の修繕に尽力するなど、敬神崇仏の人柄であったようで、飛騨の学者・田中大秀とも親しく交わったという。安永四年（一七七五）から天保十二年（一八四一）までの六六年間にわたる毎日の天候、物価、天災などの精細な記録を暦の欄外に書き込んで遺した「暦欄外の書込み」は八十八歳で死去する六日前までの記録である。「横山家文書」は「暦欄外の書込み」のほかに「古今横山氏之書」「諸国大変聞書不思議成事集書」「栽桑植樹関係事項」などが現在遺されているようで、ほかにも多数の古文書類があったようだがいつしか散逸してしまったという。

角竹喜登氏によれば、「古今横山氏之書」「諸国大変聞書不思議成事集書」の両記録のなかから播隆関係の記述を最初に確認されたのは笠原吉郎氏で、昭和五年に大萱の横山甚吉宅を訪ねたときのこと、それを飛騨毎日紙上に発表されたという。原本を確認していないので確実なことは言えないが、谷畠さん、今井さんにコピーしてもらった史料を点検すると両記録の記述は重複しているようで、播隆関係の記録は内容的に同じようなものである。

「横山家文書」の播隆に関する内容は四ケ条からなり、その具体的な記述、年月日等をほかの史料と照合しても矛盾する箇所はなく、そのまま採用できる確かな史料である。その一、文政六年八月五日の笠ヶ岳登拝のこと。一行十八名、御来迎あり。その二、文政七年八月五日の笠ヶ岳登拝のこと。一行六十六名、山頂に阿弥陀仏安置、御来迎あり。それに先だつ七月二十四日横山家に宿泊、翌二十五日朝、村方大勢にて折敷地村まで送る。その三、文政十二年七月から八月槍ヶ岳登拝のこと。同年九月十七日横山家に宿泊、同行四人づれ。その折に……是より美濃へ参り、夫より何国へ参る可き哉、定メなしと御噺し成され候……、と。その四、天保六年八月七日横山家に宿泊、御弟子四人。天保五年六月十七日槍ヶ岳登拝の件。同行四人あるいは御弟子四人とあるが、行状記に登場する随伴僧は五名である。参考までに記すと、見岩・隆芝・隆応・隆道・隆載の五人である。播隆の伝承のなかに、播隆から剃髪をうけて弟子となった者は三百八十余人、その中で道心堅固な者が三〇人いたという。槍ヶ岳登拝に随伴したというこの五人は確かな存在と思われる。しかし、残念ながら播隆亡きあとのこれらの弟子の消息を私は知らないでいる（隆芝は正道院三世、美山町の九合洞窟に足跡がある。愛知県東浦町の名号碑に隆応の銘あり）。

横山六兵衛こと言局に播隆は語る、どこへ行くのか定めなし、と。この件を読んで私は感動してしまった。笠ヶ岳再興、伊吹山禅定、槍ヶ岳開山を成してもまだこのような覚悟で信仰しているのだ。その後ろをついて歩きたいと願う求道者がいたのもうなずける。

この「横山家文書」の内容はなかなか充実しており、播隆さん以外の記述も興味深いものが多々あり、全文を紹介したくもなる。思わぬ拾いものがあった。文政十三年九月、高山大雄寺において徳住を導師に授戒会が行われ、二百余人が授戒したとあった。ちょうど揖斐川町の一心寺が播隆のために創建された頃のことである。徳住は徳本の高弟である。先述した天保十三年銘の徳住名号碑・天保飢饉供養塔とあわせ、播隆と徳住の重なりが感じられる。愛知県豊田市の念仏講では播隆名号軸と徳住名号軸がいっしょに用いられていた。また、穂苅本によれば信州で播隆は徳演と話をしている。徳演は徳住が建立した愛知県岡崎市の九品院の住僧であったことがあり、『三河往生験記』の編者でもある。播隆は身近に徳本流儀の捨世派を見聞している。

横山六兵衛の家を訪ねて丹生川村大萱の横山利夫さん宅へ。ちょうど夫婦でご在宅、お母さんもいらっしゃってお話をうかがった。この家は移転してここに建てたもの、当時の家はここではない。すぐ近くの敷地跡には何もなく、昔日の面影を偲ぶことはできない。横山家文書は親類の家にあってこの家にはないとのこと。『丹生川村史』(昭和三十七年)によれば、同家には徳本が大雄寺に巡錫したときに小木曽村の大谷家の人が授与された徳本自筆の名号が遺されているが、現在の横山家にはなく所在は不詳。

人が住めばそこにドラマが生まれ、歴史が刻まれ、文化が育まれる。山里の大萱はひっそりとたたずみ、「横山家文書」は声高く語りかけてはこない。お礼をのべて横山さんの家を辞し、雨に濡れた飛騨の地を離れた。

新田次郎『槍ヶ岳開山』について

昭和四十三年六月に刊行された新田次郎の長編小説『槍ヶ岳開山』によって播隆の名は広く巷間に知れわたった。山岳小説家とも称される新田次郎によって描かれた槍ヶ岳開山播隆、その説得力のある山岳描写はリアリティにあふれ、読者をぐいぐいと終局まで引っぱってゆく。播隆に興味をもった私は文字どおり一気に読了した。文庫本の解説によれば……昭和四十二年秋から軽井沢の文春の寮に缶詰めになって『富士山頂』と『槍ヶ岳開山』に取り掛った。(中略)『槍ヶ岳開山』は半年遅れて昭和四十三年の六月に書き下ろしとして出版された。この二作を書き上げたことによって、私は、なんとかやれるという確信のようなものを得た。作家として一本立ちできるぞと青空に向かって叫びたい気持ちになった。小説を書き出してから十六年経っていた……という。新田次郎にとっても『槍ヶ岳開山』は意味ある作品であったようである。

私は播隆研究ということを忘れ、その新田次郎の筆力によって小説を充分に堪能した。それまで新田次郎の本には手を出したことがなかったのだが、それ以後数冊読んでみた。その山岳に関する含蓄、活写には感心させられた。勿論、その内容は史実そのものではなく小説なんだと充分承知しながらも、播隆の探訪を始めて間もない私の中に、新田次郎『槍ヶ岳開山』はすっぽりと入りこんでしまったのである。小説の影響は強く、播隆研究の道中そのイメージを払拭する努力が必要であった。当たり前のことではあるが、小説は小説であって史実そのものではないし、たとえ具体的な事柄が引用してあろうともそれは作者の表現、フィクションなのである。

何故このようなことを述べるのか。それは新田次郎の小説が独り歩きし、その内容が史実のように語られる例がままあるからである。それは新田次郎に責任があるのではなく、史実として受けとった読者の方にこそ問題があろう。

私は播隆探訪の先々で新田次郎の小説を手にした歴史好きのご老人、郷土史に詳しいという土地の古老らに度々出会った。最近あった具体例を紹介したい。

小説は小説として評価されるべきものであって、史実に照らし合わせて小説を論じることは新田次郎の本意に反するであろう。私は何も新田次郎の評価を下げるためにこれを書いているのではない。独り歩きした小説の影響について述べることによって、小説と史実の違いを認識してもらいたいためである。


平成八年八月二十四日付の中日新聞愛知県版に播隆名号軸寄贈のことが記事となった。犬山市楽田の一色浦の念仏講で使われていた播隆名号軸が傷んだため、犬山市文化史料館で保管してもらうのを条件に寄贈を決めた。地元の口承によれば、犬山城主・成瀬正寿《まさなが》と関連のあるものだということだ。私は早速その確認のために史料館を訪ねた。

応対していただいたのは木下稔さん、名号軸のほかに軸を収納する木箱、念仏講の先達が使う数珠も寄贈されていた。箱の蓋裏には紙に書かれた簡単な播隆の略伝が貼りつけられ、……天命五年（天明の誤り）…山口村放光寺…五十七歳に示寂……などと記されていた。これを書いたのは一色浦の永津久雄さんの叔父さん（故人）らしい。放光寺は瀬戸市に移転しているが現存する播隆の弟子・隆盤に関連する寺で、そのことを知っているのは関係者数名にすぎない。この略伝を書いた人は多少とも播隆を知っていた方なのかもしれない。傷んだ軸を表装し直すにはお金がかかるとのことで、そのことが市へ寄贈するきっかけの一つともなったようだ。記事となった成瀬家と播隆の関連を示す史料は、後日史料館を再訪して確認したが、今のところ何もないとのことであった。市に寄贈された名号軸は立派なもので、播隆の署名と花押があった。播隆の書体は大別して花文字風のものと梵字風のもの二種類に分けられるが、これは梵字風のもの。二つの書体の年代別の区分、書き分けの意味についてははっきりとせず、現在のところ不詳である。

木下さんとお話していると居合わせた女性職員が……播隆さんは尼さんに恋をしていたんでしょ……と語りかけて

きた。私は苦笑するのみ。

記事にあった念仏講の代表者・永津久雄さんに電話でお話をうかがった。昔は月念仏が行われていたが、今は葬式のときとお盆のときに講が勤められているとのこと。私より弟さんのほうが詳しいからと永津茂朗さんを紹介していただく。その後、直接茂朗さん宅を訪ねたが不在で空振り。後日お会いしたのは市の文芸祭の会場であった。茂朗さんは俳人で文芸祭の審査員、会場の玄関で待ち合わせてお話をうかがった。記事となった播隆と犬山城主成瀬侯との関連を裏付ける史料はなく、念仏講の伝承もない、新田次郎の本を引用して語ったことがそのまま新聞記事になった由。私が数年前犬山市周辺を調査したとき、私自身の中にも新田次郎の小説のイメージがあり、何か犬山城主とのつながりはないかと探ってみたが何も見つけ出すことができなかった。今回の記事でこれはと期待したのだが、空振りの三振であった。永津さんから記事の切り抜きと、市の文芸協会の会報に書いたという一文のコピーをいただいた。なかなかの名文であったが新田次郎の小説がそのまま引用されていた。この一文は地元の各戸にも配布されたという。

このようにして歴史が後世作られるのだろうか。円空探訪のときにも各地でこのようなことを現実に見聞きしてきた。小説の影響が新聞記事となり、ここから新しい伝承が作りだされないことを切に祈る。円空さんと違って播隆さんはまだ「これから」の人である。最初が肝心、私たち研究者がしっかりとした態度、姿勢を持たねばならないと自戒する。

永津さんのお話では、私の友人に播隆名号軸を持っている人がいるようだとのこと、判明したおりには連絡してくれるという。犬山市内にはまだ知られていない名号軸がある可能性は大である。今回の記事の件を連絡してくれた扶桑町の郷土史家・勝村公さんの調査によれば、同じ楽田地区の荒井組念仏講にも名号軸が一幅あったとのこと。勝村さんに教えていただいた犬山市荒井の河村鐐市さん宅を訪ねてみた。七十四歳という河村さんは快く応対、名号軸が保管してある公民館へ案内してくれた。播隆の名前は記事を読んでから知ったということで、伝承などは遺っていない。名号軸には播隆の署名、花押があり書体は史料館のものと同じタイプのものであった。軸は傷んではいたが鮮やかな播隆独自の南無阿弥陀仏がするすると目の前に現れた。軸は竹筒にしまってあった。いっしょにあった竹筒（同じ時代のものと思われる）には「文政九年中冬十七日」と刻まれていた。ちなみに同年八月播隆は第一回目の槍ヶ岳登山を行っており、十一月二十二日には生家に母三回忌の「追福之書」を送っている。この年号は参考となる貴重なものである。河村さんによればこの楽田地区は大部分が臨済宗妙心寺派、月念仏はやっていないが葬式が出るとこの名号軸をかけて念仏講を勤めているとのこと。本郷の某家にも名号軸があるらしいとのことで訪ねてみたが見つけることはできなかった。

平成八年十一月三十日付の中日新聞岐阜県版「ぎふ名作の舞台を歩く・八」に新田次郎『槍ヶ岳開山』が取りあげられていた。その日の朝刊を読んでいた私は目を疑った。何度も読みかえしてみたが、そこでは小説の内容の紹介ではなく、小説の内容がそのまま史実として扱われているではないか。しかも文末に……『槍ヶ岳開山』は綿密な調査の上に書かれた小説で、後ろには取材ノートも載せてある……と結ばれていた。同じ播隆研究者仲間のひとりに電話をいれてみた。私と同じ意見で、何らかの対処をするべきではないかとのこと。念のために一心寺、祐泉寺、本覚寺にも電話をいれる。新聞社の担当者にその旨を電話で伝えてみたが、すでに後の祭りである。またまた新田次郎の播隆さんが独り歩きしてしまった。その後、研究者仲間ではないが二人の知人が親切にも新聞の切り抜きを届けてくれたりした。後の祭りではあったが、文章で誤りのところをチェックして新聞社に送っておく。

その新聞の記述によれば、播隆の俗名は岩松（俗名は不詳である。これは新田次郎の創作）、妻おはまを誤って刺殺（これも新田次郎の創作、播隆が結婚していた事実はない）、妻殺しのために出家（出家の動機は研究者が最も知りたいものの一つ、各説あげられるが確実なものはない）、妻殺しの罪をあがなうために修行（これは小説を進展させるための重要な創作であるが、この点は今も播隆の信仰に生きる人たちの心を突き刺すところである）、行年五十九歳であった（新田次郎が小説を書いた時点では生年天明二年・行年五十九歳説が通説化していた。ここ二、三年のあいだに天明六年・行年五十五歳説に書き換えられている。小説の後ろに付けられた「取材ノートより」（この内容が正確でない。綿密な調査の上に書かれた小説と新聞には記述されていたが、より言葉を選んでいえば…小説を書くために行われた取材…といったほうが適切である）、全文訂正が必要な記述であり、論外であった。

小説なのだから小説を事実として受けとめる読者のほうに問題があるといってしまえばそれまでであるが、今回のこの新聞によって新田次郎『槍ヶ岳開山』を史実として読む読者が増えることを危惧するものである。

新田次郎の小説を読物として楽しむことに異論はないが（それとても播隆開山一心寺の住職・安田成隆師のような今も播隆の信仰に生きる信仰者を知っているので心苦しいが）、播隆研究の一つとしてこれを取りあげるつもりはなかった。しかし、その影響が顕著なため看過することができず本稿を起こすことにした。播隆研究の余談としてお読みいただきたい。

私が先ず感心したのは小説の序章である。槍ヶ岳開山の一番のクライマックスをぽんと最初にもってきたことである。槍ヶ岳開山で播隆を支えた中田又重郎とともに槍ヶ岳の山頂、岩壁が天に突き刺さる槍の穂先に登頂、しかもそこで二人は御来迎（ブロッケン現象）に遭遇、読者は序章からいっきに小説の中に引っぱりこまれてしまう。……播隆はそこで名号を唱えるべきだったかもしれないが、播隆の口から出たものは、おはまという呼びかけであった……うまい導入である。文芸春秋から刊行された単行本の帯には……妻殺しの呵責に苦しみながらも未踏の槍ヶ岳登攀《とうはん》に成功した修行僧の偉業を描く……、この百姓一揆で妻を誤って刺殺するという設定もうまい。罪の意識が地下水のように全編を脈々と流れ、出家、厳しい修行、槍ヶ岳開山とつながってゆく。それを縦糸とするならば、妻おはまの面影をただよわす弟子の尼僧への思いが横糸のように交差、男女の人間模様が織りなす緊迫感によって読者はぐいぐいと読み進んでゆく。しかも新田次郎お得意の山岳描写のリアリティ、一流のドラマ仕立てである。この優れた小説に対して史実との相違を指摘してみたところで仕方のないところだが、新田次郎は小説の最後にわざわざ「取材ノートより」の章をもってくる。この自分が実際に行った取材ノートを配置することで、（私もそうであったが）フィクションがそのまま史実のように思われるのである。小説ではあろうが事実に基づいたフィクションなのだろうと。そして、十一月三十日付の中日新聞のように……『槍ヶ岳開山』は綿密な調査の上に書かれた小説……とまで言わせてしまう。

文中の人名、地名、関連する寺院などは取材で入手した成果をいかんなく発揮している。しかし、調査は行っていない。入手したものをより正確に知ろうとした形跡はなく、取材で得たものに巧みなフィクションを加えて小説を構築している。たとえば一心寺の場合、寺に泊まりこんで安田師から話を聞き、播隆の様子やら弟子たちの名前を取材していく（けっして調査ではない。小説を書くための取材である）。そうしてでき上がった小説を安田師が読んで激憤（生家の子孫である故・中村俊隆氏も）、抗議の手紙を新田次郎に送り、その返事の内容は……そのまま書いたら小説が売れない……との由。

あるいは、陰の主人公ともいうべき弥三郎、妻てる、その母つるという人名は、播隆が笠ヶ岳を再興したときに山頂に安置した仏像の台座に実際に刻まれている名前だが、それらの人物の消息は何もわかっていない。槍ヶ岳山荘の穂苅貞雄さんによれば……新田次郎から電話があり、もうひとり人物が必要なので当時の人名を教えてもらいたい、そうしてできたのがガイド役で登場する穂苅嘉平……との由。また、以前新田次郎と出演したテレビ番組で新田次郎がフィクションと史実を区別せずに播隆を語ったのには閉口したとのこと。

小説に度々登場する美濃加茂市の祐泉寺、ここで新田次郎は祐泉寺の先々代・無庵師と出会う。無庵師は戦前戦後をとおして播隆顕彰に勤めた人物であった。地元で播隆上人奉賛会を組織して槍ヶ岳登拝を行ったり、富山の生家を訪ねたりした熱心家、戦前の研究家笠原烏丸氏や戦後の熊原政男氏らとの交流もあり、昭和八年には登山家でもあった秩父宮に天保年間に配布された貴重な「信州槍嶽畧縁起」、特製の写真帳、上人の伝記（笠原烏丸らと作成）の三点を献上するなどしている。また播隆祭も計画していたようで、無庵師の努力によって美濃地方の播隆さんといえば祐泉寺ということになった（当時の播隆の足跡から考えれば兼山町の浄音寺がこの地方の中心、あるいは脇本陣の林家なのだが）。行状記に祐泉寺の名前は登場しないのである。現在祐泉寺にある墓碑、遺品などは林家が再興した弥勒寺の廃寺にともなって後年移されたものである。熱心な無庵師に新田次郎はかなり影響、触発されたようだ。小説における祐泉寺の扱いは史実に反する。

「取材ノートより」では播隆の葬儀が祐泉寺で行われたとあるが、無庵師さえそのようには言っていない。また祐泉寺の記録云々とあるが、記録といえる史料はなく、遺っているのは無庵師の記録ばかりである。上人の墓は三カ所云々とあるが、四カ所にある（まさか岐阜市の正道院のことを知らなかったのか、うっかりしたのか）。祐泉寺には播隆上人の肖像画といわれているものがあるが、これを播隆の風貌を偲ぶ唯一のものと言っている。生家の中村家には播隆の肖像画が二点あり、新田次郎も取材しているはずなのだが（兼山町の浄音寺には立派なものが二点ある）。取材ノートが正確でなくてもよいのかもしれない、それも小説を構成している一部なのだと思えば。

今回この稿を書くにあたり、改めて『槍ヶ岳開山』を見直してみて感じたことは、この小説は播隆の真実の姿に迫ろうとしたものではなく、播隆を使って山岳を舞台に展開された新田次郎のラブ・ストーリー、時代小説なのだということであった。新田次郎は『槍ヶ岳開山』を書きあげたことで小説家としてなんとかやれるという確信を得、作家として一本立ちできるぞと青空に向かって叫びたい気持ちになったという。新田次郎は作品のなかで播隆を語ったのではなく自分を語ったのである。その取材方法、執筆の姿勢から伝わってくるのは小説家新田次郎そのものであって、播隆の信仰に迫ろうとするものではない。一心寺の安田成隆師の意に反してこの小説は売れたようなので、新田次郎の小説家としての野心は果たされたのである。

播隆の調査で岐阜市の岡本友吉さん宅を訪ね、その後友吉さんには懇意にしていただいた。友吉さんはなかなかの数寄者であられ、自宅の茶室で二度ほど接待にあずかった。ちょうどその頃、岐阜市の博物館に円空仏が展示され、私も拝観に出かけた。一目見るなり直感的にこれは怪しいと感じた。一部の研究者が騒いだだけでその時は終わったが、そのことを友吉さんに話した。次にお会いしたとき友吉さんは、信頼している古美術商の話では市内の古美術商のなかでは偽物として相手にされなかったものを市が購入したという。円空に関して私が最も信頼している円空学会の長谷川公茂氏は一目見るなり、これは誰々さんのものだと見抜かれた。その時はそれで終わったが、後に毎日新聞が独自の調査でスクープして事件となった。結局は事件として立件できずウヤムヤのうちに終わってしまった。その騒動のときに聞いた古物商のことばでこの稿を締めくくりたい。

「それが本物か偽物かは問題ではなく、本物で通用するかしないかが問題なのだ……」と。私は真実の播隆を見たい。

山越来迎、生家より

播隆の故郷である越中国河内村は現在の富山県富山市河内（旧・大山町河内）にあたる。河内村は神通川の支流、熊野川を遡った山中の小盆地にある当時九戸ほどの集落であった。戦後日本の山村の多くがたどった運命と同じく昭和四十年頃には廃村となり、播隆の生家である中村家も昭和三十九年秋に山を下りて富山市に移住したという（これは森本清治氏が昭和五十二年七月に私家版で出された『中村・森本家由来覚書』による）。

午前三時、私は車に食料と寝袋をつみ、闇の国道四一号線を一路富山をめざして北上した。山の稜線がほんのりと白みかけて「只今の温度マイナス4℃」とあり、四月の末というのに霜がおり、早朝の畑では焚火、いっきに高山を通過、流葉スキー場の駐車場で小休止、ポットのお湯でコーヒー、車の調子は良し。明け始めた光のなかに山桜、冷え込みのなかで遠慮がちに淡い桃色を見せていた。さらに走って休憩、すこし眠くなったので無理せずに仮眠をとる。車で缶詰、パン、コーヒーで朝食、道路の湧き水で洗面、気合いをいれて走りだす。

トンネルを抜けると富山県であった。今日の天気は上々のようだ。田圃では田植えの準備の真っ盛り、ゴールデン・ウィークは田植えの時期なのか、はっと気がつくと視界に白き峰々、立山の山並が目に映った。濃尾平野の一端に生活する私には御嶽の白峰が神々しいが、この富山においては神々しさのシンボルが立山なのであろうと納得する。素晴らしい山容であった。いっぺんに富山が気にいってしまった。

富山市内に入って数人の人に道を尋ね、そして交番で教えてもらい、ようやく富山市大泉の中村俊隆さんの家にたどり着いた。俊隆さんは六十九歳、播隆の兄・隆観から七代目にあたる播隆の生家・中村家の現当主である（前田英雄氏による昭和三十五年刊の大山史稿『槍ヶ岳開山播隆上人』では八代目となっていたが、ここでは前記の森本氏の記述によった）。来意を告げると快く家にあげてもらえた。中村家は昭和三十九年に富山市稲荷元町に移住したが、近くの燐化学工場による公害を案じて四十七年秋に現在地に再度移住したという。奥さんはすでになく、一人娘を亡くして現在はひとり暮らしだという。すこし耳が遠いようであられたが、私の質問に熱心に答えてくれた。以下、その要約である。

播隆の行年は五十五歳か五十六歳だ。私は親からそう聞いている。五十九歳ではないと言われた。生年および行年についての論証は美濃加茂市の中山道太田宿脇本陣の林家から発見された「播隆聖人由緒書」、播隆が生家にあてた「中村家文書」にある天保六年の書簡の中にある……らくらくと五十年にこへる山坂もとなへ居るこそ六字なりけれ……の歌、この二件の史料によって生年は天明六年、行年は五十五歳と確定したといってよいだろう。前田英雄氏、穂苅本などのそれまで通説のようになっていた天明二年説は行年を五十九歳として没年から逆算したものであった。そのほかに中島正文氏の天明五年、行年五十七歳（没年月日をなぜか天保十三年十一年二十一日としている）などもあった。なお、通説の根拠となっている行年五十九歳を言い始めた美濃加茂市祐泉寺の龍山無庵師については後述したい。

播隆の幼少の頃の話としては、河原へいけば砂に字を書き、炭焼きにいけば灰に字を書くなどして手習いをしていたという。

念仏行者播隆は狭義には浄土宗、家は浄土真宗、兄の隆観は宗旨の違いを心配して各務原まで会いにいったというが、同じ念仏、南無阿弥陀仏なので心配無用と帰ってきたという。そのとき飛騨の本覚寺まで播隆が兄を

播隆の生家跡（富山市河内）

送ってきたということだ。播隆が苦労して再興した川内道場は父、兄の代だけで、その後はふたたび途絶えた。

播隆や兄の幼名、俗名は不明なのだが、私が奇異に感じるのは兄・隆観という名前である。播隆の弟子たちの名前に隆芝、隆道、隆応、隆載などがあるが、そのうちに用いる字にこまって隆一、隆二、隆三というような法名を授けたという。まさか兄が弟の播隆の弟子であったわけではあるまいに、どうして兄の名前が隆観というのだろう。中村俊隆さんに聞いてみたがわからないという。播隆の幼名、俗名といったものは不詳。ただ笠ヶ岳再興のとき山頂に奉納した仏像の台座には……播隆仏岩行者……と刻まれているが、仏岩という名は見仏上人の弟子であったときに見仏からもらったものだと思われる。昭和三十四年四月十四日付の「岐阜タイムス」によれば、山城国下鳥羽一念寺の蝎誉上人から播の字をもらったとあるが、この話は祐泉寺の無庵師からの取材によるもので確かな史料的根拠があるわけではない。

立山町の小又家の仏壇に名号軸がある。小又家は河内の向かいの集落、小原の出の人だという。また、福光町の森本家の仏壇にも名号軸が二幅ある。森本家は親戚筋の人である。

弟子の隆盤は尾張徳川家の殿様が女中に生ませた子で、揖斐川の殿様があずかっていたのを播隆の弟子にした。暁海という弟子も宮家の妾の子だった。この暁海とは暁戒のことであろう。中村家に遺されている通行手形に暁戒の名がある（この話が本当の伝承なのか、後にほかから入った情報なのか、そのあたりのことは不詳。俊隆さんがそのように語られた。ただ、そのような日陰の人物を引きうけて弟子としていた可能性はありうることである）。

ここから飛騨へは山を越えるだけで近い。富山市の檀那寺・覚証寺は空襲でやられて播隆の遺品等は何も残っていない。生家への中継地であった覚証寺には播隆の遺品等があったという。播隆から送られたものが全部そのまま生家に届いたわけではない。そんなことから後年はほかを経由して送った。河内から富山に移住するとき、中村家に遺っていた過去帳等は虫喰いがひどくて消失してしまった。

河内では米も作っていた。炭焼きもしていた。炭焼きというと大変だというが、いつもやっている私たちにとっては大変でもない。山猿、熊もいた。学校への通学問題など時代とともに生活が不便となって離村した。立山信仰は根強く、十五歳になると男の子は成人儀礼として立山に登った。播隆が立山に登っていたのか否かは不詳だが、幼少年時代の播隆が浄土真宗という仏教的な家庭に生まれ立山信仰という地域環境のなかで育ったことはまちがいないことだろう。

中村家は浄土真宗の道場を勤めていた。道場は寺院ではないが簡易な寺、念仏道場としての役割を担っており、中村家は近在の集落、約六十戸ほどの仏事をお世話していた。生家の川内道場は一時期中断しており、播隆らの尽力によって再興され、兄の隆観が父・佐右衛門（順信）の跡を継いだ。それらの事情は播隆が送った鐘の銘文、「中村家文書」などから明らかである。

播隆は天明六年、越中国河内村の佐右衛門（順信ともいう）の二男一女の次男として生まれた。兄の隆観は家を継ぎ、姉のさきは富山の竹内屋治兵衛に嫁いだ。

俊隆さんが河内へ案内しましょうと言ってくれたので、そのご厚意にあまえることにした。廃村となった山村へ独りで行けるか心配であった。途中、俊隆さんの知り合いの料理屋で昼食、熊野川を遡る。ダムを越え、断崖絶壁の山道を慎重に走る。その景観は素晴らしかった。山草採り（山菜）の車がぽつりぽつりとあり、山の向こうは飛騨、神岡だという。

山深い村の生活を平野での米作りの物差しで見てはいけない。私たちは年貢といえば米を連想するが、それは戦後の偏った歴史教育によるものである。米作、農耕中心の価値観では山村、漁村などの実態を見誤る。米が作れなくても狩猟、交易など経済活動はできるのである。以前、美濃の山中で古老に聞かされた。戦後の高度経済成長のあたりから生活が不便になり山を下りたが、昔は米を作るのが馬鹿らしいと思うほど山で稼げたもんだ。狩りや川魚で稼いじゃ町へ遊びに行ったものだと。極端な話ではあるが、身分は水呑百姓だが廻船交易によって大名に金を貸していた者もいたのである。山村を僻地というか桃源郷と呼ぶか、現代の私たちの生活からは想像できないかもしれないが、そこそこの生活をしていたのである。山奥の寒村と一言で語ってはいけない。

熊野川に沿って山道を進む。河内にはすでに人家はなく、播隆の生家は整地されて空地となっていた。中村家の記録によれば、貞享の頃に熊野川の洪水で中村家の道場は壊れて中断していた。宝永年間に佐兵衛という人がこれを修復し、ようやく農家の形をなしたが、道場とは名ばかりであった。それを播隆らの尽力によって天保二年十二月二十日覚証寺から再興を許された。佐兵衛から数えて四代目にあたるときである(森本清治さんによる家系図では六代目になっている)。生家跡の前には熊野川が流れ、「播隆上人生誕の地」という顕彰碑が建てられていた。碑は日本山岳会富山支部、大山町によるもの、碑文には……大往生年五十九……とある。

生家跡からすこし下ったところに中村家の墓地がある。俊隆さんのお話では、このあたりに寺がなく墓は各家が自分の土地の一角に自前で持っているとのこと。熊野川の清流の音が聞こえ、立派なものである。中央に南無阿弥陀仏と刻まれた中村家代々の墓標、左に播隆さん、右に隆観の孫、「法名釈戒忍」、三柱のお墓であった。播隆の墓標には……天保□□年□□□□播隆大比丘……、裏面も判読できず、根気よく子細に見ていけば読めたであろうがカメラにおさめて河内をあとにした(天保十一年十月二十一日弘化四十月建之と刻まれ

生家跡の顕彰碑前で毎年開催される播隆祭

ている)。

播隆の墓は生家、一心寺、正道院、弥勒寺(現在は祐泉寺に移されている)の四ケ所で確認されている。行状記の記述によれば大往生であった。……先達たばをくるる人をまちやせん花の台に半坐のこして……という歌が辞世の歌としてよく紹介されている。……末期の十念最と声高らかと、西面端座合掌礼して念仏の声と諸共に、睡眠が如くに逝遷し玉ひけり……、私は播隆の辞世を南無阿弥陀仏としたい。ときに天保十一年十月二十一日、行年五十五歳であった。

ふたたび中村俊隆さん宅へ、播隆の遺品等を拝見、写真撮影させていただく。まず播隆さんの肖像画、二幅ある。墨画のものと著色のもの、墨画のものは複製したものであった。俊隆さんのお話では、傷んでいるのでしまってあるとのこと。後日わかったことだが、墨画のものは某所に貸し出したときにすり替えられたらしい。著色のものは色が鮮やかであった。仏壇の中に小ぶりの名号軸があった。仏壇は民家のものとしては大きなもの、道場で使っていたときのものだという。そして阿弥陀仏、これも道場のときのもの。厨子入りの護持仏、一〇センチ前後のもの。播隆の護持仏として遺っているのはほかに弥勒寺のもの(現在は祐泉寺にある)、一心寺にある円空仏などがある。裏面に父母の死亡年月日の記された位牌、「□□□□播隆比丘」とあり。

ちなみに父親の佐右衛門(順信)の死亡年月日は天保六年八月十五日、母親は文政七年十二月六日、富山に嫁いだ姉のさきは天保五年八月十二日、ともに旅先でその訃報を聞いている。肉親の死目に会えなかった播隆の情のこまやかさは遺されている手紙などからひしひしと伝わってくる。たぶん播隆は生涯故郷に帰らないと心に誓って念仏修行を行っていたのであろう。江戸時代の古川柳を紹介したい。

……ふるさとへ廻る六部は気の弱り……(六部とは六十六部。六十六ケ所の霊地に法華経を納めて歩く修行僧のこと)。俊隆さんによれば兄の隆観は播隆と二つ違いで六十二歳(定かではない)で亡くなったとのこと、母の名前はわからないらし

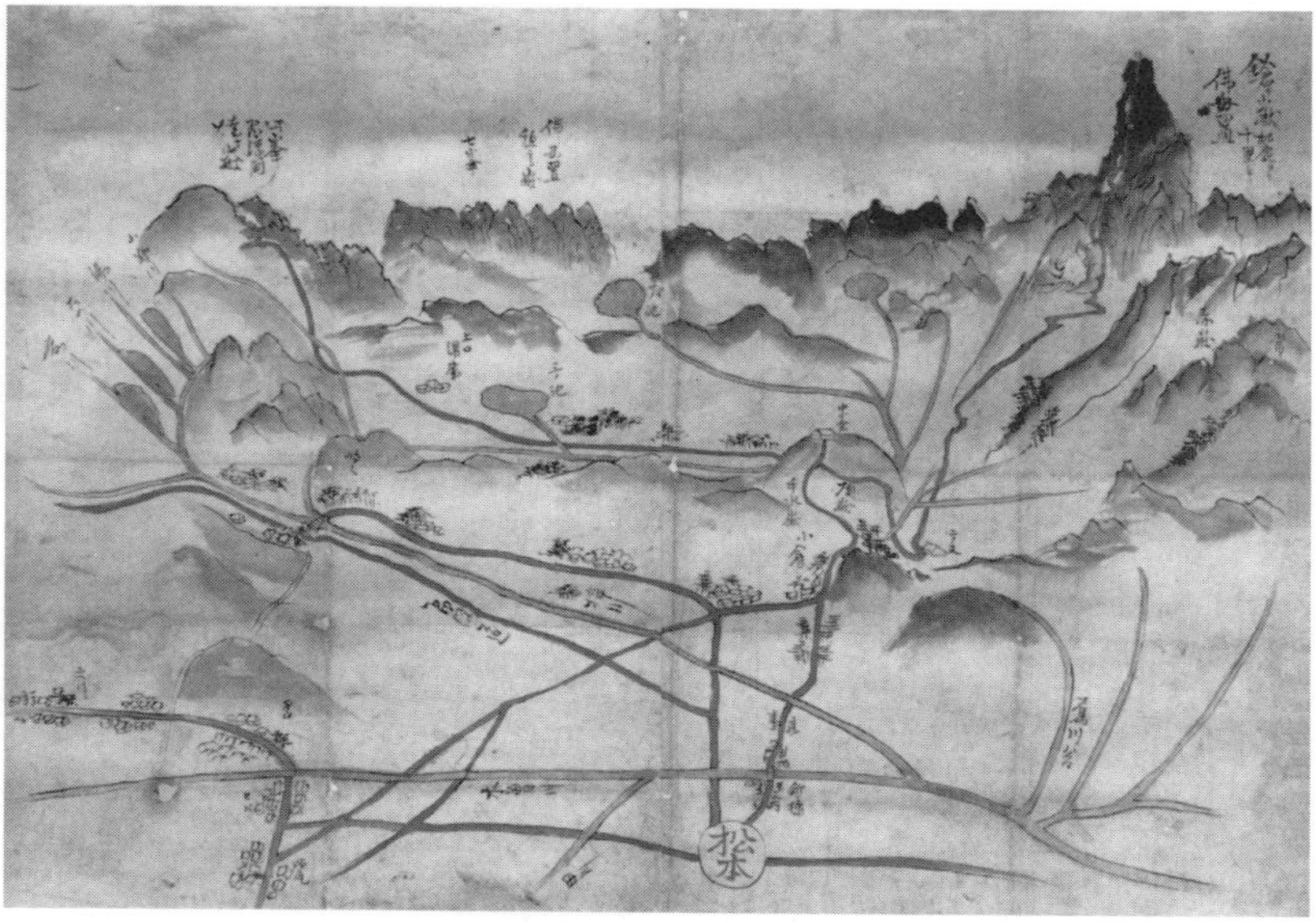

播隆が生家に送った「槍ヶ岳絵図」

い。

　播隆着用の法衣は二着あったが、一つを一心寺に寄贈したので現在は一着。祐泉寺の良典さんのお話では、父（無庵師）が播隆さんの法衣を試着したことがあり、そのときの感じで播隆さんの身長は一五五センチぐらいではないかと語っていたとのこと。

「川内道場」の額あり。額の文字は川内となっており河内ではない。また、葵の紋と播隆院の名前がある提灯箱にはぼろぼろになった提灯が入っており、それには菊の御紋と葵の紋があった。川内道場の額といい提灯といい、播隆と高貴なお方との関係を示す品物である。そのほかに親鸞、蓮如の名号軸もあり、裏書きには寄進者の名前も記されている。それに美濃国岐阜の鋳物師・岡本太右衛門の喚鐘。

播隆が生家の道場に送ったこれらの品物については「中村家文書」に記録されている。俊隆さんのご都合もあり、それらのすべてを確認することはできなかった。

　天保六年二月の父親宛の書簡に添えられていたという「槍ヶ岳絵図」は軸装されていた。これには槍ヶ岳だけではなく穂高連峰も描かれ、その上には……仏安置穂高岳七峰……と記入されている。一心寺の「念仏法語取雑録」にも文政十一年八月一日に……奉安置穂高タケ最頂宝前南無阿弥陀仏名号石一柱基……とあり、これらによって播隆が槍ヶ岳開山のその足で穂高岳にも登拝していたことが判明、播隆は北アルプス登山史に輝かしい足跡を遺したのであった。本覚寺の「迦多賀嶽再興記」とともに「槍ヶ岳絵図」は日本山岳史上貴重な史料である。

また、川内道場の額などとともに送られた蓮如の御文などの冊子。「中村家文書」にある……打金一（穂苅本の資料編に鈴とあるものか）……、これは俊隆さんに聞くのを忘れてしまった。これらの品物を見ていると、播隆が生家の川内道場再興にかけていた心が伝わってくる。自寺をあたえられても寺院に安住せず、生涯を一所不住の念仏修行にかけて果てた播隆の事跡と、これらの生家に送られた品物との落差、私はあれこれと勝手な思いをめぐらせるのである。

昼食でお酒も少々、河内の生家跡への道案内、そして播隆筆の遺品の説明など、俊隆さんはお疲れのようであったが私の求めによく応じていただいた。「中村家文書」は箱にしまってあった。「中村家文書」は昭和三十五年五月発行の『大山史稿』（大山町史編纂委員会）の中の前田英雄「郷土の先賢槍が嶽開山播隆上人」によって発表された。文書には「諸宗皆祖念仏正義論」（文政元年）、「笠ヶ岳再興に関する記録」（文政六、七年）、「濃州一宮南宮奥院山篭記」（文政八年三月二日）、「母の三回忌に寄せる手紙」（文政九年十一月二十二日）、「文政九年十二月十七日の手紙」、「文政十二年八月二十二日の手紙」、「喚鐘・銘に曰く」（天保三年七月）、「天保六年二月四日の手紙」、「親父正念往生祈願の為に」（天保六年七月二十五日）、「河内道場再興にかんする記録」（天保九年二月六日）、「通行手形」（天保九年四月）、「日付不明の手紙」など多数ある。これらの文献、書簡の内容は豊富で播隆研究には貴重なものとなっている。俊隆さんはお疲れであり、時間の関係もあってこれらの全部を確認することができなかった。数点を確認しカメラにおさめるのが精一杯であった。

「諸宗皆祖念仏正義論」の内容は充実している。それによれば、播隆は上方（京都、大阪方面）に出、かねてからの願いどおり浄土真宗によって出家しようとしたができず、縁あって日蓮宗に入って一年あまり修行、しかし元来が念仏宗門のために馴染めずそこを出た。その後、浄土宗に入門し念仏修行の身となった。各寺院を巡り諸宗兼学、そして行きついたのが……我常住念仏宗ト定置也……。播隆の浄土宗、真言宗、禅宗、天台宗、律宗、日蓮宗などの諸宗にたいする批判は鋭い。念仏と題目については……念仏モ題目モ仏ノ本願ナレバ、ナンゾカワルベキヤ……故ニ念仏ト題ハ一ツナリ……、念仏と題目は同じ、一つのものだと説いている。青年期における日蓮宗での一年間の修行は播隆を大きく感化したようで、諸宗批判のなかで度々と日蓮を引きあいにだして批判しており、播隆自身は念仏者であったが日蓮への畏敬の念をちらつかせている。播隆は念仏行の実践のみに生きたのではなく、学僧としても精進していたようである。播隆から見た当時の宗教界は堕落した世界であったようで、既存の寺院を離れ山岳に修行の場を求めていったことがよく理解できる。

文政六、七年頃の笠ヶ岳再興、南宮山奥院山篭などは「中村家文書」に記録として遺されているのだが、それ以前の文化年間の若い時期の足跡は「中村家文書」には残念ながら遺されてはいない。「諸宗皆祖念仏正義論」を書いたのが文政元年播隆三十三歳のときであった。現在、これより以前の足跡を語る確かな史料は林家文書の「播隆聖人由緒書」における文化元年播隆十九歳の学臘、文化十一年播隆二十九歳の法臘のみである。播隆は若年のある時期に日蓮宗に入り、その後、諸宗念仏法を遍歴したが、その子細は不明である。名古屋城下の寺院、あるいは関東十八檀林との関わりなどの事跡はあるが年月日が不詳、新しい史料の発掘を待つしかない。

俊隆さんからは立山町、福光町（現・南砺市）の情報もお聞きした。長時間にわたるお付きあいにお礼をのべて家を辞した。

ここで岐阜県美濃加茂市祐泉寺の十三世・龍山無庵師について述べてみたい。なお、祐泉寺の現住職は十五世の龍山大耕師、十四世は良典師である。通説のようになっていた播隆の生年を天明二年と推定したときの根拠は行年五十九歳であるが、この五十九歳を言い出したのが無庵師のようである。笠原烏丸氏らによる戦前の播隆研究では生年は不明のままであった。行年何歳ということも不詳であった。無庵さんが書き遺した記録、メモ類のなかに笠原氏と出会ったときのことが記されている。それによれば昭和五年十一月十五日のことである。播隆の探索に訪れた笠原氏と無庵さんは意気投合したようで、祐泉寺の書院において両者は終日播隆について語りあったとある。宗旨は違うのだが播隆上人在世当時に復興された弥勒寺の関係から、明治六年に廃寺となった弥勒寺にあった墓碑などの遺物を祐泉寺が引き継ぐことになった。無庵さんはなかなかの事業家であり、逍遥祭り（坪内逍遥）、日本ライン祭り（志賀重昂）、播隆祭りなどを計画していた。昭和三十四年四月十四日の「岐阜タイムス」に載った無庵さんの談話によれば、……太田の人は人間がオットりしていて観光という資本いらずの金儲けをすることが下手なようですな。だから十月のご命日を七月にくりあげて盛大な播隆忌にしたいと話をすすめている。上人が頂上を極められたのは文政十一年の七月十八日から八月にかけてなので実質的にも夏の方が上人さまもお喜びになるだろうし、登山シーズンともうまくマッチすることになると思います……と語っている。祐泉寺には日本ラインの命名者・志賀重昂の碑と槍ヶ岳開山・播隆の碑があり、奇しくも川と山のシンボルが仲良く並んでいる。無庵さんは播隆の顕彰に努めており、無庵さんが書きした播隆の略伝のような記述類が数点ある。良典さんのご厚意によってそれらの記録、メモ類、熊原政男氏との往復書簡、林家関係、弥勒寺関係などの資料を拝見、コピーさせていただいた。以下、これらの資料を「無庵メモ」と称することにする。

戦前、戦後にわたる無庵さんと笠原氏との交流、両者の中で生年、行年が話題にならないはずがない。無庵メモを子細に点検していくと、無庵さんが行年五十九歳を語り始めたのは戦後のある時期からである。笠原氏との間では語っていない。無庵メモにある播隆の略伝は昭和二年「大阪朝日新聞」に掛川喜遊が書いたものの抜粋録、昭和七年九月に無庵さんが勉強して書いたもの、昭和八年六月に笠原氏、岩井一雄氏の協力によって書いたもの（この略伝が秩父宮に献上した播隆の伝記のようである）、昭和二十六年十月の『卯花村誌』からの抜粋によるもの、昭和三十一年十月のものなどがある。文字として行年五十九歳が初めて出てくるのは昭和三十一年のものである。それ以前のものに行年は出てこない。戦前、無庵さんが笠原氏と行年について語っていないところをみると、祐泉寺周辺に伝わる伝承はなかったと思われる。戦後、無庵さんがどこからか情報を得たのかもしれないが、その記録もない。熊原氏との往復書簡にも行年五十九歳の文字はない。昭和二十二年四月に祐泉寺を訪ねた熊原氏が無庵さんから「五十九を一期として没した」と聞いて、昭和三十四年五月発行の『登山の夜明け』でそれを発表した。しかし、その根拠となるものは今のところないのである。日付がないが無庵さんとの往復書簡のなかで熊原氏は、播隆の「らくらくと五十年……」という歌を引用して行年五十五歳を示唆している。昭和二十五年七月に発表された中島正文氏の「播隆上人の生涯と槍が岳開山」には生年天明五年とあるが、その没年を天保十三年十一月二十一日とし行年五十七歳としている。私が調査したかぎりでは無庵さん以外に五十九歳を言っている人はなく、どうやら五十九歳は無庵さんの思い違いか演出のようである。

没年は天保十一年十月二十一日、これは確実である。一心寺、正道院、中村家などの位牌、墓碑などすべて一致している。生年については確実な記録はないが、「中村家文書」にある歌、「林家文書」の由緒書、それに中村俊隆さんが語っている「私は五十五歳か五十六歳と聞いている」との伝承、現在確認できているこの三件をもって生年天明六年、行年五十五歳と確定していいのではないかと考える。

昭和八年六月三十日、無庵さんは槍ヶ岳にも登られたことのある秩父宮に特製の写真集、播隆の伝記（この伝記を作るのに笠原烏丸、岩井一雄が協力）、当時播隆が施本した「信州鎗嶽畧縁起」の三点を献上している。写真集は祐泉寺に一部ある。祐泉寺にある「世の人のおそれははかる槍の穂も……」の歌碑は無庵さんの発願によって建てられたものであることを最近知った。また、弥勒寺が廃寺となったために播隆の墓碑、名号碑は中山道の虚空蔵堂に移転されていたが、無庵さんは昭和の初めごろに祐泉寺に再度移転、着々と播隆顕彰を進められた。弥勒寺の柏巌尼が寺男と駆落ちしたときに書き遺していったという……行く先は弥陀の浄土の極楽に目出度かしくこれよりはなし……の歌については、祐泉寺にごく近い人物によれば……できすぎではないか……と言われ、往復書簡の中で歌の書いてある短冊の所在は不明と無庵さんが返答している。

播隆探訪で祐泉寺を訪れた人に無庵さんは一生懸命語ったのであろう。無庵さんの先見と熱意には一目置くところだが、取材者が祐泉寺で無庵さんの話を聞いて終わっており、その先の探索がない。先とは兼山町の浄音寺、兼山町や八百津町などの可茂地区に遺されている名号碑の数々、兼山町に伝わる念仏行事、播隆念仏講の存在などの足跡である。それらの足跡を知ったのならば美濃における播隆のイメージがかなり変わったであろうし、祐泉寺の位置づけも違ったものになったであろう。

私は無庵さんを直接知らない。後継者の良典さんから無庵さんの思い出話をあれこれと聞かせていただいたが、その良典さんも先年お亡くなりになった。良典さんにはいつも温かく応対していただき、祐泉寺にぽっかりと穴があいたような気がしている。良き出会いであった。

無庵さんの情熱がもっとも描出されているのが新田次郎の『槍ヶ岳開山』ではないだろうか。小説の中での祐泉寺の存在はかなり大きい。もちろん『槍ヶ岳開山』は虚構であって史実ではなく、また史実に即して書かれた歴史小説でもない。いわば播隆を使って書かれた新田次郎のラブ・ストーリー、時代小説である。

立山町に向かって車を走らせた。フロント・ガラスには立山連峰がひろがる。富山県中新川郡立山町浦田の小又安則さん宅、来意を告げると快く応対してもらえた。小又家は河内の近くの小原の出といい、河上家とは親戚だという。

お寺は浄土真宗の覚証寺、仏壇の脇掛として小ぶりの播隆名号軸があった。当時の川内道場の関係であろう。新たな情報は得られず、茶菓をごちそうになりながらお話をうかがった。

この日の宿泊は八尾総合病院の近く、某駐車場に愛車をとめた。駐車場所を探すのにいつも難儀する。地元の人に不審者と思われず安眠できる場所を求めてうろうろするのである。ようやく適当な場所を見つけて駐車、車中で食事、缶ビールを睡眠薬がわりに就寝、夜中に懐中電灯で照らされて目を覚ました。パトカーの巡視にひっかかってしまった。身元を証明するために所持品を見せ、播隆さんの話をする。まあ、仕方ない。ご苦労なことですねと言われ、追い出されずにすんだ。

天気は上々、日中は初夏のようであった。富山県八尾町茗ケ原（現・富山市）の妙覚寺を探して走る。八尾は山あいの風情ある町であった。風の盆で名高い八尾の、起伏にとんだ家並に情緒さえ感じた。ちょうど岐阜県でいえば郡上八幡を素朴にしたような、香りのある町であった。山里に妙覚寺はあった。寺は浄土真宗、飛び込みの訪問であったが十八世・蓮沢淳雄師にお話をうかがうことができた。

妙覚寺の塔頭に覚雲寺があった。昭和三十四年四月十四日付の「岐阜タイムス」に播隆の記事が大きく掲載された。その内容は祐泉寺の無庵師を取材して書かれたもので、『卯花村誌』、「覚雲寺上人伝」を引用して書かれている。この記事を書かれたのは古藤義雄氏、古藤氏は川柳界の長老でペン・ネームを東野大八といい、ご縁があって親しくお付き合いしていただいている。引用されている『卯花村誌』の記述がまちがっており、播隆を八尾の武士の出としている。村誌にそのような記述はない。そして度々引用されている「覚雲寺上人伝」、研究者のなかで問題になるのは上人伝の存在そのものである。無庵メモには『卯花村誌』の抜粋があり、そのなかに覚雲寺のことが記述されているので無庵さんは覚雲寺を知っていた。古藤さんが見たという上人伝は祐泉寺にはない。良典さんも知らないと言われた。笠原氏、熊原氏以後、どこからか無庵さんが入手されたのであろうか、古藤さんも取材記録がないので記憶があいまいだと言われる。今となっては知る術がない。上人伝の存在について蓮沢師は知らないとのことであった。播隆と妙覚寺の関連についても不詳とのこと。「覚雲寺上人伝」は無庵さんと古藤さんの間に突然現れ、そして忽然と行方をくらましてしまったのである。覚雲寺は妙覚寺の境内にあった塔頭ということで昭和三十年頃になくなったという、子細については不詳とのこと。覚雲寺があった場所は現在の妙覚寺のガレージのあるあたりだという。覚雲寺を物語るものは何も遺っていなかった。

蓮沢師が先々代（十六世）から聞いたお話によれば、教団の誰かがこの地を訪れたときに播隆も出迎えに出たという。あいまいな内容の話ではあるが、妙覚寺と播隆の接点を感じさせる話である。蓮沢師によれば妙覚寺はある時期この地を離れていた歴史があり、その留守の時代に播隆が寺僧の真似事をしていたのかもしれないと言われた。播隆の遺品、記録はないと思うとのこと。境内には経堂があり、中をのぞいたらお経が積んであった。寺は昔から学問所であったという。法要のお迎えがきて住職は出かけていった。奥さんがゆっくりしていきなさいと言われ、住職にかわって奥さんからお話を聞く。先代の住職は村誌の編纂に尽力された人で、経典の研究者でもあったという。

奥さんが『卯花村誌』（昭和二十六年）を出してきてくれた。村誌によれば、寺の隣にある八幡宮の御神体は覚雲寺の幡龍という者が刻んだものだという。この幡龍は寛政、享和（一七八九〜一八〇三）の頃にいた者で、この御神体の手相は仏形をしていたという。幡龍は播隆であろうか、寛政、享和は播隆の四歳から十八歳にあたる。播隆が若い頃何らかの関係で覚雲寺にいた可能性は大であろう。村誌をそのまま信用する訳にはいかぬが、その記述の信憑性は高いと思われる。「岐阜タイムス」の覚雲寺上人伝については不詳だが、この卯花村誌は貴重な史料である。播隆は一向宗の覚雲寺では出家できず、「諸宗皆祖念仏正義論」によれば、上方に登り、まず日蓮宗に入門して修行したが一年あまりで離れ、後に浄土宗において出家したと思われる。

村誌の茗ケ原八幡宮の項目には妙覚寺の記録によれば云々とあり、この妙覚寺の記録が何であるのかわからないが、この記録の中に播隆に関する記述があるかもしれない。村誌において妙覚寺第十六世の談として覚雲寺の幡龍が語られ、しかも、その時代がちょうど播隆の幼少年期と一致する。妙覚寺、覚雲寺に播隆の影が感じられる。奥さんにコピーの許しをもらい、コピー機のある町の施設へ走る。必要なところをコピーさせてもらい、代金をはらおうとしたら、職員の口から「いっちゃ！」、その一言にいたく感激してしまった。妙覚寺では茶菓の接待をうけた。帰りぎわに奥さんは茶菓のお菓子を紙に包んでもたせてくれる。今回の越中の旅ではそのようなことが度々あり、それはこの地方の習慣なのか、人々の心の豊かさを感じた。

妙覚寺の隣にある茗ケ原八幡宮、参拝させてもらう。お宮の前の田で田植えの用意をしていた人がいたので、幡龍の御神体のことを尋ねてみた。……三十年前に本殿を修理したときに御神体を見た。「坊さんみたいだなあ」と皆が言った。神像というより仏像のよう、虫喰いがひどく形がわからないほどであった。そのとき代わりに石の御神体を作った。その木像をどうしたのかわからない。大きさは一尺もなく、二〇～三〇センチぐらいのものであった……。幡龍作の御神体は石像に代わり、今はどこにあるやら知れんとのこと。

八尾町立図書館で念のため郷土史関係の図書を閲覧、県史（昭和六十年）、富山市史（昭和三十五、六十二年）などには播隆の記載はなく、生家の地元では意外と関心が薄いようだ。播隆の活動の中心が主に美濃、飛騨、尾張、信州であり、越中に足跡がすくないせいであろう。

播隆の幼少年期、その出家の動機について中島正文氏「播隆上人の生涯と槍が岳開山」（昭和二十五年『山と渓谷』）では……河内村の中村道場の二男二女の中の二男に生まれた播隆は少青年時代は平凡な山男としての生活を送り、長じて二十三歳の時に富山町の近親である某家に養子として迎へられたが二ケ年余の間に愛する妻を失つたので怏々として実家に帰り傷心を家事にまぎらわせて居たが一夜飄然として河内を去り出家遁世の道に身を投じた。時に文化七年、二十六歳の折と云われる……、これらの話は中村俊隆さんのお父さん・佐兵衛氏などからの取材によるものらしい。

あるいは、……叔父にあたる富山の分家の八尾屋（屋号）に行き、家具職人になろうとしたが、生来手先が器用でないので断念し、そこを出て出家した……という話もあった。昭和三十四年四月十四日付の「岐阜タイムス」には……播隆は天明二年、越中八尾村の微禄の武士の家に生まれた（『卯花村誌』）。氏素姓は数誌におよぶ上人伝記のどこにもない。ただ十一、二歳の頃、越中卯花在覚雲寺に入り、十五歳の時、山城下鳥羽一念寺にかわり蝎誉上人の弟子となったとある……蝎誉上人についで翌十六歳のとき泉州河辺の見学上人にも学んでいる。覚雲寺上人伝によると、見学上人につき得度せしが、衆使悉く黙照枯坐の安逸をむさぼり、徒らに光陰を送る輩にあきたらず、上人は自ら進んで行雲流水の旅に上る。師は幼少より天資俊邁にして極めて剛胆なり……とある。

行状記においては、その幼少の頃の記述はなく、十五歳の冬にふと世のあじけなさを悟り、浄土門に帰依、出家しようと念願したがまだ若年ということで親の許しが得られず、十九の春に和州の阿辺が峰の見仏上人を知り、剃髪し名を岩仏（仏岩の誤り）と改めて見仏上人のもとで念仏修行したとある。播隆が結婚していたとは考えられない。現在発掘されている史料において結婚の事跡を推察することは不可能である。ただ中島氏が拾われた説はあるが、佐兵衛氏の後継である俊隆さんは結婚については語られていない。出家の動機については生家の道場という宗教的な家庭環境、川内道場再興の事情、そして最も大きいのは播隆自身の宗教的資質と思われる。

故郷を出た播隆は二度とその土を踏まなかった。川内道場再興の宿願をはたし、近くまで巡錫したこともあったが、播隆の信仰信念は堅牢であった。しかし、生家にあてた手紙からは情け深い播隆の姿がうかんでくる。図書館の駐車場で腹ごしらえ、妙覚寺でいただいたお菓子を味わう。風の盆という越中おわら節、八尾の町をあとにした。

中村一家の菩提寺である覚証寺は富山市西四十物町、浄土真宗大谷派である。越中富山の薬売りには幼い頃の思い出がある。我が家の置き薬の補充に定期的に訪れ、紙風船などをもらうのが楽しみであった。そんな感傷もあって初めて訪れる富山の町並に期待していたが、戦災で町が焼けたせいなのか、町並は日本全国どこにでもある戦後の地方都市の姿であった。寺は市街地の一角にあった。住職さんは葬式で不在、奥さんに応対していただいた。寺は昭和二十年の空襲で全焼、御本尊は疎開させていたので無事であったが、その他のものは焼失してしまった。播隆関係のものは何も遺っていない。今までにも二、三件問い合わせがあって調べてみたが何もなかった。播隆にまつわる伝承も聞いてはいないとのこと。本堂にはコウモリの巣があり、風が吹くたびにフンが落ちてきた。夏になるとコウモリが見事なものですと奥さんがおっしゃった。播隆がやっとの思いで再興した川内道場は天保二年十二月二十日覚証寺から許されるのだが、中村家に遺されている記録では一代限りのお許しである。……美濃国揖斐山播隆上人之依所望其元河内村道場旧地称中興俗道場衣一代令許容者也天保二年卯十二月廿日覚証寺大田山河内村順信……。当時の覚証寺と道場の関係に何らかの事情でもあったのかもしれない。

市内にはまだ路面電車が走っていた。信号機のランプが縦型、富山の人の走行速度は岐阜よりもゆっくりであった。富山県福光町（現・南砺市福光）の森本理喜生さん宅、正確な住所を聞いていなかったので不安であったが、なんとか電話帳で探しだすことができた。あいにくと夕食時であったが、私の勝手な都合でそのまま訪ねる。来意を告げると快く応対していただけた。理喜生氏、そのお母さんのあやさん（七十五歳）にお話をうかがう。仏壇に二幅の脇掛があり、「帰命尽十方無ゲ光如来」「南無不可思議光如来」とあり。ともに播隆の署名と花押があった。これと同種の脇掛として滋賀県伊吹町の神戸弥さん宅のものがあり、神戸家のものは「帰命尽十方無量光如来」。森本家は播隆の兄・隆観の次男・理平を初代とする。理平が中村家の隣家・河上家の娘と結婚して富山へ出た。当時、富山に出るには武家の名が必要であったので森本家の分家ということにした。理喜生さんは理平から六代目、播隆の代からは七代目にあたる。あやさんのお話では、理平が富山に出るときにお祝いに播隆が名号軸を書いてくれた。空襲のときにあやさんのお母さんが名号軸を白布につつみ背負って逃げて守ったという。森本家は建具屋をやっていた。なんでも中村家の親戚が当時富山で大工をやっていたとの由。森本さんに分家の森本清治さんが書いた『中村・森本家由来覚書』を見せてもらい、コピーさせてもらう。理喜生さんは登山をする人であった。パンや山菜、竹の子などをごちそうになり腹いっぱいになる。帰りぎわに缶詰などもいただき恐縮してしまう。

夜になっており迷ったが、理喜生さんから聞いた清治さん宅を訪ねることにする。元気を出して再び富山市へ、訪ねまわって富山市稲荷元町の森本清治さん宅のドアをたたいた。時計は九時三〇分をまわっており、申し訳ないと思いつつ来意をつげた。清治さんは入院中で不在であったが、夜の訪問であったためにそのご子息の誠治さんが在宅であった。私がお母さんと話していると奥から出てきた。誠治さんは大学の卒論で近世の山岳仏教と播隆をからめて書いたということで播隆ゆかりの地も歩かれていた。やはり覚証寺には播隆の遺物があったが戦災で焼失してしまったという。播隆さんを語るお母さん、誠治さんの顔立ちがいずれも上人に似ており、誠治さんは肖像画の播隆さんによく似ていた。新しい情報は聞けなかったがお礼をのべて家を出た。

私家版の『中村・森本家由来覚書』によれば、播隆が死去したとき、弟子や信者によって遺品とお供えのお金が生家に運ばれた。お供えのお金は五斗入りの叺に三杯、その中には小判もあり、金額は不明だが当時としてはかなりの大金であったという（無庵メモには弥勒寺で葬儀（火葬）を行い、古式により三日間その法体を信者に拝ませ、上人の所持金五十円（両のまちがいか）とそのとき集まった賽銭五十円、計百円で播隆塔をつくったとある）。

疲れていたがそのまま国道八号線を丸岡へと走る。富山の人々のあいさつは、コンニチハではなくてゴクロウサマデスであった。眠気とたたかいながら、半分眠りながら八号線を走った。

ふたたび富山を訪ねたのは七、八年後の晩秋の頃であった。すでに中村俊隆さんは亡く、跡継ぎを先に亡くされた中村さんの自宅は無住となってしまった。播隆の遺物等の保護、管理が気にかかる。

平成三年六月に大山町によって播隆像が建てられた。場所は大山町歴史民俗資料館（当時）の近くの広場、亀谷温泉の一角にあった。一目見るなり松本駅前にある上人像を連想した。雰囲気としては同じイメージである。法衣を風になびかせ錫杖を手にした勇ましいものである。松本の像と同様に播隆さんのお顔ではないようだ。松本のものは玄向寺の先代のお顔である。資料館の館長さんの話によれば、これを作るときに松本の像を写真に撮って参考にしたという。現在確認されている播隆の肖像画は数点あるが、お顔としては中村家にあった墨画のものが一番であろう。京都の六波羅蜜寺にある念仏聖・空也像の印象と私自身の播隆さんのイメージとが重なっているせいか、松本と大山町の像には異様なものを感じてしまった。資料館には播隆の資料は何もないとのことであった（現在は中村家の史料、遺品などが保存、展示されている）。

前の館長さんが播隆に詳しいからと自宅に電話をいれて紹介してもらう。その足で大山町小見の浅野静さんを訪ねた。浅野さんは八十一歳とのこと。以前資料館で企画した播隆上人展のときに収集した資料を見せていただく。本棚の蔵書は充実しており、浅野さんの郷土史にかける情熱が伝わってきた。新たな情報は得られなかったが播隆研究の先輩である。地元の立山信仰と播隆の関係については、特別なものはないとのことであった。播隆像のある広場では毎年「薬師岳夏山開き」が勤められ、像ができてからは播隆上人顕彰祭も併せて勤められている。像が建ち播隆祭も

播隆上人像
（富山市大山歴史民俗資料館近くの広場）

勤められ、生家のある地元での顕彰はなんとか形がついたのではないかと語られた。私は浅野さんの口から播隆は立山信仰の影響が大きいとの意見を予想していたが、関連性はないとのご意見であった。

播隆関係の史料のなかに立山信仰が語られているものはない。その足跡をたどる道中においても立山信仰を感じたことはなかった。ただ、播隆の生家が越中の河内村にあるので立山信仰の影響が想像できるのではないかと考えていたのだが、直接的には関係ないと思う。富山において立山は精神的なシンボルである。それは何も信仰という面だけのことではない。毎日立山の峰々をあおいで生活する富山の人々にとっては身近な親しみのあるお山なのである。立山登山は信仰上の登拝以外に成人儀礼、社会習慣としての登拝という面もある。越中では男子は立山登拝をすませて初めて一人前の成人と認められるという風習があり、現在においても精神の拠り所、ふるさとの誇りとして語られる。播隆がはたして立山登山をしたのか否かそれは想像の域をこえないが、幼少年期において立山登拝について見聞きしていたことはまちがいない。当時の立山信仰が播隆の信仰的な資質を育んだ一因とみることは可能だが、立山が当時の人々に与えていた以上のものを播隆に与えたとは考えられない。播隆が遺した書簡などの史料に立山の影は見えないのである。立山信仰が後の伊吹山禅定、笠ヶ岳再興、槍ヶ岳開山などの山岳修行に何らかの影響をおよぼしたとは考えられない。立山が当時の越中の人々の精神的背景として存在していたように、播隆にも立山が存在していたという程度に考える。現在確認されている史料からはそれ以上には考えられない。立山連峰のふもとに生家があるということから無理に関連性を云々する必要はあるまい。

播隆の山岳登拝という信仰形態については、私は当時台頭してきた御嶽講の動静に注目したい。御嶽はそれまで一定の行を修めた一部の道者しか登ることができなかったのだが、覚明によって天明五年（一七八五）新たに開山され、御嶽登拝の門戸が広く民衆にも開かれた。御嶽のふもとを足しげく往来していた播隆に御嶽講の発展が肌で感じられたに違いない。もちろん、御嶽講の発展が直接播隆に影響したというのではない。当時の時代背景の一つとして覚明による御嶽中興開山を考えたい。

大山町の教育委員会を訪ねた。前田氏らによる『大山史稿』以上の調査、新たな情報はないとのこと。念のため町立図書館の郷土史関係を閲覧、情報なし。図書館前の駐車場からはうっすらと雪をかぶった立山連峰が眺望でき、町のどこを走っていても立山は目に映えた。大山町から立山町、常願寺川に沿ってドライブ、雄山神社、称名滝の標識、そのまま進めばアルペンルートである。晩秋の空気は清澄、立山の山容に立山禅定を想う。滝の落差三五〇メートルは日本一という称名滝、その昔、法然が立山登拝したおりに滝の音がお念仏、南無阿弥陀仏に聞こえたところからの命名という。アルペンルートは富山から黒四ダムを経由して長野にいたる雄大な山岳観光ルート、まさに日本の屋根を横断する大自然のパノラマである。それは天正十二年の冬、佐々成政が軍事目的のために立山、黒部川、後立山を踏破して信州へ抜けたいわゆる佐良佐良越えの壮挙の現代版、軍事目的が観光に変わったのであった。美濃に住む私が木曽川をながめ、東に御嶽、西に伊吹山を仰ぐように、富山の人々にとって立山の峰々はなくてはならぬ存在なのであろう。立山の風土に生まれ育った播隆は幼少年期の、おそらくは十代のある歳に故郷を出た。

目をさましたのは丸岡町（現・坂井市）の某駐車場、朝から小雨であった。近くに水道が見あたらないのでティッシュ・ペーパーで洗面、護城山を探す。ふもとに鳥居があり、車中にて朝食。福井県丸岡町は……一筆啓上、火の用心、お仙泣かすな、馬肥せ……で全国に名を売った。これは徳川家康の家臣・本多作左衛門重次が陣中から妻に送った手紙である。簡潔な手紙文として有名である。お仙（仙千代）とは重次の子、後の丸岡城六代城主・本多成重の幼名である。これを丸岡は町おこしに活用、日本一短い手紙文コンクール「一筆啓上賞」を企画、これが大ヒットとなった。

中村家文書の「天保六年二月四日の手紙」に……越路ノ経回、北国寒風ノ荒雪ヲシノキテ、丸岡城ノ安楽寺ニ宿シ、亦復城下ヨリ廿町斗リ隔テ護城山ト云アリ、此山ノ半腹ニ錫ヲトトメ……冬安居念仏三昧ノ勤行勇猛ニ座シヌレハ……とある。播隆は天保五年に第四回目の槍ヶ岳登山をなし、このとき槍の穂先に七十間の藁で作った「善の綱」をかけて登山路を整備、また、西鎌尾根を縦走して笠ヶ岳に登拝するなど山上での播隆は充実していた。下山した播隆は美濃に帰り（手紙で濃州に帰るという表現をしている。播隆にとって美濃は帰る所であった）、その年の初冬の末、越前の丸岡に巡錫したのであった。この手紙によれば、富山の竹内屋治兵衛に嫁いだ姉・さきが病死したことを翌年になって知る。姉の死を半年後に知った播隆は……南無阿弥陀仏ト申テ、疑ヒナク往生スルソト思ヘトツテ申ス外ニハ、別ノ子細候ハラス……と述べ、法然の歌……露ノ身ハココカシコニテ消ントモ心ハオナジ花ノ台ソ……と記す。播隆が丸岡にやってきたのは天保五年の初冬の末、四十九歳のときである。すでに播隆の名は世評高く、播隆の心は一介の念仏行者であったであろうが、迎えた丸岡の人々の歓迎は熱烈なものであったと思われる。

　鳥居から頂上にのびた石段を傘をさして登る。中腹に石仏群があり、展望がひらけた。丸岡城下を見おろすことはできたが日本海は眺望できず。下山後、ふもとの集落の古老を探して話を聞いたところでは、昔は尼寺があって山をお守りしていたという。念仏講は現在やっていないとのこと。『丸岡町史』（昭和四十二年）の記述では、中腹の庵寺に尼さんが住み村々の信者と念仏講を作っており、山頂の神社は念仏講が管理していたという。手紙には……此山ノ半腹ニ錫ヲトトメ、国内ノ里ハ足下ニ見、三国ノ滄海ヲ遥ニ詠テ……とあり、錫をとどめたのは中腹の庵寺であったか。播隆は護城山において冬安居念仏三昧の勤行を勇猛に勤めたのであった。

　さらに登ると頂上には金刀比羅神社、八幡神社があった。福島恵喜子が作ったという新八十八ヶ所もあり、その石仏を順にたどってみた。案内によれば、天保六年に福島恵喜子は金刀比羅神社の社殿を山頂に建て丸岡領鎮護の神とした。その後たいした風水害もなく、人々は護城山と呼んだ。（播隆の手紙によれば天保五年の初冬にはすでに護城山と呼ばれていたようだが）社前には文化十四年の石柱もある。ちょうど護城山が活況を呈したころに播隆がやってきた。播隆が巡錫したことによってさらにその炎は燃えあがったのであろう。丸岡の護城山と安楽寺、周辺になんらかの足跡、遺品があってもよさそうだが今のところ確認されていない。ふもとの八十代の古老は播隆の名前を知らなかった。岐阜県関ケ原町の「奥田家文書」、春日村の「川合区有文書」にあるように、播隆が動くときには地元の庄屋などから領主にたいして許可願いが出されており、越前巡錫の記録、史料がどこかに眠っているはずである。参集した人々に名号が配布されたであろうから、今後どこからか名号軸などが出てくるのを期待したい。

昭和二十三年の福井大地震の直撃によって丸岡城は倒壊、幸い類焼だけは免れ、古材を大部分活用して復元、昭和三十年に修復再建された。丸岡城は犬山城とともに現存する天守閣のなかでは最も古い建築という。端正な城姿が丸岡によく似合う。丸岡に生家跡がある作家の中野重治のエッセーに……子どものとき毎日のようにこの城を見ていたことが、美ということについてある種の基礎を私にやしなってくれた……、と。郷土史の閲覧に訪れた図書館に中野重治記念文庫があった。播隆については何も拾えなかったが、町史をコピーすることができた。お城の脇にあった歴史民俗資料館を訪ねると、職員の女の方がわざわざ地元の郷土史家・岩崎新之助という方を電話で紹介してくれた。電話で失礼ではあったが播隆の消息を尋ねた。上人のことは聞いたことがないとのことであった。

丸岡町石城戸の安楽寺は浄土宗のお寺、住職は町の教育委員会に勤務という。安楽寺はさっぱりとしたお寺であった。その足で教育委員会を訪ね、住職の小新善瑞師にお会いする。安楽寺は天正五年の創建、その昔は律宗の厳しいお寺だったらしく、古い鐘に常行念仏の寺ということが記されている。過去に二回ほど全焼しており記録は遺っていない。播隆の遺品などもないとのことであった。播隆と安楽寺のつながりは不詳であった。

越前の足跡について、播隆の手紙以上のことは得ることができなかった。丸岡町から永平寺町、勝山市、大野市と走り九頭竜川をさかのぼる。その車窓の景観を楽しみながら国道一五八号線を帰路についた。途中、九頭竜ダムで一息いれ、車のすくない渓谷の国道をゆったりと走行、九頭竜湖の風景に見とれた。いっきに通過するのが惜しく、車をとめた。ラーメンを作って時間のずれた昼食をとる。雨のあがった空、九頭竜の山並が心に染みた。ひととき豊かな自然のふところに抱かれていた。ふと仰いだ対岸の山の向こうから父と母がひょっこりと顔を出したのである。今は亡き父と母がにこにこと笑っていた。私は涙があふれてきた。

車は油坂峠にさしかかり福井と岐阜の県境を越えた。それからは下りの坂をあっさりと白鳥の町に抜けた。越中、越前の旅から山越来迎の図が私の心にすっぽりと入った。

播隆研究補遺

◆『信州鎗嶽畧縁起』大坂屋佐助なる人物について

『信州鎗嶽畧縁起』（以下、略縁起とも）についてはかつて「播隆研究」第十号（二〇〇九）で、述べたので繰返さないが、そこで触れなかった点について述べてみたい。大坂屋佐助なる人物のことである。

略縁起以外の史料に佐助なる人物は記されていない（今後の調査で発掘されるかもしれないが、現在のところ略縁起だけである）。正道院に遺されている「念仏法語取雑録」（「播隆研究」第十三号（二〇一二）に原本が写真版で紹介されている）に略縁起を要約したと思われる文章が載っているが、なぜか佐助なる人物が削られている。略縁起を印施した中心人物の記載がなぜないのか不思議である。又十郎の記載はあるので、意図的に削られたのかもしれない。略縁起を読むと又十郎は従で佐助が主である（又十郎が農夫と記されている）。

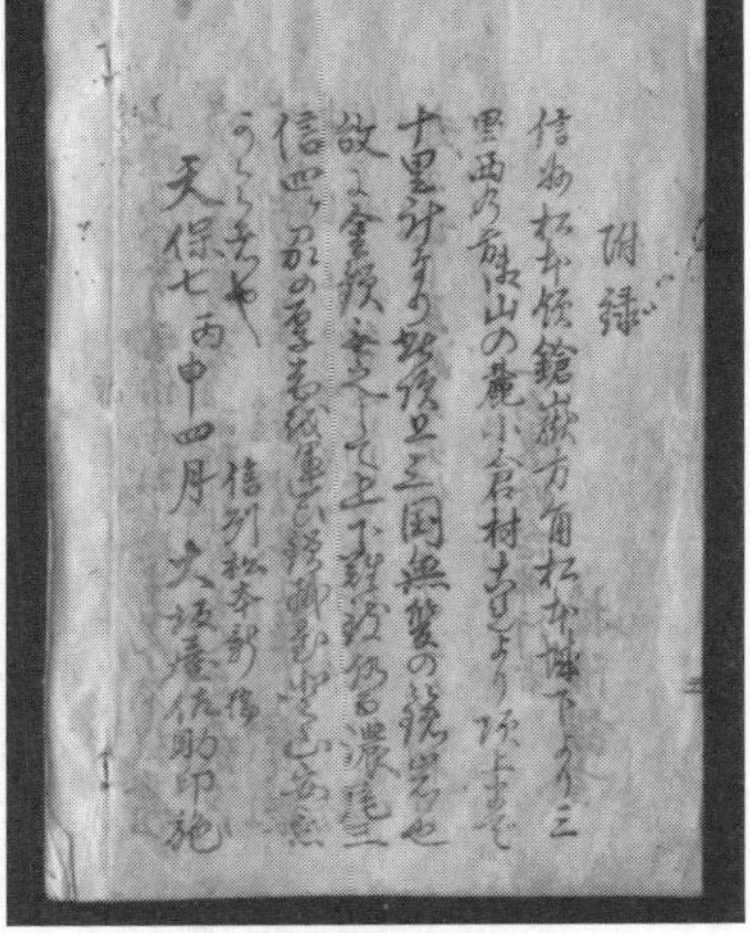

『信州鎗嶽畧縁起』付録

付録の部分の版木に埋め木してある点など、当時何らかの事情が播隆側と佐助とのあいだ、あるいは又十郎と佐助のあいだにあったのではないかと推測する。播隆の槍ヶ岳開山はたんに信仰的な播隆だけの事業ではない。同時進行していた飛州新道開発など、地元経済界を含めた動きの中で成されたものである。新道開発の主導者であった地元の有力者・岩岡家と大坂屋佐助の利害関係など複雑なものがあったと想像できる。新道の里道争いは現実的な厳しいものがあり、新道完成直前に又十郎は里道変更で失脚する。

わたしが調査で一番強く感じた疑問は、略縁起が確認されている場所であった。略縁起は現在のところ三点、美濃加茂市の祐泉寺（中山道太田宿の脇本陣林家にあったものと思われる）、岐阜県図書館（祐泉寺に二冊あったうちの一冊）、松本市の穂苅家（松本の某所にあったもの）、二ケ所での確認である（鉄鎖の浄財を集めるために使われたものなら二ケ所以外の一心寺や正道院など美濃、尾張で確認されそうなものだ）。略縁起は笠ヶ岳再興の『迦多賀嶽再興記』のように播隆謹書でもなければ、播隆の署名、花押もない。

佐助がいた松本市新橋の跡には大盛堂という製菓会社がある。周辺の家などで大坂屋佐助のことを尋ねたが不詳。地元で拾った話では大正の末頃まで商売をしていたらしく諏訪あたりに転出、大谷姓で魚屋さんだったという。大坂屋佐助の名前が三郷の「務台家文書」のような史料から出てくるとよいのだが、略縁起が印施された当時の状況が不詳である。

◇播隆の師、見仏と蝎誉《かつよ》について

播隆の師といわれている見仏との蝎誉について、その存在について否定するものではないが、その足跡を調査する中で判明してきたことや感じたことを述べたい。

見仏が播隆の師であることは、一心寺に遺る見仏名号軸に見られる記述や過去帳、笠ヶ岳再興のとき山頂に奉納された阿弥陀仏の台座の銘、行状記など各地に遺されている史料で間違いのないことだと思われる。蝎誉についても現在確認されている関ケ原町玉の「奥田家文書」「本覚寺文書」生家の

一心寺に遺る大きな見仏の名号軸

「中村家文書」など複数の史料から間違いのないことだと思われる。

播隆は「大阪の宝泉寺」見仏の弟子ということになっていた。昭和三十八年に出された穂苅三寿雄『槍岳開祖播隆』の巻頭に掲載されている写真の中に宝泉寺が紹介されている。わたしが確認した最も古い記録は、大正十五年七月一日発行の『信濃山岳会報』に掲載されている赤鳥帽子山人「槍ヶ岳の開山播隆上人」の記述である。それによれば、玄向寺の過去帳に播隆が大阪の宝泉寺の見仏の弟子になった云々とある。玄向寺の現住・荻須真教師に過去帳を調べてもらったが、そのような記述はないとのこと。

写真で紹介されている宝泉寺（大阪市天王寺区生玉町）を調べてみたが不詳であった。法蔵寺（安曇野市豊科）の大沢法我師の調べでは、生玉町内の大善寺さんが宝泉寺を兼務、寺名は残るが現在建物はなく駐車場になっているとのこと。周辺の寺を数ヶ寺あたってくれたが見仏のことは何もわからなかったという。大阪の宝泉寺の見仏がどこからきたものか、現在のところ不詳である。文献史料にはないが、伝承として播隆さんの周辺でそのように言い伝えられてきたのか。行状記などにある「阿辺が峰の見仏」がどこの者なのかよくわからない。また、阿辺が峰がどこの山なのかも今のところわかっていない。足跡が確認できるのは数幅の墨跡、岐阜県御嵩町周辺の見仏名号碑、見仏念仏講などである。

京都市伏見区の一念寺の蝎誉、わたしは蝎誉が一念寺の歴代住職だと勝手に思い込んでいたが、確認することができなかった。知恩院浄土宗学研究所に問い合わせてみたが見仏、蝎誉のことは不詳であった。

播隆の師といわれている見仏、蝎誉は今後の研究課題である。

◇◆播隆はなぜ丸岡に巡錫したのか

天保五年八月一日、播隆は槍ヶ岳を開闢《かいびゃく》すると、いったん美濃に帰り、その足で越前国丸岡城下に巡錫する。そのことは天保六年二月四日の「中村家文書」に記されている。ではなぜ、播隆は丸岡に出かけたのか。そのほかに史料がないものかと丸岡町を訪ねたことがあるが、その時の調査では、巡錫先の丸岡城下の安楽寺、冬安居念仏三昧の修行をした護城山、その周辺の聞き取り調査などでも、播隆のことはまったくわからなかった。

昨年、富山県立山町の佐藤武彦氏から「北陸石仏の会～旧三国町と芦原町の石仏めぐり～」という資料を送っていただいた。それにはあわら市宮前の御前神社「西国三十三ヵ所観世音石龕《せきがん》」が紹介され、三十三観音のほかに仏岩上人（仏岩は播隆の別名）、源空上人（法然）と刻まれた浮彫りの地蔵立像があった。石龕の建立は元禄八年（一六九五）なので仏岩と刻まれたのは後刻ということであった。丸岡の近くなので、播隆の新しい足跡が確認できるかもしれないと出かけた。事前にこの資料を書かれた滝本やすし氏に電話でお聞きすると、播隆が石龕建立後の人物なので地蔵立像に仏岩上人と刻んだのは後刻だろうとのことで、いつ刻まれたのかは不詳とのこと。お話では仏岩を播隆と特定された言

丸岡町　安楽寺

い方であった。また、あわら市郷土歴史資料館の橋本氏にも電話でお尋ねしたが、『あわら市の文化財』の記述以外のことは不詳とのこと。仏岩が播隆を指すのかわからないということであった。御前神社の周辺を歩き、神社について詳しいという斎藤一郎氏を訪ねる。斎藤家は神社がここへ来たときにいっしょについてきたという。神社は無住で地区の人たちと斎藤さんが管理している。石龕の由来、播隆のことは何も知らないという。市の文化財に指定されているので、何らかの由来があったのであろう。石龕は神社の脇にあり、扉を外してもらって仏岩上人と刻まれたものを私なりに確認したが岩の字がはっきりと確認できなかった。後刻がいつのことなのか。播隆が師の見仏からもらった仏岩という僧名が確認できるのは、笠ヶ岳の山頂に奉納された仏像の台座銘であるが、銘は文政七年のもので、天保年間の史料には播隆ばかりで仏岩は使われていない。師の見仏を調べたとき、同名が多数あり、播隆が生きた時代の見仏が誰なのかわからなかった。どのような経緯で仏岩と刻まれたのか、この仏岩を播隆と特定してよいのか、今のところ研究課題であるが、播隆が巡錫した丸岡はすぐ近くである。

「中村家文書」に……初冬ノ末、越路ノ経回、北国寒風ノ荒雪ヲシノキテ、丸岡城ノ安楽寺ニ宿シ……、冬の寒風と荒雪の中、槍ヶ岳開闢を成した播隆がなぜ丸岡にむかったのか謎である。

冬安居念仏三昧の修行をした護城山

◆播隆研究の経過

明治三十九年に長野県の教師、丸山文台・高島畔園・野本紫竹の共著で松本市の高美書店から刊行された『槍が嶽乃美観』は、古本の世界では稀覯《きこう》本として名高いシャレた洋本である。明治二十六年に刊行された和本の行状記は、播隆の信仰につながる人たちにとっての聖典のような播隆一代記である。『槍が嶽乃美観』は播隆信仰に関係のない人たちによって出された播隆研究の最初の書籍と位置づけるべきもので、信州側の伝承や史料、一心寺の史料などを採用しながら行状記を検証しており、充分ではないがたんなる行状記の焼き直しではない。

大正五年になると松本市の鶴林堂から『槍ヶ岳案内記』が刊行され、その中で代田晒子「槍ヶ岳縁起」が「中村家文書」、『信州鎗嶽畧縁起』を採用して播隆を紹介している。短文ながら貴重な研究である。代田氏は生年を天明五年としている。

昭和初期に飛驒の笠原烏丸氏が丹生川村の「横山家文書」、『信州鎗嶽畧縁起』を、戦後になって「中村家文書」を紹介された。笠原氏はどこまで史料批判をしたのか、ほかの史料との整合性を考慮したのか疑問だが、略縁起の記述をそのまま採用して槍ヶ岳初登頂文政十一年説を発表する。発表された記述には「従来世上に行はれていた天保五年初登頂登山説」云々、略縁起による槍ヶ岳初登頂文政十一年が「横山家文書」と「ぴったりと符合していた」云々などとあいまいな論証である。また、訪れた祐泉寺にある役行者像を播隆像にちがいないと考えたり、富山の前田英雄氏が持ち込んだ「中村家文書」をそのまま播隆の親筆だと断定している。

珍しいところでは昭和十九年に浅見淵による創作民話「槍ヶ岳の鉄くさり」が刊行されている。そこでは槍ヶ岳の尖った山頂をノミと金槌で刻んで平らにし、座禅を組んで修行する播隆が描かれ、登りやすくするために鉄鎖がかけられる。戦争末期に日本の偉人として播隆が紹介されている。

昭和十六年に発表された富山の中島正文氏による「神河内志」には、江戸時代の上高地、飛州新道の状況が記述されていて参考になる。昭和二十五年に中島氏は「山と渓谷」誌に「播隆上人の生涯と槍が岳開山」を発表する。その中で『信州鎗嶽畧縁起』の播隆謹言を謹書としたり、「念仏法語取雑録」の槍ヶ岳登頂日、没年などを誤記している。また、播隆の修行の足跡を「……主として京都から西国筋である」と記しているが、根拠となる史料は何なのであろうか。中島氏も生年を天明五年としている。

戦後になって熊原政男氏が祐泉寺の無庵師を訪ね、両氏のやりとりが無庵メモに遺されているが、無庵師の言うことを熊原氏が追及していく様が興味深い。

富山の前田英雄氏が昭和三十五年に『大山史稿』の中で「槍が嶽開山播隆上人」を発表、「中村家文書」をまとまった形で紹介された。

槍ヶ岳山荘の穂苅三寿雄氏が昭和三十八年に『槍岳開祖播隆』を刊行され、その後、平成九年には多くの人たちの研究成果を採用して穂苅三寿雄・貞雄親子による『槍ヶ岳開山〈増訂版〉』が大修館書店から出され、まとまった形で過去の播隆研究、史料などが紹介されている。わたしがやってきた仕事は、穂苅本を携えて各地を調査し、その内容を検証することであった。その過程で新たな史料の発掘があったが、それらの成果は各地で地道な活動をされていた郷土史家の人たちあっての賜物である。

平成十一年に播隆の調査、研究、顕彰を目的とした「ネットワーク播隆」が結成され、毎年「播隆研究」誌の刊行、会員向けの「ばんりゅう」通信が発行されている。また、関連市町村で播隆シンポジウムの開催、播隆展の開催、テーマをしぼっての播隆フォーラムの開催を実施している。

平成十八年に三郷村から『三郷村誌Ⅱ』が刊行された。「務台家文書」を精査し、当時の播隆の動静や飛州新道に関して充実した内容である。

播隆といえば槍ヶ岳開山がキャッチフレーズになっている。過去の播隆顕彰の動きは主に伊吹山禅定、笠ヶ岳再興、槍ヶ岳開山という「山の播隆」が中心であった。登拝信仰の確立、槍ヶ岳念仏講の形成へと歩んだ播隆の生涯ではあるが、里に広がる播隆念仏講、念仏行事、播隆名号碑の建立といった「里の播隆」の活動を理解することがより重要であり、庶民とともに生きた念仏行者、聖《ひじり》としての播隆の研究が今後の大きな課題である。

大山で開催された第10回播隆シンポジウム

市立大町山岳博物館で開催された播隆展

大口町で開催された第4回播隆フォーラム

◇◆飛州新道と中田又重について

播隆の槍ヶ岳開山・開闢のアプローチとなった飛州新道、案内役をつとめた中田又重については、すでに「播隆研究」第十号の「播隆の槍ヶ岳登山」の中でその概要を述べたが、ここではそのとき触れなかった点について記したいと思う。

飛州新道に関する願書等の文献に又重の名前を見いだすことができないが、それは又重が新道開発における現場監督、実務担当役であったからで、願書等の願人は主導者の岩岡伴次郎ら庄屋などであったためである。伴次郎から新道開発の依頼を受けて又重は尽力するが、当初からの登り口であった南小倉の道は新道全通の直前に別のルートに変更となる。新しい道がどこを通るかは生活にかかわる大きな問題である。又重らが開削した播隆の槍ヶ岳登山でも使われた南耕地の馬口からの道のほかに、北耕地の曲沢口、黒沢入りの羽子沢口のルートが新たに主張され、羽子沢口が採用される。小倉と松本をむすぶ里道争いも伴次郎の村を通る道筋に決まる。村人らとともに新道開発に奔走してきた又重の失望、落胆は大きく、そのあたりの状況を伝える記録が中田家に「又重口上書（写）」として遺されている（「播隆研究」第八、九号の降旗正幸「播隆安曇野行状記⑤⑥〜中田文書を読む」参照）。

降旗正幸氏（当時の三郷村誌編纂委員長）の案内で山道争い、里道争いとなった現地のルートを訪ねながら、当時の生々しいお話をうかがった。槍ヶ岳開

播隆の槍ヶ岳登拝の登り口になった三郷の大日堂（安曇野市）

山中の飛州新道跡（八丁ダルミ）

山・開闢の歴史に付随した飛州新道の話は現代にも通じる興味深い話である。開道二十六年目に閉鎖となった飛州新道は短命であったが、その夢は平成九年に開通した安房トンネルによって再現されることになる。

信州と飛騨をむすぶ道は中尾峠、安房峠、野麦峠越えの三通りがあったが、播隆の時代は野麦峠越えのみであった。これは距離的に長く、しかも尾張領を通るという余分な負担があった。これを信州の小倉から鍋冠山、大滝山、上高地経由で飛騨にぬける新道を構想したのは岩岡村の庄屋・岩岡勘左衛門英信《てるのぶ》であった。英信の子・英《てる》棟《たか》（初代伴次郎）の養子・英総《てるとし》（二代目伴次郎）が英信の志をついで新道開発を実現し、英総の子・英勝《てるかつ》（三代目伴次郎）が新道の維持、閉鎖までかかわる。着工したのは文政三年（一八二〇）、全通が天保六年（一八三五）、閉鎖は文久元年（一八六一）であった。新道は飛騨を通って信州と越中、加賀をむすぶもので、大いに人の往来、物流が期待されたが、山越えの道で冬期の積雪（冬道として徳本峠越え島々筋道も用意されたが）、道中に家々もなく（新道の道幅は古道を六尺に拡張し、牛が荷を積んで通えるようにしたものであったが）、荒天によって道は崩壊し復旧の見込みがなく、開道二十六年目にして閉鎖された。

新道は当初、上高地から平湯経由で高山にぬける計画であったが、飛騨側の協力が得られず、本覚寺の椿宗《ちんじゅう》の働きで中尾峠越え（古道の鎌倉街道）に変更される。しかも飛騨側の費用を信州側が負担するという条件であった。昭和十六年に発表された中島正文「神河内志」には当時の口留番所の物流の記録、加賀藩の参勤道路の調査などの記述があって興味深い。また、昭和五十六年刊の横山篤美『上高地物語』によれば伴次郎が文政十三年（一八三〇）に上高地に湯屋を開湯し、利用する人たちがいたという。又重も松本藩に上高地開拓の願書を提出しており、ある程度の開墾がなされていたようである。降旗氏によれば、飛州新道開発の後押しとなったのが信州側で文化十三年（一八一六）に拾ケ堰《せぎ》の開削による米の増収が見込まれ、その販路が必要になってきたことだという。

開通当時の飛州新道のルートについては平成十八年刊『三郷村誌Ⅱ・第二巻・歴史編上』の飛州新道と播隆の項目に地図が二図掲載されている。先述した中島氏の「神河内志」に飛騨新道概念図が掲載されているがかなり大まかなものである。過去に各人が地図にルートを下ろしているが、『三郷村誌Ⅱ』のものが今のところ一番信頼できるものと思われる。

また、播隆らが利用した槍ヶ岳へのルートについても『三郷村誌Ⅱ』の播隆の項目にある地図が信頼できる（播隆に関する地図は「播隆研究」付録に記載）。

◈南宮・多賀大社の社僧・坊人《ぼうにん》と呼ばれた人たち

「念仏法語取雑録」にある「南宮山篭記」の記述に見られる……当山坊所……、あるいは「中村家文書」にある「濃州一宮南宮奥院山篭記」の……山上ノ別当所ノ坊舎……などは、明治の神仏分離令以前に南宮大社、南宮山に存在していた仏教系の建物である。元禄期前後には南宮山中にはそれらの院、坊は十五坊ほどあった。また、多賀大社には不動院、般若院、成就院、観音院などがあり、多賀大社の運営に大きな力を持っていた。両社とも神仏習合の時代に社僧・坊人と呼ばれる僧侶がおり、江戸中期頃の多賀大社には百余人の社僧、坊人らがいたという。社僧、坊人とは神社の御札などを各地に配布したり、参詣人のお世話をしたりする半僧半俗の僧侶で、御師などとも呼ばれ、直接庶民と接していた民間の宗教者である。

播隆は南宮山奥の院で修行した後、伊吹山山篭修行に入るが、播隆ゆかりの奥の院は神仏分離令によって山を下り、山麓の真禅院にある観音堂がその奥の院だと思われる。行状記にある播隆に南宮山奥の院を紹介した南宮村の藤左衛門は社僧、あるいは坊人と呼ばれたひとりなのかもしれない。

播隆の師である見仏、蝎誉を調査してみたが、どんな立場の人物であったのかよくわからなかった。記録に遺ることのない社僧、坊人という人たちの集団にかかわりがあったのではないか。播隆は各地の岩屋、行場で修行をしているが、それらの情報をそんな人たちから得ていたのではないかと推測する。南宮、多賀大社を訪ねてみたが、具体的な播隆の史料、社僧、坊人の記録を確認することができなかった。神仏分離後の現在では神社の存在だけが目につくが、宮司さんらは大社における江戸期の社僧、坊人という人たちの活動、存在の大きさを語られた。『迦多賀嶽再興記』に……八朔ノ節ナレバ山開ノ吉祥日ト定メ……とあり、『信州鎗嶽畧縁起』にも……八月朔日本尊安置の供養をなさん……とある。笠ヶ岳再興、

多賀大社（滋賀県）

槍ヶ岳開闢、その記念となる日をともに八月朔日（一日）としている。多賀大社の月参りは「おついたちまいり」、毎月の朔日である。そのことを多賀大社の宮司・犬上岳氏にお尋ねすると、「おついたちまいり」は戦後になってから特に言い出したことで、月が改まる月始めということに意味があるのではないかとのこと。国名勝指定の庭園とともに公開している奥書院は江戸時代の不動院の書院である。不動院跡には現在、参集殿が建っており、境内にある寿神社が般若院跡地である。多賀大社に笠ヶ岳の播隆と多賀大社を結ぶ史料は何も遺っていないとのことであった。

記録、史料は確認できないが、庶民とともに生きた近世の聖・播隆の活動の秘密が社僧、坊人と呼ばれていた人たちのなかにあるのではないかと考えている。

◆飛州新道の口留番所、松本への道

天保六年八月二十日、飛州新道が全通すると、さっそく高原郷神坂（現・高山市奥飛騨温泉郷神坂）に飛騨側の口留番所が設置された（高山「今井家文書」）。信州側の口留番所は一年遅れの天保七年七月に上高地に設置され、同八年に小倉村北黒沢羽子沢《はござわ》原に移転、通行の途絶える冬期は小倉村嘉野右衛門《かのえもん》方に移された（『三郷村誌・Ⅱ』より「村々御用留帳」）。

飛騨の神坂村枝村、蒲田の市助宅に設置された仮番所については、以前は中尾温泉の街道筋の旧跡となっていたが、神坂の蒲田川の地獄平砂防堰堤（めがね橋）の上流あたり。確認された番所跡には平成二十三年に上宝郷土研究会によって標柱

羽子沢の口留番所跡

が建てられた。

当初、上高地に設置された番所は伴次郎が当時開湯していた湯屋にあったと思われる。上高地から小倉の羽子沢原に移された番所跡を前出の降旗正幸氏に案内していただいた。黒沢川を遡り、林道を行くと羽子沢、番所跡にはケヤキの大木があった。標識も何もなく現地で降旗氏の説明をうかがった。さらに上がって行くと小倉の浄心寺さんが管理する黒沢不動尊があり、お堂の脇には修行場を感じさせる大きな岩屋があった。冬期の番所となった三郷村の南小倉の嘉野右衛門宅は木立となって建物はない。播隆らが槍ヶ岳登山に使った当初の登り口、大日堂が近くにある。降旗氏に車で昔の街道筋を案内してもらったが、当時のルートをそのままたどることは難しく、現在使われている道を走りながら往時を偲んだ。

飛州新道全通直前に変更された登り口、それまで奔走してきた中田又重の失望は大きく、気の毒な結果となった。里道も真々部山道、長尾道（舟道）、広街道（野沢山道）の三ルートがそれぞれ主張されたが、新道開発の主導者である伴次郎の集落を通る広街道のルートに決まる。松本への道は中央橋から少し下った梓川に渡しがあったという。さらに梓川を下った梓橋の上流にある渡しではないという。梓橋の近くにある渡しには道祖神などの石造物とともに「長尾道の渡し舟場跡」の標柱があった。中央橋の近くにあった渡しには何もなく、河原を眺めながら降旗氏の説明を聞いた。

梓橋から高松、青島を行くと新橋である。新橋には『信州鎗嶽畧縁起』を刊行した大坂屋佐助がいた。大坂屋は海産物を商う店で、その跡地には現在、大盛堂という製菓会社がある。新橋周辺を尋ねて歩いたが佐助については何も拾えなかった。

神坂の中尾口留番所跡

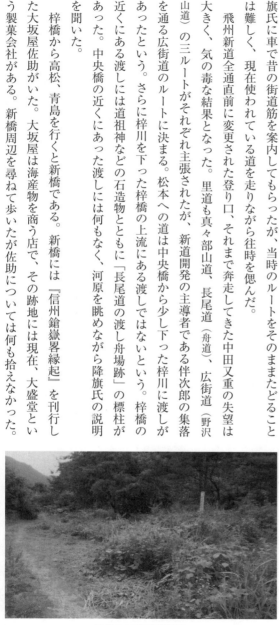

高松、青島周辺には播隆の足跡が濃く、播隆念仏講が高松の三背観音講、青島阿弥陀堂の青島念仏講に継承されており、青島の小原荘吾さん宅には貴重な「小原家文書」などが遺されている。

◇御来迎による登拝信仰の確立

伊吹山山麓および美濃、尾張などにおける播隆の名声は伊吹山の念仏行者・播隆であり、槍ヶ岳開山という播隆の評価は後年になってからのものである。伊吹山禅定が播隆の基盤を成すものであり、後に笠ヶ岳再興、槍ヶ岳開山・開闢へと進んでいくのである。伊吹山は標高一三七七メートルと意外に低い。笠ヶ岳は二八九七メートル、槍ヶ岳は三一八〇メートル、いわゆる三〇〇〇メートル級の山岳である。おそらく播隆が御来迎（ブロッケン現象）を拝したのは笠ヶ岳再興の時が初めてであったと思われる。

播隆が飛騨の本覚寺に遺した『迦多賀嶽再興記』などの本覚寺文書には、笠ヶ岳再興当時の様子が具体的に記されている。笠ヶ岳での御来迎との遭遇は、播隆の山岳信仰に大きな意味をもたらした。山上で御来迎を拝することは、念仏行者播隆にとっては仏との遭遇、対面であった。円形の虹の中に仏が出現するのである。それは里で説いていた阿弥陀仏の姿であり、現実のものとして眼前に仏を見るのである。

笠ヶ岳の山頂でそのブロッケン現象に遭遇した播隆は仏に出会ったのである。それは後の播隆の山岳信仰に大きな示唆を与えた。里の念仏講の人々を山上に導くことによって、真の仏と対面できるのである。槍ヶ岳の山頂部にかけられた鉄鎖は「善の綱」と命名され、善の綱をたどって山上で御来迎を拝することを頂点とする登拝信仰を確立していく。

『迦多賀嶽再興記』によれば、修行していた杓子の岩屋を「発心の地」、岩屋のある岩井戸から笠ヶ岳の登り口となった笹島までを「歓喜地」と定め、それより山頂までの九里八丁の登拝道に一里ごとに上中下品、上中下生の九体の阿弥陀仏を安置し、山頂に上品上生の阿弥陀仏を奉納、笠ヶ岳の山体そのものを「浄刹九品の蓮葉台」としたのである。すなわち、笠ヶ岳の山体そのものを山上で拝する御来迎の阿弥陀仏をのせる蓮の台座と考えたのである。いってみれば播隆による山岳曼荼羅《まんだら》である。

文政六年八月一日、笠ヶ岳再興を成した播隆は里人一八人とともに御礼報恩の登山をし、山上で御来迎を拝する。再興記をはじめとする本覚寺文書にはその時の様子が記されているが、一八人による登山は雨乞いの祈願もかねて行われたが、願い通りに雨が降ったと記録されている。翌年八月五日、登拝道に石仏を安置した六六人による登山のときにも御来迎を拝するのであった。笠ヶ岳再興後いったん播隆は伊吹山に帰るが、播隆の胸中に槍ヶ岳参詣の思いが芽生えていたと思われる。

笠ヶ岳再興によって山上で御来迎を拝するという登拝信仰を確立した播隆は、文政九年に槍ヶ岳初登頂、同十一年に開山、天保五年に槍ヶ岳開闢を成す。開山のときに阿弥陀、観音、文殊の三尊を山頂に安置するが、開闢のときに釈迦を加えて四尊とし「鎗ケ嶽寿命神」を確立する。三尊を四尊としたのは播隆の信仰上のこだわりなのであろう。信州側には鎗ケ嶽寿命神の軸が遺されている。槍ヶ岳開闢の年に書かれた「三昧発得記」によれば、槍ヶ岳から西鎌尾根を縦走して笠ヶ岳にいたり、先年奉納した仏に参詣し、その時にも御来迎を拝するのであった。三尊を山頂に安置して槍ヶ岳開山を成した文政十一年七月二十日、その足で八

笹島からの登拝道「山の神」に安置された石仏

月一日に穂高岳にも名号石を安置する。同月七日の日付がある「念仏融通百万称社由致」には百万遍念仏のことが記されている。それには三三三四人がそれぞれ三百回念仏を唱えると百万遍（百万二百遍）になり、毎日三度の食事時に念仏を百回唱えれば、毎日百万遍が可能だと説いている。開山の山上にあって播隆が考えていたのは百万遍念仏であり、まさに槍ヶ岳は播隆にとって念仏の道場であった。

槍ヶ岳は今でこそ飛騨山脈の盟主のように思われているが、播隆らが槍ヶ岳を開山・開闢していたころは、信州側においては名前もないような山であった。お隣の穂高岳は穂高信仰によって確かな存在であった。飛州新道開発の時流に合わせたように槍ヶ岳開山・開闢が行われたが、その登拝道は険しく厳しいものがある。アプローチこそ飛州新道を利用しているが、新道と別れて蝶ヶ岳の尾根を歩き、槍沢へ下る道は難所である。そんな当時の状況を記した槍ヶ岳参詣の記録が「務台家文書」に遺されている。今の一般的な槍ヶ岳登山のルートである上高地から槍沢を詰める道と比べると、播隆らが歩いた槍ヶ岳登拝道はきつい。登り口までの交通機関がない当時は全行程徒歩である。

当時すでに信州側では槍ヶ岳念仏講が形成されており、中山道洗

笠ヶ岳の山頂近くで拝した御来迎

馬宿から中田又重に出された定宿の願い書があった（あったのは間違いないが、現在その所在は確認できない）。美濃の揖斐からも槍ヶ岳登拝者があった。物見遊山で出かけるような登山ではない。切実な願い、思いを抱いた名もなき庶民たちが播隆に導かれて槍ヶ岳登拝を行っていたのである。写真もテレビもない当時、三〇〇〇メートル級の山岳で出会う雲海に浮かぶ峰々、西方に沈む夕日の光景、あるいは御来迎との遭遇、槍ヶ岳登拝信仰の感動は今日の私たちが味わう以上の、想像を絶するものがあったと思われる。

播隆が信奉していた観経曼荼羅の第一歩は日想観だが、それは西方に沈む太陽を見て、極楽浄土、仏の世界を心に思い描くこと。播隆に導かれた里の念仏講の人々は、槍ヶ岳の山上で山並に沈んでいく夕日に日想観を見ていたのではないか。そして、運が良ければ御来迎を拝し、現実のものとして仏と対面するのであった。

◈黒鍬《くろくわ》のこと

『信州鎗嶽畧縁起』に「飛騨の国の黒鍬職の者」が播隆らとともに槍ヶ岳の山頂の石をたたみ、縦三間、横九尺の平地としたある。また、行状記には「善の綱」の鉄鎖をかける場面で石工のことが記されている。この黒鍬とは尾張の知多半島における黒鍬師のことだと思われる。黒鍬とは知多半島の大野谷（現・常滑市北部、知多市南部）の農鍛冶・大野鍛冶が作った特殊な鍬そのものと、それを使って土木工事をする人たちのことをいう。黒鍬師は土木のほかに石積みなどの石工技法も得意としていた。

知多では江戸時代後期になると農閑期の出稼ぎとして黒鍬稼ぎが盛んになったという。わたしが以前、知多の童話作家・新美南吉の生家を訪ねたとき、生家の前に黒鍬の者たちが通ったという黒鍬（大野）街道があった。知多半島には半田市の虫供養に播隆の足跡が遺っている。飛騨にいた黒鍬の者が播隆について槍ヶ岳に登ったのであろう。槍ヶ岳の山頂を平らげ、善の綱を掛ける（当初は藁の綱で後に鉄鎖に掛け替えられた）などして登拝道を整備したそれらの活動に石工の技術をもった黒鍬の者が参加したのであろう。黒鍬の者はたんに技術者として槍ヶ岳にかかわったのではなく、播隆の信仰に帰依した黒鍬師であったのかもしれない。

また、『信州鎗嶽畧縁起』には「黒鍬の平兵衛といへる者」が槍ヶ岳の山頂で御来迎を拝したが、円光が現れただけで中心の本尊が見えなかったという記述があり、「これ罪障の雲覆へるゆゑならんか」とある。わたしが穂高の稜線で初めて御来迎を拝したときも円光だけで中央に本尊がなく、これも罪障ゆえかと思ったが、稜線を少し移動したら本尊が現れてきてホッとしたことがあった。

新美南吉生家前の黒鍬街道

◇◆一心寺文書について

一心寺文書の確認は、一心寺の第十三世・安田成隆尼が御存命中に整理、保管されていたものが、現在のところ全てである。安田師のお話では、明治の濃尾大震災の時に片付けられてそのままになっているものがまだ遺っているとのこと。その調査、確認がまだされていないのが現状である。

一心寺の史料については「播隆研究」第五号（二〇〇四）、第八号（二〇〇七）で記したが、一心寺文書については簡略的に紹介したのみであったので、ここでもう少し詳しく述べたい。将来、まだ手つかずのものが（実際にあるのか否かはわからないが）調査、確認された段階でしっかりと報告したいと考えている。

現在、確認されている一心寺文書は天保元年四月十七日の御位牌添書、御堂関白家元中御門大納言女（松蓮社徳忍播通）が一心寺に贈った位牌（後水尾皇帝を中央に、右に東福門院殿、左に安国院殿）に関する天保九年の文書類（こよりで冊子にしたもの）、御堂関白家元中御門大納言女が病床から播隆に宛てた便り（天保九年正月二十六日、二月八日）、そのほかの文書二点、極楽寺・貞讃寺・長源寺などの寺名が出てくる文書、武州江戸箕輪の寿永寺・伝通院の寺名がある嘉永二年十月十七日の文書、徳願寺徳順（天保十年に播隆は徳順のもとで加行し浄土律宗和上となる）の名がある嘉永三年十一月三日の文書、嘉永七年の副書、一心寺（住職・坂口隆説）が善光寺の出張所となった明治十六年九月二十四日の文書などである。

位牌の後水尾皇帝は江戸初期の天皇、東福門院殿はその夫人、安国院殿は徳川家康のこと、位牌には菊と葵の御紋がある。御堂関白家元中御門大納言女は天保九年に播隆の生家・川内道場に扁額を贈っている。この大納言女は徳忍という名から徳本（念仏行者・一七五八〜一八一八）の弟子であったようで、その亡き後、同じ念仏行者の播隆の弟子となり、播通を名乗ったようである。その便りによれば江戸の下谷に播隆の寺・新ばん通院（不詳）を興すなど、熱心な念仏の、播隆の帰依者であったと思われるが、播隆との関係や当時の状況は不詳である。徳本もそうであったが、播隆も当時の庶民だけではなく、このような階層の人たちからも支持されていたようである。

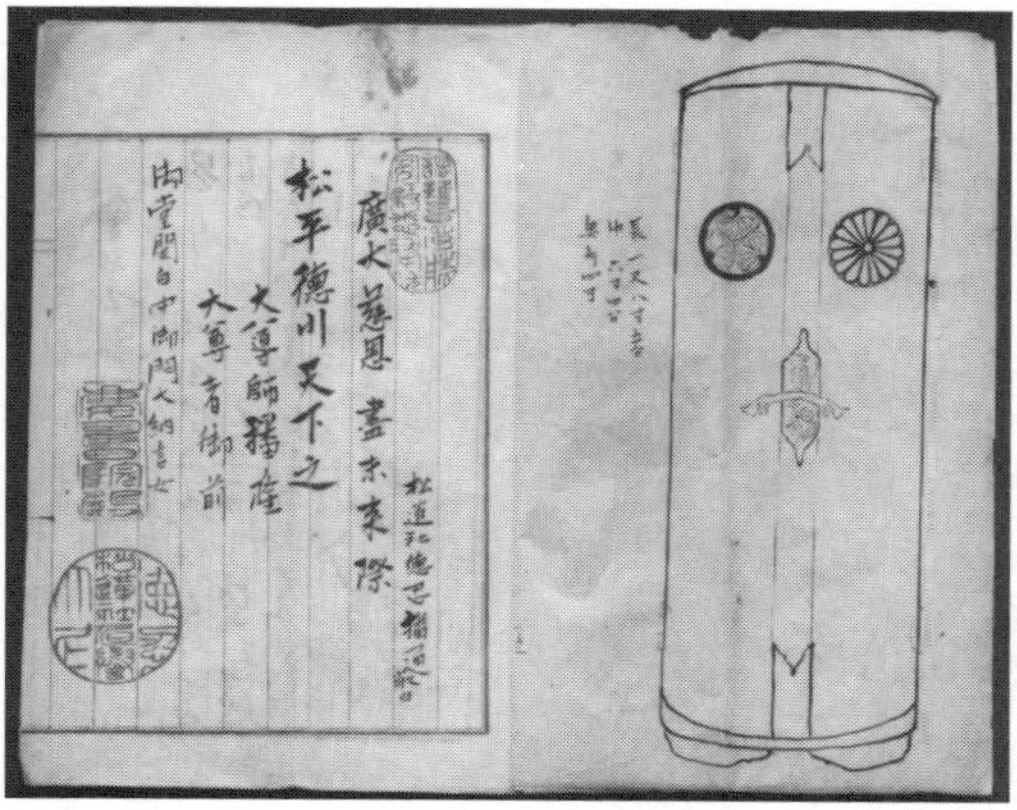

位牌に関する冊子

◇◆播隆の信仰と教え——その思想と社会性について

播隆は信仰者、念仏行者である。同じ信仰を持たないわたしが理解するのは難しいが、播隆の研究を通してわたしなりに感じたことを述べてみたい。

播隆は幼年期より信仰心が篤く、その人並以上の求道心が高じて十代のある時期に家を出、宗教遍歴の末に浄土宗の僧侶となった。生家の中村家は浄土真宗であったが、真宗には入れず縁があって浄土宗となる。若い頃、日蓮宗に傾倒した時期があったようであるが、生来念仏に親しんだせいか、題目には馴染めなかったようである。

播隆の本領はお念仏である。求道と布教は信仰の裏表だが、布教については「里の播隆」として述べてきたように、当時の庶民に広がっていた念仏講などにその足跡を見ることができる。求道においては「山の播隆」として述べてきたように、山林修行にその激しさを知ることができる。念仏信仰のないわたしには、お念仏について論じる力がなく、その道の人に譲りたいと思う。播隆の念仏にたいする教えが集約されているのが「念仏法語取雑録」である。

伊吹山禅定のときに広く配布された「念仏起請文」、南無阿弥陀仏と刷られた名号札、念仏講などに授与された南無阿弥陀仏の名号軸、各地に建てられた播隆名号碑、山上で勤められた厳しい念仏行、登拝信仰の果てに到達した御来迎などに播隆の念仏にたいする足跡が今に伝わる。わたしが「バンリュウさん」と庶民に親しまれた播隆を偉いと思うのは、自身の念仏行だけでなく、広く民衆の中に入り込んで念仏を広めたことである。ひとりの念仏行者として生きたのではなく、常に民衆とともに生きたことである。

播隆はお念仏のほかに集まってきた人々に数え歌、いろは歌、こども教訓いろは和讃などの各種の和讃、あるいは極楽歌などと、わかりやすい形で教えを説いた。また、各地に伝わる伝承（たとえば岐阜県関ケ原町の「虫を殺すな、父母の言うことをよく聞け」）、古文書（播隆自身の文書ではないが、同町の「奥田家文書」には「各人の宗門を大切にし、お上の定めに背かぬよう、家内睦まじくせよ」などと書かれている。松本市の小原家には播隆に加持の砂を依頼する手紙が遺されている）などからも播隆の教えの内容の一端を知ることができる。

播隆が生きた時代は江戸後期、没年は天保十一年（一八四〇）、まだ幕藩体制が残るころで、しばらくすると幕末、明治維新へと時代は移っていく。播隆が確立した槍ヶ岳念仏講は新政府の宗教政策、時代の流れとともに次第に衰退していったが、教えの法灯は岐阜県揖斐川町の一心寺周辺を中心にわずかながらも継承されてきた。戦前から戦後にかけて山岳関係者が山岳史上の功績者として再びスポットを当てるようになるが、それは「山の播隆」における笠ヶ岳再興、槍ヶ岳開山という山岳史上の功績が主で、「里の播隆」、登拝信仰の播隆についてはあまり語られてこなかった。

庶民とともに生きた播隆がもう少し長く生きていたら（行年五十五歳）、当時信州側で形成されていた槍ヶ岳念仏講がどのように発展したのか、興味のあるところである。天保の大飢饉の最中、美濃揖斐の衆四人が播隆に案内されて槍ヶ岳登拝を行った記録が「務台家文書」に遺されている。「善の綱」が山頂部にかけられ（善の綱は当初藁であったが後年鉄鎖に掛け替えられる。鉄鎖がかけられた時期は不詳）、これからという時期に播隆は死去する。江戸時代に名もなき庶民が何らかの願いを胸に槍ヶ岳登拝を行っている事実に、わたしは驚きをおぼえる。播隆の念仏信仰、登拝信仰のゆえだとは思うが、遺された数え歌、各種の和讃、文書などから理解するのはわたしには無理である。播隆の説得力は、その行の厳しさにあるのではないか。厳しい修行を実践する播隆に言葉はいらない。庶民とともに生きたバンリュウさんゆえに人々はついていったのではないかと思う。

封建社会から近代国家への変革期に、今日では新宗教と呼ばれる新興宗教が生まれた。文化十一年（一八一四）に黒住宗忠が創《はじ》めた黒住教、播隆（一七八六〜一八四〇）と同じ時代に生きた天理教教祖・中山みき（一七九八〜一八八七）は、天保九年（一八三八）の四十一歳のときに天啓を受けて天理教を創唱、安政六年（一八五九）に川手文治郎が金光教を開教、明治になって出口なお、王仁三郎らが大本教を明治二十五年（一八九二）に創めた。それらは民衆の世直しへの欲求や、平等思想、生きがいに応える独自の教えを有していた。

播隆没後、近代化のかけ声のもとに新政府は神仏分離令、修験道禁止などの愚策を施行した。槍ヶ岳念仏講を形成し、独自の登拝信仰を確立した播隆の教えは、そんな時代の荒波の中で庶民の欲求に応えることができたのであろうか。行の厳しさとは別に、播隆の思想は社会性を保ち得たであろうかと思う。

播隆の調査、研究の道中、こころに引っかかる歌があった。播隆が文政四年に飛騨の杓子の岩屋で詠んだという「女人罪歌」。一つ、二つと数え歌になったもので……人に誉らる娘でも罪の身の上おそろしい……何ほど蔵ある大身も女のままにハなりせぬぞ…役にもたたぬ賢立テおんなが表の用にたたん……三従のとがハ親夫と子ニもしたこふ身しやないか……始終に罪ある身をしらす不浄穢《けがれ》も目の前に……六方諸仏の浄土にハ女人ハ影さへささりやせぬ……などと詠われている。

岩屋に参集した人々に播隆が女の罪深きことを説いたとき、それを聞いていた一人の女が、男のほうが鳥獣魚を捕り、世間でかけあうなどして罪深いのではないか、女は家にばかりいる

名号と槍ヶ岳寿命神の軸で勤められる松本市内の播隆念仏講

のでさほど罪はないのではないかと言った。播隆は女を諭し、女はついにそれを受けいれたという。女人罪歌はそのときに詠われたもの。播隆は……七重苦なん有とてもそれを助けむ弥陀の慈悲……九方の浄土にこゑ勝れ弥陀の誓ひは女まで……と、女は罪深くとも弥陀の救いがあるのだと詠ってはいるが、はたして女は罪深いものなのか。

戦後の男女平等の教育を受けてきた者には、たとえ弥陀による救いがあるにせよ、女が罪深いものだというのは解しかねる。初めてこの歌に接したとき、なんで女人罪歌なのかと疑問に感じた。女人罪歌は仏教の教えなのか、やはり播隆も歴史的な道徳観念のなかに生きていたのであろうか。

今でも大峯山は女人禁制の霊峰で、登山道に「ここから女の人は入れません」という女人結界門が設けられている。それは現代の男女平等という物差しではかれない山の伝統なのであろう。キリスト教には原罪という、人間は生まれながらに罪を負うているという教えがある。

近代の代表的な民衆宗教となった金光教は俗信を否定し、人間の平等、婦人の尊重を説いた。天理教は「女松男松のへだてない、高山も谷底も同じ魂、世界中いちれつは皆兄弟や他人というはさらにないぞや」と説く。大本教は世の立て直し、理想社会を説いた。それらの世直し、平等思想は天皇主権を中心に据えた近代国家が誕生すると、不敬罪となり、国家的な弾圧を受けた。

南無阿弥陀仏と唱える信仰と社会的な思想は、次元の異なる、異質なものである。播隆の本質は時流の思想、社会性に影響されない不動の念仏信仰、登拝信仰である。播隆に帰依した庶民に一番の説得力となったものは、播隆の行の厳しさであった。

資料編

・播隆年譜
・播隆名号碑分布略図

播隆年譜

※年齢は数え年

年号	西暦	年齢	事項
天明6年	1786	1歳	越中国新川郡河内村（富山市河内）の中村佐右衛門（順信）の二男一女の次男に生まれる（「中村家文書」「播隆聖人由緒書」生家関連史料）
文化元年	1804	19	尾張国の浄土宗・尋盛寺（名古屋市千種区城山）の性誉上人に弟子入り（「播隆聖人由緒書」）（「行状記」では大和国の阿辺ヶ峰の見仏の弟子となり仏岩と称す）
11年	1814	29	江戸本所の霊山寺（東京都墨田区横川）で浄土宗の正式な僧となる（「播隆聖人由緒書」）
文政元年	1818	33	この頃、山城国の一念寺（京都市伏見区下鳥羽）の蝎誉のもとにあり、明けてこの年、「諸宗皆祖念仏正義論」を書く（「中村家文書」）
3年	1820	35	3月、行状記では和州阿辺ヶ峰で見仏と再会、南宮山奥の院で七日の無言の別時を修す（この頃すでに伊吹山に入峰か）※飛州新道、信州側で着工
4年	1821	36	4月18日、子育歌（京都府亀岡市）を書く（「念仏法語取雑録」） この年、飛騨の杓子の岩屋（高山市上宝町岩井戸）で修行する（「迦多賀嶽再興記」） 8月21日、女人罪歌を書く（「念仏法語取雑録」）
5年	1822	37	1月2日、無常歌を書く（「念仏法語取雑録」） 2月25日、念仏講用議章を書く（「念仏法語取雑録」） この年、52首の極楽歌（岐阜県美濃加茂市三和町）を書く（「念仏法語取雑録」）
6年	1823	38	6月頃、初めて笠ヶ岳に登る（「迦多賀嶽再興記」） 7月29日、笠ヶ岳登山道完成につき登山（「迦多賀嶽再興記」） 8月1日、この日を笠ヶ岳再興の山開きの日とする（「迦多賀嶽再興記」） 8月5日、御礼報謝のために村人18人と笠ヶ岳に登山。この時、御来迎（ブロッケン現象）を拝す（「迦多賀嶽再興記」） 8月22日、迦多賀嶽再興記を書く　この年、南宮神社、南宮山奥の院に参詣す（「濃州一宮南宮奥院山篭記」）
7年	1824	39	7月24日、飛騨国大野郡大萱村（高山市丹生川町）の横山家に泊る（「横山家文書」） 7月25日、村人大勢にて播隆を恵比寿峠を越え折敷地へ送る（「横山家文書」） 8月5日、村人ら66人とともに笠ヶ岳登山、御来迎を拝す　登山道に石仏、山頂に阿弥陀仏を安置する（「迦多賀嶽再興記・後記」） 秋、南宮山奥の院に山篭す（「濃州一宮南宮奥院山篭記」） 12月6日、母が死去する（「中村家文書」）
8年	1825	40	1月24日、「念仏起請文」を書く 3月2日、「濃州一宮南宮奥院山篭記」を書く この頃、伊吹山で修行（「川合区有文書」） 8月に阿弥陀仏を伊吹山中の播隆屋敷に安置する 【異国船打払令が出る】
9年	1826	41	3月20日、不動和讃（岐阜県関ヶ原町玉）を書く（「念仏法語取雑録」） 4月8日、「念仏行道用議章」を書く（「念仏法語取雑録」） 8月、信濃国安曇郡小倉村（長野県安曇野市三郷）の中田又重を訪ね又重の案内で1回目の槍ヶ岳登山、初登頂。その後、播隆窟で山篭修行（「行状記」「槍が嶽乃美観」） 11月22日、母の三回忌に追福之書を書く（「中村家文書」） 12月17日、母の三回忌法要に付念仏法語を書く（「中村家文書」）

年号	西暦	年齢	事項
10年	1827	42	6月24日、「念仏安心章」を書く（「念仏法語取雑録」） 10月15日、文政5年に書いた極楽歌を48首に改作する（「念仏法語取雑録」）
11年	1828	43	3月14日、尾張国の栄国寺（名古屋市中区橘）で説法、加持（「猿猴庵日記」） 3月23日、尾張国の一行院（名古屋市中区大須）で説法（「猿猴庵日記」） 7月20日、2回目の槍ヶ岳登山、山頂に阿弥陀仏など三尊を安置し開山を成す（「念仏法語取雑録」「行状記」「槍が嶽乃美観」） 8月1日、穂高岳に六字名号碑を安置する（「念仏法語取雑録」） 8月5日、「槍ヶ嶽仏縁安置之記」を書く（「念仏法語取雑録」） 8月7日、「念仏融通百万称社由致」を書く（「念仏法語取雑録」） 9月17日、弟子4人とともに大萱村の横山家に泊る（「横山家文書」）
12年	1829	44	8月22日、生家の河内に手紙を書く（「中村家文書」） 11月、美濃国岐阜町（岐阜市）の金華山麓の西方寺（西光寺）に滞錫し、近在をまわる（「念仏法語取雑録」） 12月25日、岐阜廻行章を書く（「念仏法語取雑録」）
天保元年（文政13）	1830	45	天保年間の初期（寺伝では元年）、美濃国に播隆開山寺院の一心寺（岐阜県揖斐川町）が建立される 7月初旬、念仏法語取雑録が書き始められる
2年	1831	46	1月27日から2月3日、美濃国の来昌寺（岐阜県美濃市吉川町）に招請される（「来昌寺文書」） 12月20日、生家である川内道場の再興が許可される（「中村家文書」） 天保2、3年に川内道場に阿弥陀仏、喚鐘を奉納する（「中村家文書」）

年号	西暦	年齢	事項
3年	1832	47	9月、尾張国の栄国寺で説法（「名陽見聞図会」） **【天保3年頃から10年頃まで天保の飢饉】**
4年	1833	48	8月、3回目の槍ヶ岳登山（「行状記」「槍が嶽乃美観」） 行状記では信濃国の玄向寺（長野県松本市大村）で別時念仏とある
5年	1834	49	6月18日、4回目の槍ヶ岳登山、8月12日に下山　その間、先に安置した三尊に釈迦を加えて四尊とし槍ヶ岳寿命神とする。山頂に藁で作った善の綱をかける（「念仏法語取雑」「行状記」「槍が嶽乃美観」） 7月6日、西鎌尾根を縦走して笠ヶ岳に登拝、御来迎を拝す（「三昧発得記」） 8月1日、槍ヶ岳の開闢成る（「念仏法語取雑録」「三昧発得記」「信州鎗嶽畧縁起」） 8月、「三昧発得記」を書く 8月12日、姉、さきが死去する（「中村家文書」） 8月26日、信濃国の野沢村（長野県安曇野市三郷）の庄屋・務台景邦宅へ善の綱に使った藁のお礼に出向く（「務台家文書」） 10月末、越前国丸岡城下の安楽寺（福井県坂井市丸岡町）に巡錫、護城山で冬安居（「中村家文書」）
6年	1835	50	2月4日、生家に手紙を書く（この手紙に「槍ヶ岳絵図」が同封されていたという） 6月22日、野沢村の真元僧庵に招請される（「務台家文書」） 6月24日、5回目の槍ヶ岳登山（「務台家文書」）下山は飛騨沢を下り蒲田に至る（「行状記」「槍が嶽乃美観」） 閏7月2、3日、播隆の案内で務台景邦が山頂に登る。この時、景邦は美濃国の揖斐の衆4人と会い、上高地の温泉に入って下山する（「務台家文書」） 閏7月25日、生家に手紙を書く 8月7日、弟子数名と大萱村の横山家に泊る（「横山家文書」）

年	西暦	年齢	事項
6年	1835	50	この頃、高山の大雄寺、その元寺に招請される（「行状記」「槍が嶽乃美観」） 8月15日、父が死去する（「中村家文書」） ※8月20日、飛州新道が開通 10月3日、信州の鍋冠山で、凍傷のために足の指2本を失う（「務台家文書」） 10月23日、信濃国安曇郡長尾村（長野県安曇野市三郷）の阿弥陀堂に翌年の7月22日まで滞在する（「務台家文書」）
7年	1836	51	4月、信濃国松本新橋の大坂屋佐助が「信州鎗嶽畧縁起」を施版・配布する この頃、美濃より鉄鎖（善の綱）が信州に運び込まれたが松本藩に差し止められる（「槍が嶽乃美観」） 7月23日、長尾村の阿弥陀堂を去り美濃へ帰る（「務台家文書」）
8年	1837	52	8月15日、美濃の迫間不動（岐阜県関市）で修行する（正道院史料） 【大塩平八郎の乱が起きる】
9年	1838	53	2月6日、「河内道場再興由緒書」を書く（「中村家文書」） 3月17日付の播隆院から川内道場への本光院殿御預ケの額・燈譲り証文あり（「中村家文書」） 4月、川内道場に送った5冊の御文に後記を書く　弟子の暁戒に与えた通行手形あり（「中村家文書」）
10年	1839	54	3月24日から4月1日、美濃国の浄音寺（岐阜県可児市兼山）で授戒会の證明師を勤める（「浄音寺文書」） この年、下総国の徳願寺（千葉県市川市本行徳）の徳順のもとで加行し浄土律宗和上になる（「行状記」「務台家文書」）
11年	1840	55	春、松本に巡錫 7月、玄向寺で病に伏す（「務台家文書」） この頃、差し止められていた鉄鎖が返される（「百瀬家文書」「鎗が嶽乃美観」）設置された時期は不詳 9月8日、玄向寺を出て近在をまわる（「務台家文書」） 9月15日、野沢村の務台家に泊る（「務台家文書」） 9月16日、今井村（松本市今井）に立ち寄り、中山道を美濃へ帰る（「務台家文書」） 10月21日、中山道太田宿の脇本陣林市左衛門宅で死去（「務台家文書」「行状記」「槍が嶽乃美観」）（行年55歳　法名・暁道播隆大律師、または念蓮社仏誉仏岩唱阿弥陀仏播隆比丘） この年の前後に正道院（岐阜市）、弥勒寺（岐阜県美濃加茂市）が建立される（「岡本家文書」「林家文書」）

播隆名号碑分布略図

岐阜県

番号	所在地	紀年銘	署名花押	刻銘	書体	碑高	地図番号
1	加茂郡八百津町野上（大門西）「神明神社」	天保五年三月吉日	有	西組中	B	103	A
2	加茂郡八百津町八百津「大仙寺」	天保五年三月吉日	有	無	C	92	A
3	加茂郡八百津町伊岐津志（塩口）「観音堂」	天保五年春	有	無	C	135	A
4	加茂郡八百津町伊岐津志（中組）「庚申堂」	天保五年四月	有	無	C	175	A
5	加茂郡八百津町伊岐津志（中野）「馬頭観音・弘法堂」	天保五年五月	有	中野中	C	95	A
6	加茂郡八百津町伊岐津志（中野）「馬頭観音・弘法堂」	天保五年一月（イ）	有	子供連中（ロ）	C	55	A
7	加茂郡八百津町伊岐津志（石畑）「聖観音様」	天保五年三月	不詳	無	C	55	A
8	加茂郡八百津町野上「坂下墓地」	天保五年三月吉日	有	下切中	C	95	A
9	加茂郡八百津町野上（逆巻）「逆巻墓地」	天保五年三月吉辰（ロ）	有	野上村坂牧組中（ロ）	C	125	A
10	加茂郡八百津町和知（中組）「観音堂」	天保五年初春吉辰	有	組中安穏子供講中	C	115	A
11	加茂郡八百津町和知（谷）「観音堂」	天保五年二月吉辰	無	前野組中	C	125	A
12	加茂郡八百津町和知（中山）「弘法堂」	天保五年一月十八日	無	無	C	73	A
13	加茂郡八百津町和知（中山）「弘法堂」	無	有	無	C	102	A
14	可児郡御嵩町伏見（西町）（通称・西坂）	天保五年春	有	村中	C	235	A
15	可児郡御嵩町伏見（高倉）（中学校裏）	天保五年二月	有	無	C	75	A
16	可児郡御嵩町比衣（洞）「弘法堂」	天保五年二月吉日	有	無	C	180	A
17	可児郡御嵩町比衣（里）「日吉神社」	天保五年五月吉日（イ）	有	無	C	175	A
18	可児郡御嵩町中（長瀬）「観音堂」	天保五年十二月九日	無	無	C	115	A
19	可児郡御嵩町中（大庭）「観音堂」	無	有	無	C	85	A
20	可児郡御嵩町中（南町）「纐纈神社」	天保五年四月十七日	有	欠組子共中	C	98	A
21	可児郡御嵩町上恵土（新町）「本郷共同墓地」	天保六年八月	無	∴一　長平内…是明信女	B	45	A
22	可児郡御嵩町上恵土（新町）「本郷共同墓地」	天保九年三月	有	…長寿院釈瑞明法完居士俗名∴一長平	B	120	A
23	可児市兼山（下町）「浄音寺」	天保四年九月	有	当山檀中常念仏中幡□□（ロ）	C	140	A
24	可児市兼山（下町）「浄音寺」	天保五年二月	有	下町子供中	C	90	A
25	可児市兼山（下町）「浄音寺」	天保五年二月	有	造立焉□本千八刻造（ロ）	B	92	A
26	可児市兼山（宮町）「可成寺」	天保四年九月	有	当山講中	C	180	A
27	可児市兼山（宮町）「可成寺」	天保四年十月	有	上之段子供中（ハ）	C	60	A
28	可児市兼山（柳栄町）「庚申塚墓地」	天保四年	無	古町子供講中	C	70	A
29	可児市兼山（魚屋町）「六角堂」	天保四年一月（ハ）	有	上両町子供中（ハ）	C	55	A
30	美濃加茂市太田本町「祐泉寺」	天保五年九月吉祥日	有	念仏講中十方施主	B	180	A
31	美濃加茂市太田本町「祐泉寺」	天保七年九月	有	林由富建之	D	72	A
32	美濃加茂市下米田町今（馬串山の北）	天保五年二月	有	今区講中（イ）	C	130	A
33	美濃加茂市下米田町則光「神田弘法堂（大師堂）」	天保五年	有	無	C	85	A
34	美濃加茂市山之上町（中之番）（保育所の南）	天保寅（十三年）一月吉日	有	無	C	95	A
35	加茂郡川辺町中川辺（天神東）「弘法堂」	天保四年九月	有	無	C	92	A
36	加茂郡川辺町中川辺「本御堂墓地」	天保五年三月	有	天□組中	C	115	A
37	加茂郡川辺町中川辺「本御堂墓地」	無	有	先祖代々霊	C	90	A
38	加茂郡川辺町石神（下石神森下）（旧飛驒街道）	無	無	無	B	75	A
39	加茂郡川辺町比久見「弘法堂」	天保五年二月吉日	有	村中安全大脇氏	C	105	A
40	各務原市須衛町「神明神社」	嘉永二年五月吉日（イ）	有	願主隆観・花押	B	115	E
41	各務原市鵜沼各務原町（国道21号高架の南）	天保四年二月十五日	有（花押不詳）	無	C	最大	E
42	各務原市那加門前町（市民公園前駅の北）	天保三年一月二十七日	有	無	C	175	E
43	岐阜市溝口「溝口墓地」	天保十三年二月上旬	有	当村若連中	B	160	E

44	岐阜市芥見（本町）「大師堂」	天保三年	有	念仏講中	C	105	E
45	岐阜市緑町「本覚寺」	無	有	観世音菩薩 地蔵大菩薩	C	130	E
46	可児市今（立野）「念仏塚」	無	有	無	C	27	A
47	可児市渕之上（可児・加納の墓地の脇）	天保五年二月	有	無	C	90	A
48	加茂郡七宗町神渕（寺洞）「阿弥陀堂」	文政五年七月吉日	有	願主寺洞中	C（初期）	160	B
49	加茂郡七宗町神渕（杉洞）「お不動様」	文政六年一月二十二日	有	無	C（初期）	47	B
50	山県市日永「東林寺」	文政十三年三月	有	無	C	150	E
51	山県市谷合「善導寺」	文政十三年九月	有	十方施主 当山三十四世慈空代建之	C	190	E
52	高山市上宝町岩井戸「観音堂」	無	有	無	A	102	C
53	揖斐郡揖斐川町長良（白石）「八丈岩」	文政十二年春三月（二）	有	石工仙蔵（二）	C	140	E
54	揖斐郡池田町小牛「共同墓地」	無	無	蓮弁	C	178	E
55	不破郡関ヶ原町今須（新明）「天満宮」	文政十年七月上旬	有	天下和順 日月清明	B	75	E
56	加茂郡東白川村越原（大明神）「弘法堂」	天保六年秋八月	有	安江清九郎組中	C	180	B
57	美濃市吉川町「来昌寺」	天保三年四月	有	講中	C	200	E
58	関市肥田瀬（上肥田瀬・国道418号沿）	無	有	無	B	46	E
80	安八郡神戸町川西「石崎墓地」	文政十年六月	無	無	C	142	E
愛知県							
59	江南市草井町宮西「大善寺」	天保六年八月吉日	有	村中	D	143	E
60	江南市高屋町中屋舗「永正寺」	弘化三年二月吉日	有	願主隆観・花押 村女人中	B	90	D
61	江南市赤童子町白山「長幡寺」	天保十年九月	有	願主隆観 村中	B	128	D
62	江南市和田町天神「和田霊苑」	二月八日	有	無	C	90	D
63	江南市和田町天神「和田霊苑」	文政十二年五月十五日	有	願主秀空暁禅室以参法師	C	86	D
64	江南市勝佐町田代「共同墓地」	天保三年八月	有	無	C	117	D
65	江南市松竹町西瀬古「龍泉寺」	文政十三年三月	有	無	C	152	D
66	一宮市大江一丁目「常念寺」	天保十三年二月	有	無	B	130	D

67	一宮市浅井町小日比野本郷「龍泉寺」	弘化二年五月	有	願主隆観	B	80	D
68	一宮市赤見三丁目「赤見・朝日公民館」	天保十一年十一月	有	願主隆観同行中	B	83	D
69	丹羽郡大口町余野二丁目「徳林寺」	嘉永七年七月吉日	有	当村中 願主隆観・花押 石主吉田正作	B	102	D
70	丹羽郡大口町奈良子「秋葉三尺坊地蔵堂」	天保十五年六月二十八日	有	願主隆観	B	195	D
71	丹羽郡扶桑町柏森寺裏「柏森霊園」	天保九年七月	有	村中	C	88	D
72	知多郡東浦町緒川北添（新田）「共同墓地」	天保六年冬	有	授与隆応	C	108	F
81	一宮市萩原町戸苅「西方寺」	天保十一年九月	有	無	C	92	D
82	一宮市光明寺千馬「観音寺」	天保十二年	有	女人講中 願主隆観	B	100	D
長野県							
73	安曇野市三郷小倉（南小倉）「大日堂」	無	有	無	B	48	G
74	安曇野市三郷小倉（南小倉）「中田一族の墓地」	昭和四十八年十一月	有	中田又三郎建之	C	126	G
75	安曇野市三郷温（上長尾）「平福寺」	天保七年二月十五日	有	上長尾村中	B	150	G
76	安曇野市三郷温（上長尾）「平福寺」	昭和五十二年八月吉日	有	中村宗尋・昌博・隆温建之	B	94	G
77	松本市大村「玄向寺」	天保十一年十月二十一日	有	暁道播隆大律師	C	135	G
83	松本市今井（西耕地）「桜井家墓地」	天保七年二月十七日	無	達蓮社高誉明阿恵性見岩沙弥霊塔	B	101	G
滋賀県							
78	米原市志賀谷「志賀神社・金比羅社」	無	有	無	C	165	E
79	米原市志賀谷「墓山」	無	有	無	B	60	E

所在地名は平成30年5月現在のものとし、旧字名やおおよその位置を（　）内に補った。

紀年銘・刻銘で（　）内に記号を付したものは次の資料による。

（イ）：『槍ヶ岳開山 播隆』穂苅三寿雄・穂苅貞雄（昭和57年・大修館書店）

（ロ）：『中濃文化財研究会　資料』（昭和39年）

（ハ）：『兼山町史』（昭和47年）

（ニ）：『山岳仏教念仏行者播隆上人』安田盛隆（昭和45年）

書体＝A：最初期体　B：花文字風　C：梵字風　D：異体（楷書体）

碑高＝単位はcm

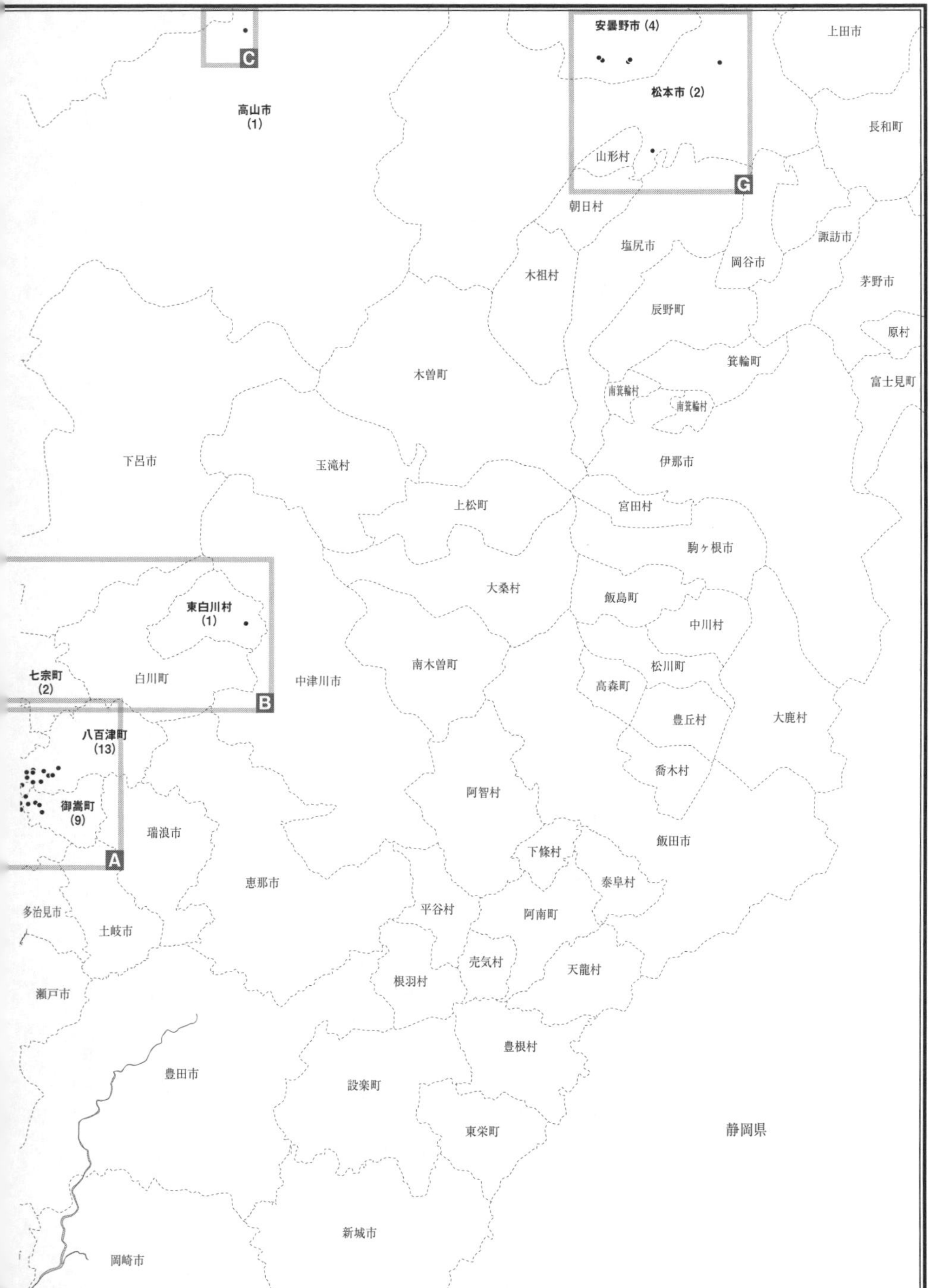

C
高山市
(1)
安曇野市 (4)
松本市 (2)
山形村
G
上田市
長和町
朝日村
塩尻市
諏訪市
岡谷市
木祖村
茅野市
辰野町
原村
木曽町
箕輪町
南箕輪村
南箕輪村
富士見町
下呂市
玉滝村
伊那市
上松町
宮田村
駒ヶ根市
大桑村
飯島町
東白川村
(1)
中川村
七宗町
(2)
白川町
中津川市
南木曽町
松川町
高森町
B
豊丘村
大鹿村
八百津町
(13)
喬木村
御嵩町
(9)
阿智村
瑞浪市
飯田市
下條村
A
恵那市
泰阜村
多治見市
平谷村
阿南町
土岐市
売気村
天龍村
根羽村
瀬戸市
豊根村
豊田市
設楽町
東栄町
静岡県
新城市
岡崎市

播隆名号碑分布図

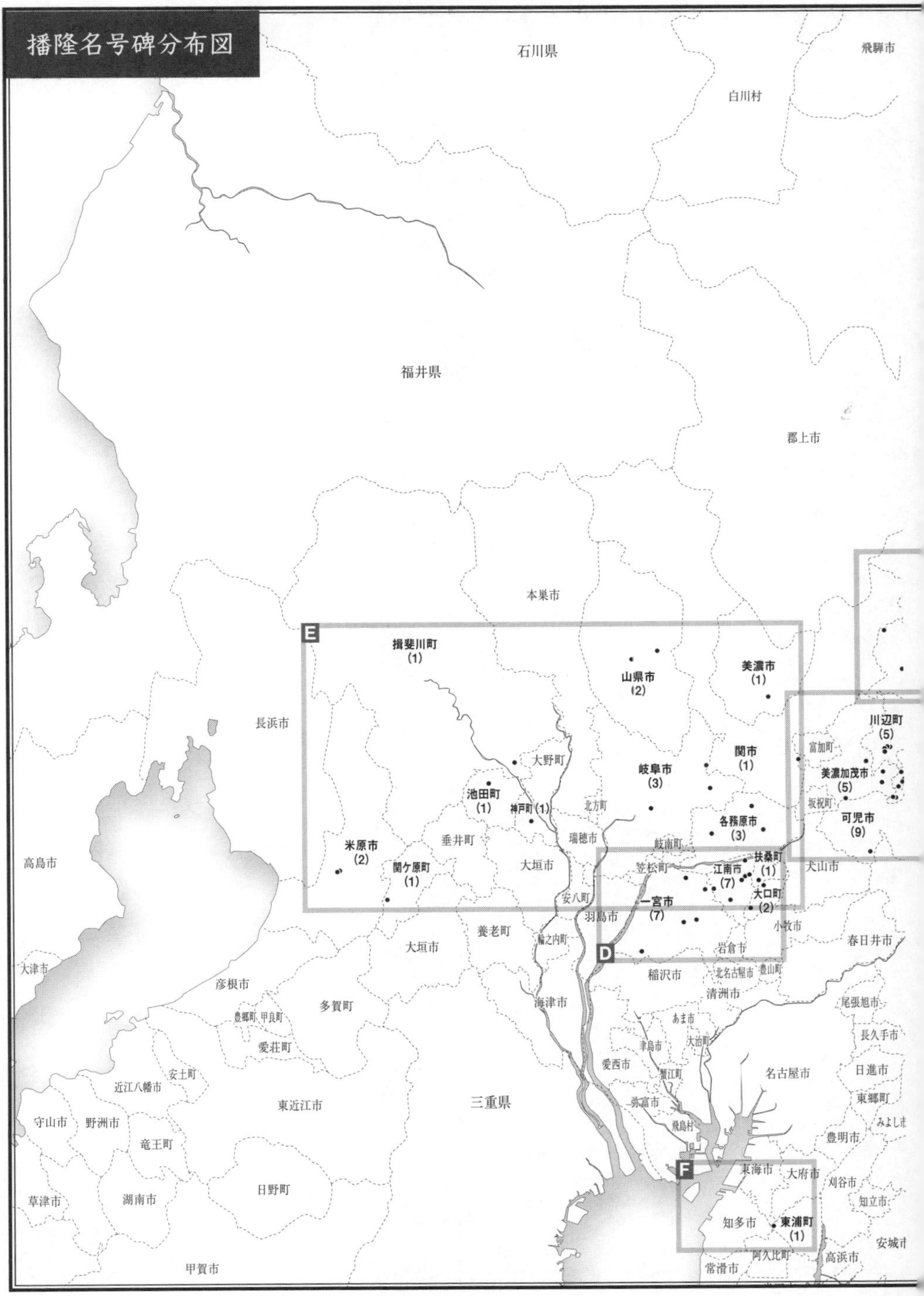
石川県
飛騨市
白川村
福井県
郡上市
本巣市
E
揖斐川町
(1)
山県市
(2)
美濃市
(1)
長浜市
川辺町
(5)
富加町
関市
(1)
大野町
岐阜市
(3)
美濃加茂市
(5)
池田町
(1)
神戸町 (1)
北方町
坂祝町
各務原市
(3)
可児市
(9)
垂井町
瑞穂市
米原市
(2)
岐南町
扶桑町
(1)
高島市
関ケ原町
(1)
大垣市
笠松町
江南市
(7)
犬山市
一宮市
(7)
大口町
(2)
安八町
羽島市
養老町
小牧市
大垣市
輪之内町
春日井市
D
岩倉市
大津市
稲沢市
北名古屋市
豊山町
彦根市
清洲市
海津市
多賀町
豊郷町
甲良町
尾張旭市
あま市
長久手市
愛荘町
津島市
大治町
安土町
愛西市
名古屋市
日進市
近江八幡市
蟹江町
東近江市
三重県
弥富市
東郷町
守山市
野洲市
飛島村
竜王町
豊明市
F
東海市
大府市
刈谷市
草津市
湖南市
日野町
知立市
知多市
東浦町
(1)
安城市
阿久比町
高浜市
甲賀市
常滑市

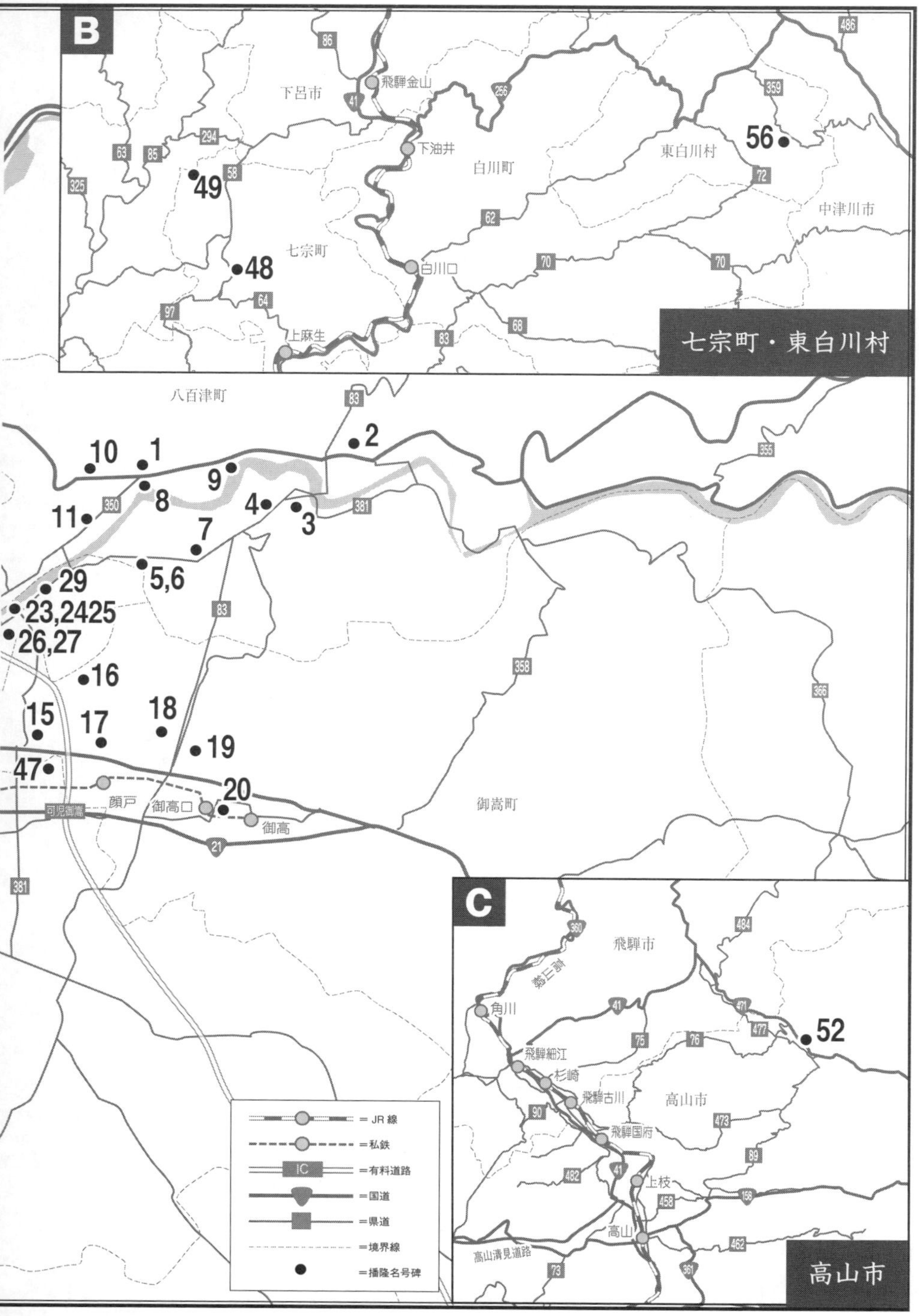
B
七宗町・東白川村
下呂市
飛騨金山
下油井
白川町
東白川村
中津川市
七宗町
白川口
上麻生
56
49
48
八百津町
御嵩町
顔戸
御高口
御高
可児御嵩
1
2
3
4
5,6
7
8
9
10
11
15
16
17
18
19
20
23,2425
26,27
29
47
C
高山市
飛騨市
角川
飛騨細江
杉崎
飛騨古川
飛騨国府
上枝
高山
高山清見道路
52
＝JR線
＝私鉄
＝有料道路
＝国道
＝県道
＝境界線
＝播隆名号碑

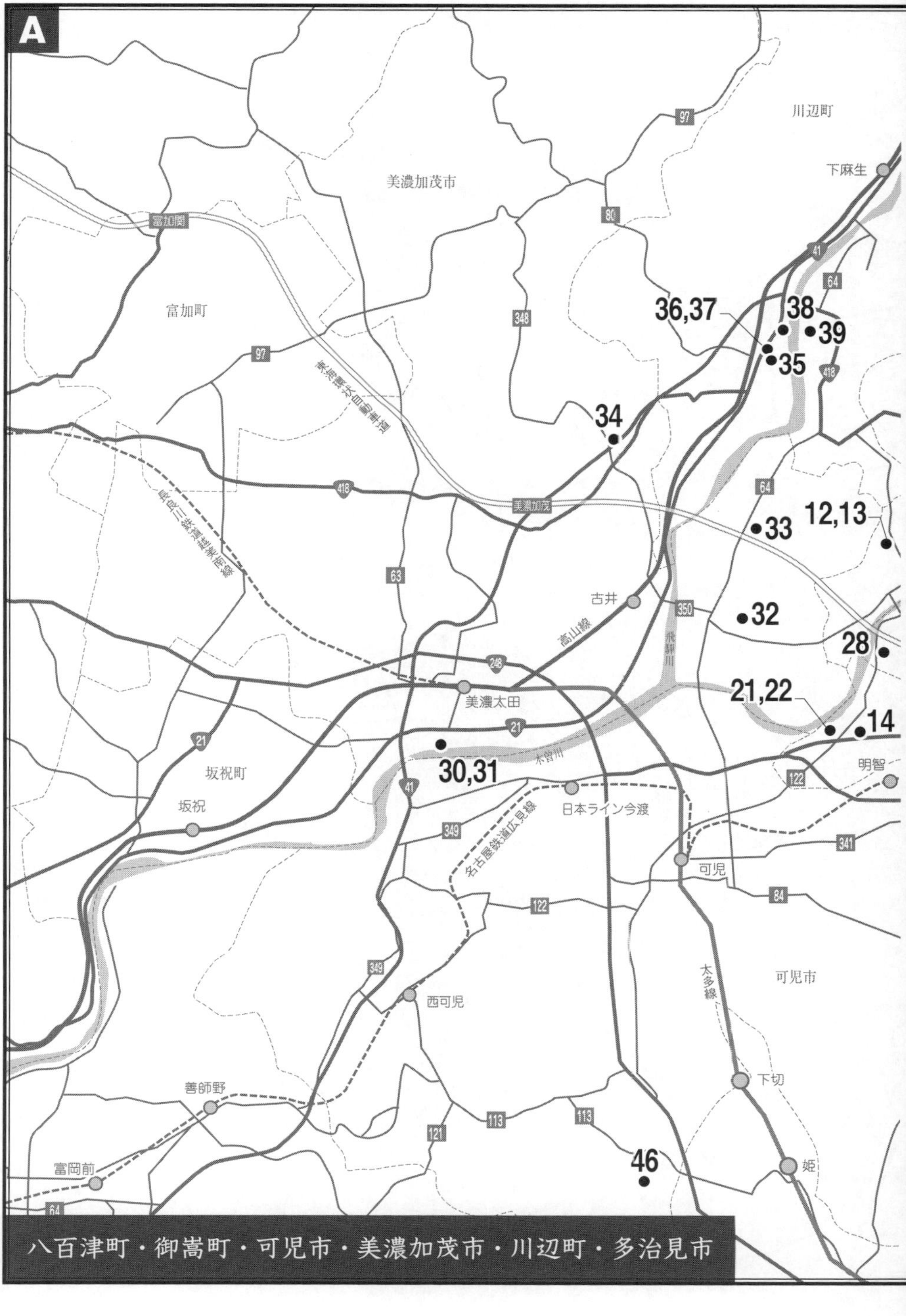
A
川辺町
97
下麻生
美濃加茂市
80
富加関
41
64
富加町
348
36,37
38
39
35
413
97
東海環状自動車道
34
418
長良川鉄道越美南線
美濃加茂
64
12,13
33
63
古井
350
32
高山線
飛騨川
28
248
美濃太田
21,22
21
21
14
30,31
木曽川
明智
坂祝町
41
122
坂祝
日本ライン今渡
名鉄広見線
349
341
名古屋鉄道広見線
可児
84
122
349
西可児
太多線
可児市
下切
善師野
113
113
121
46
姫
富岡前
64
八百津町・御嵩町・可児市・美濃加茂市・川辺町・多治見市

播隆名号碑分布略図

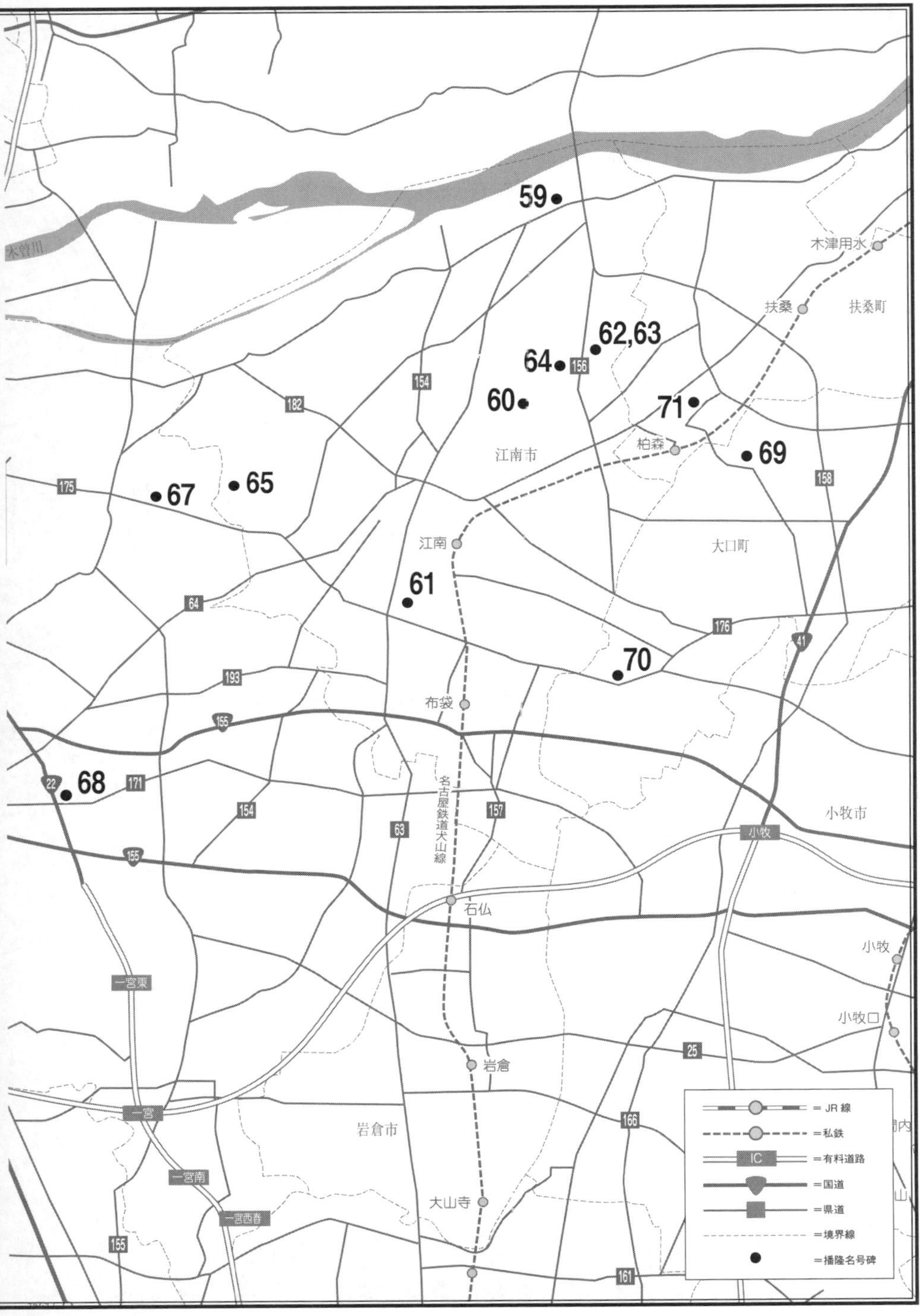

木曽川
59
木津用水
扶桑
扶桑町
62,63
64
156
154
60
71
182
柏森
江南市
69
158
175
67
65
江南
大口町
61
64
176
41
70
193
布袋
155
68
22
171
名古屋鉄道犬山線
157
154
63
小牧市
小牧
155
石仏
小牧
一宮東
小牧口
25
岩倉
一宮
166
岩倉市
一宮南
大山寺
一宮西春
155
161
＝JR線
＝私鉄
IC
＝有料道路
＝国道
＝県道
＝境界線
＝播隆名号碑

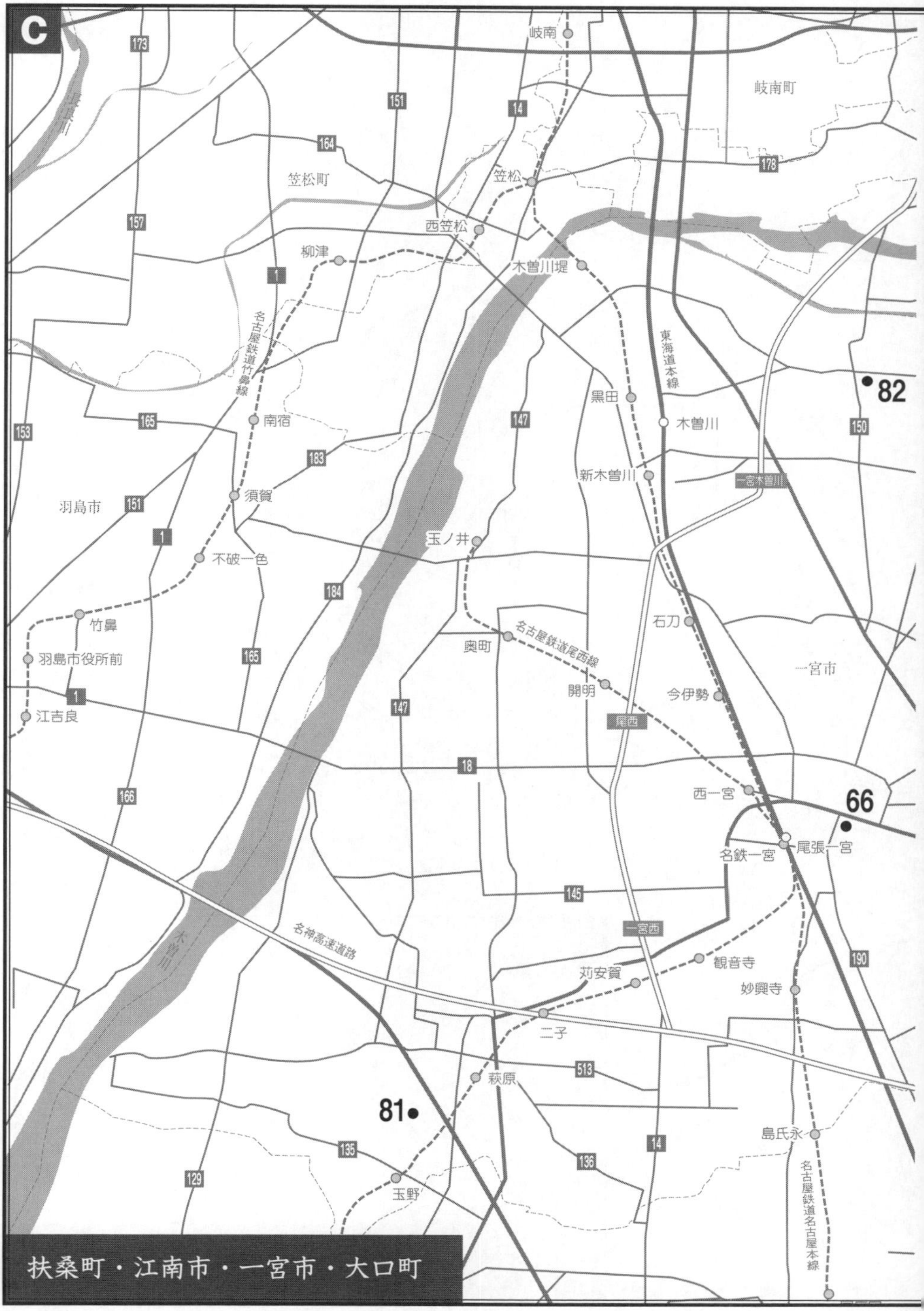

扶桑町・江南市・一宮市・大口町

播隆名号碑分布略図

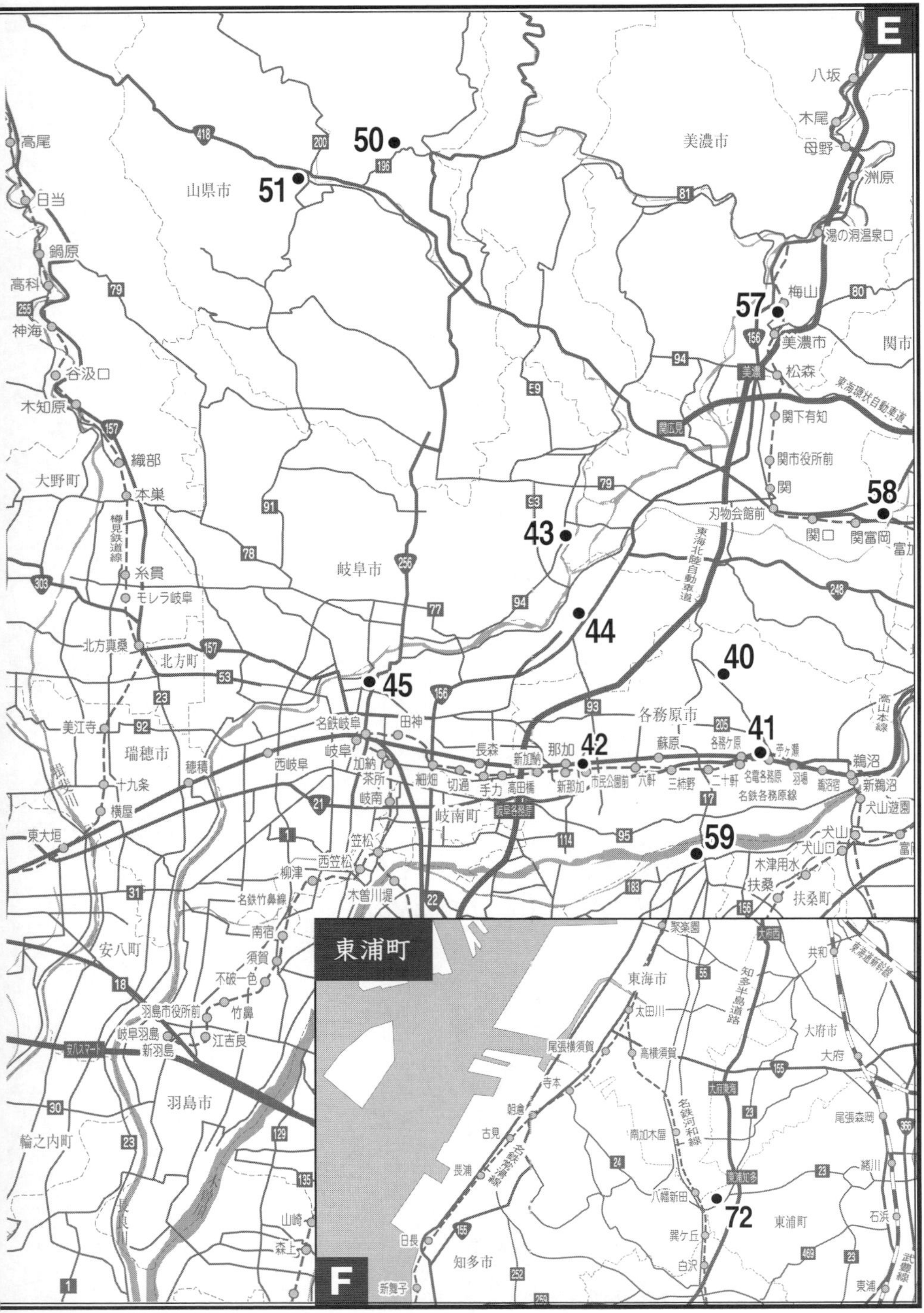
E
F
東浦町
八坂
木尾
母野
洲原
湯の洞温泉口
梅山
美濃市
美濃市
関市
松森
東海環状自動車道
関下有知
関市役所前
関
刃物会館前
関口
関富岡
高尾
日当
鍋原
高科
神海
谷汲口
木知原
織部
大野町
本巣
樽見鉄道線
糸貫
モレラ岐阜
北方真桑
北方町
山県市
岐阜市
東海北陸自動車道
各務原市
美江寺
瑞穂市
穂積
十九条
横屋
東大垣
西岐阜
名鉄岐阜
田神
岐阜
加納
茶所
細畑
切通
手力
高田橋
長森
新加納
那加
新那加
市民公園前
六軒
蘇原
三柿野
二十軒
各務ケ原
名電各務原
羽場
鵜沼宿
芋ヶ瀬
名鉄各務原線
鵜沼
新鵜沼
犬山遊園
高山本線
岐南
岐南町
笠松
西笠松
柳津
木曽川堤
名鉄竹鼻線
犬山
犬山口
木津用水
扶桑
扶桑町
南宿
須賀
不破一色
竹鼻
羽島市役所前
岐阜羽島
江吉良
新羽島
安八町
羽島市
輪之内町
山崎
森上
聚楽園
東海市
太田川
知多半島道路
尾張横須賀
高横須賀
寺本
朝倉
古見
長浦
日長
新舞子
知多市
名鉄常滑線
名鉄河和線
南加木屋
八幡新田
巽ケ丘
白沢
東浦町
大府市
大府
共和
東海道新幹線
尾張森岡
緒川
石浜
東浦
武豊線
50
51
57
58
43
44
40
45
42
41
59
72
418
200
196
81
80
79
255
157
94
156
E9
93
91
78
303
256
77
248
53
23
92
205
21
17
1
114
95
31
22
183
18
30
129
135
55
155
24
252
259
469
366

G
松本市・安曇野市
安曇野市
豊科
南豊科
中萱
大糸線
一日市場
梓橋
島内
北松本
松本
島高松
西松本
渚
信濃荒井
大庭
下新
北新・松本大学前
新村
三溝
森口
下島
渕東
新島
松本電鉄上高地線
南松本
篠ノ井線
平田
村井
広丘
塩尻
洗馬
みどり湖
中央本線
長野自動車道
松本市
山形村
塩尻市
朝日村
73
74
75,76
77
83
＝JR線
＝私鉄
＝有料道路
＝国道
＝県道
＝境界線
＝播隆名号碑
樽見
水鳥
本巣市
揖斐川町
53
揖斐
54
池田町
養老鉄道養老線
美濃本郷
池野
北神戸
広神戸
80
神戸町
垂井町
東赤坂
美濃赤坂
大垣市
北大垣
垂井
東海道本線
荒尾
大垣
室
西大垣
美濃青柳
友江
大外羽
美濃高田
烏江
養老
養老町
美濃津屋
海津市
米原市
長原
78
79
田村
東海道新幹線
北陸自動車道
近江長岡
関ヶ原
柏原
名神高速道路
関ケ原町
55
坂田
醒ヶ井
米原
大垣市
関市・富加町・各務原市・岐阜市・山県市・神戸町・
揖斐川町・池田町・関ヶ原町・米原市

播隆名号碑分布略図

あとがき

『南無の紀行』は平成元年から同九年に個人誌「風たより」に連載した播隆探訪録に加筆訂正したもの。取材ノートは昭和六十三年二月から始まっている。播隆さんと出会ってすでに三十年、「風たより」は発行部数百部程度の個人誌である。連載は身近な美濃地方周辺から始まり富山の生家で終わっているが、その後の歩みは「播隆研究」（「ネットワーク播隆」会誌）、「ばんりゅう」（「ネットワーク播隆」通信）などに書いてきた。

本書中の「播隆研究補遺」は平成二十五年から同二十九年にかけて「ばんりゅう」に発表したものを一部加筆訂正し、また未発表のものも加えた。巻末資料編の「播隆年譜」は平成二十六年発行の「播隆研究」第十四号に掲載したもの、「名号碑分布略図」は新たに作成したものである。

播隆を語るとき「山の播隆」「里の播隆」という言い方をしている。山の播隆とは伊吹山、笠ヶ岳、槍ヶ岳など山岳の足跡を表わし、里の播隆とは念仏講、念仏行事をとおして見えてきた播隆の足跡を表わしている。世間では播隆といえば槍ヶ岳開山の播隆が一般的だが、「里の播隆」の足跡を知らないと本当の播隆さんの姿は見えてこない。山岳史上の功績はあくまでも結果であって播隆の主な目的ではない。伊吹山では里の人々との交流で播隆信仰の基盤が整い、笠ヶ岳では播隆の登拝信仰が確立され、槍ヶ岳では開山といわず開闢、登山道を整備して念仏講の人たちを導く槍ヶ岳念仏講を形成していった。播隆の登山はおのれの登山云々のレベルではなく、山岳の解放、登拝信仰による念仏行の実践が目的であった。

念仏起請文の配布、念仏講の人たちとの交流、里における念仏流布の活動など、いつも庶民とともに生きた念仏行者の播隆さんであった。各地の探訪でふれたのは播隆さんの民衆への思いであった。「里の播隆」を忘れてはいけない。わたしは播隆さんの足跡をとおして江戸時代の庶民の生活を垣間見ることができた。楽しい旅であった。播隆さんとの出会いは勿論だが、わたしがなんとか播隆研究をつづけることができたのは探訪先で出会った多くの人たちのお陰である。

播隆研究の手引きをしていただいた郷土史家・佐光篤氏（美濃加茂市）、史料批判などで御教示いただいた岐阜県歴史資料館の伊藤克司氏、精神的な支えとなっていただいた法蔵寺（安曇野市）の大沢法我師、一心寺（揖斐川町）・正道院（岐阜市）の竹中純瑜師、各地の調査でお世話になった郷土史家の勝村公氏（扶桑町）、降旗正幸氏（安曇野市）、前田英雄氏（富山市）、川上岩男氏（高山市）などの先輩諸賢、北野茂時氏、大作一男氏をはじめとする「播隆上人生家の会」の人たち、山岳史研究家の布川欣一氏、白川町の登山家・交告具幸氏、道の駅・奥飛驒温泉郷上宝の森下良一氏、正道院の関川隆導師、玄向寺の荻須真教、真尚両師、立山の山岳案内人・佐藤武彦氏、日本山岳会富山支部の金尾誠一氏、「ネットワーク播隆」の運営では各務原市の森すがる、瑠美子ご夫妻、美濃加茂市の古藤邦夫、愛子ご夫妻、美濃加茂市の可児光生氏、御嵩町の栗谷本真氏、富山市の小松博幸氏、伊吹町の高橋順之氏、大町市の関悟志氏、松本市の木下守氏、大口町の西松賢一郎氏、米国アイオワ大学の日本文化研究家スコット・シュネル氏、そのほか、お名前はあげませんが実に多くの人たちに支えられて歩んできた。これも播隆さんのお陰である。最後となりましたが、本書出版のお世話をしていただいた樹林舎の折井克比古氏に御礼申し上げます。

平成三十年五月二十一日

黒野こうき

著者略歴

黒野こうき（くろの　こうき）

昭和27年愛知県生まれ。画家。詩人。地方史研究家として円空、播隆、岡本一平、東野大八などの調査、研究のかたわら、川柳、漫画などの史料収集に努める。詩誌『ききりん』主宰。「ネットワーク播隆」代表。「大八講座」運営など。主な著書に詩集『どどどどどの歌』句集『雲のかたち人のかたち』のほか、『円空山河』『播隆研究』『川柳と漫画による近代庶民史』『賢治の風光』『岐阜の岡本一平 —— 聖家族からの解放』『播隆入門』など。

南無の紀行 ——播隆上人覚書

2018年7月8日　初版1刷発行

著　者　黒野こうき

発　行　樹林舎
〒468-0052　名古屋市天白区井口1-1504-102
TEL:052-801-3144　FAX:052-801-3148
http://www.jurinsha.com/

発　売　株式会社人間社
〒464-0850　名古屋市千種区今池1-6-13　今池スタービル2F
TEL:052-731-2121　FAX:052-731-2122
e-mail:mhh02073@nifty.com

印刷製本　モリモト印刷株式会社

ISBN 978-4-908627-30-9